Der Jahreskreis

Martina Kaiser:
Der Jahreskreis

Kamphausen Media
GmbH, Bielefeld 2005
info@kamphausen.media
Lektorat:Heinz Lindeman
Typografie, Satz und Illustrationen:
Aleksandar Nanusevic
Umschlag: Wilfried Klei
Druck & Verarbeitung:
CPI Books GmbH, Leck

www.kamphausen.media

11. Auflage 2021

Bibliografische Information der Deutschen Nationalbibliothek

Die Deutsche Nationalbibliothek verzeichnet diese
Publikation in der Deutschen Nationalbibliografie;
detailierte bibliografische Daten sind im Internet
über **http://dnb.d-nb.de** abrufbar

ISBN Print 978-3-89901-049-7
ISBN eBook 978-3-95883-169-8

Martina Kaiser

Der Jahreskreis

Den Rhythmus der Natur
als unsere Kraftquelle nutzen

AURUM

Der Jahreskreis

Vorwort

Und ist nicht die Zeit wie die Liebe,
ungeteilt und ungezügelt?
Doch wenn ihr in eurem Denken die
Zeit in Jahreszeiten messen müsst,
lasst jede Jahreszeit all die anderen
umfassen.
Und lasst das Heute die Vergangenheit
mit Erinnerung umschlingen
und die Zukunft mit Sehnsucht.

Aus: Khalil Gibran, „Der Prophet"

Auf- und Abstieg, Annehmen und Hergeben, Gewinnen und Verlieren, Leben und Sterben: Zwischen diesen Polen vollzieht sich unser tägliches Leben in immer wiederkehrenden Kreisläufen. Geht es einmal bergauf, wir sind guten Mutes und alles gelingt uns mühelos, dann folgen sicher darauf Zeiten des Rückschlags, der Einschränkung oder gar des Verlustes, in denen Traurigkeit oder Mutlosigkeit das Leben bestimmen. Doch nicht nur unsere eigene Existenz wird von diesen Zyklen bestimmt, sondern das Leben auf unserem Planeten überhaupt.

Viele Menschen erleben sich im Zeitalter des Hightech und der globalen Vernetzung als fern von der Natur. Unser alltägliches Leben richtet sich selten nach natürlichen Rhythmen, sondern meist nach Vorgaben, die von außen an uns herangetragen werden. Frei- und Arbeitszeiten, Öffnungszeiten, Abfahrtspläne und Termine bestimmen die Gestaltung unserer Tage und Jahre, und oft beschleicht uns das Gefühl, als verstriche die Zeit fast unbemerkt und als fehle etwas Wesentliches in der pausenlosen Geschäftigkeit. Viele Menschen fühlen eine große Sehnsucht danach, wieder mit der Natur in Kontakt zu treten und sich rückzubinden an ihre Kreisläufe von Wachstum, Sterben und Erneuerung, um im alltäglichen Auf und Ab wieder einen Sinn und ein Ziel zu erkennen.

Wollen wir den ständigen Veränderungen in unserem Leben auf positive Weise begegnen, können wir von der Natur einiges lernen. Dieses Buch wurde geschrieben, um Anregungen zu vermitteln, wie Sie sich wieder bewusst einbinden können in das, was wir „Natur" nennen. Der Grundgedanke des Buches ist geprägt von der Anschauung, dass „Natur" nichts ist, was außerhalb von uns stattfindet. Wir selbst sind die Natur. Im Auf- und Abstieg der Sonne im Verlauf eines Jahres und den daraus entstehenden Jahreszeiten erleben wir ein kosmisches Spiegelbild unseres persönlichen Daseins mit all seinen Chancen, Herausforderungen und Notwendigkeiten. Wenn im Frühjahr das Leben erwacht und in freudiger Erwartung Neues keimt und wurzelt, dann erkennen wir darin die Aufbruchszeiten, wenn wir uns auf neue Projekte, Ideen und Beziehungen einlassen. Die Energie des Ausprobierens und Entdeckens entspricht der stürmischen und unbedarften Zeit von Kindheit und Jugend, die noch viele gute – und auch schwierige – Erfahrungen vor sich hat. Im Sommer erblüht und entfaltet sich das Leben in all seiner Schaffenskraft. Die Energie von Wachstum und Geschäftigkeit entspricht dem Lebensgefühl des Erwachsenen, der das Erlernte erprobt und umsetzt. Alle Aktivitäten münden in den Herbst, in jene Lebensphase, in der wir die Früchte unserer Mühen ernten können und dafür die Verantwortung übernehmen. Den Rückzug der Kräfte und die Fähigkeit zur Reflexion entwickeln wir später, wenn das Alter herannaht. In den Winterzeiten unseres Lebens wenden sich alle Energien nach innen, es herrscht Ruhe, die uns nicht nur auf die Zeit des Abschieds vom eigenen Leben vorbereitet. Sie erinnert uns auch daran, dass jedem Auf- ein Abstieg folgen muss, jeder Fülle eine Leere und jedem Leben eine Zeit danach. Nur aus der Leere heraus kann im Frühling wieder Neues entstehen.

Vollziehen wir die Rhythmen der Natur gezielt nach, dann wird uns bewusst, dass lichte und dunkle Seiten einander immer abwechseln, weil sie die zwei Seiten der einen Sache sind, die wir Leben nennen. Im Wechsel zwischen Licht und Dunkelheit machen wir alle Erfahrungen, die wir brauchen, um unsere Ziele zu erreichen. Denn in der Natur ist das Ziel Wachstum, die Entfaltung all dessen, was als Keim in jedem einzelnen Wesen angelegt ist.

Jedes Kapitel dieses Buches beginnt mit einer Beschreibung der Vorgänge in der Natur, um ein Gefühl dafür zu vermitteln, welche Energie gerade die äußere Natur bewegt. In Anlehnung daran werden Themen erörtert, die Anregungen liefern, wie wir die Qualität der Monate für uns selbst nutzbar machen können. Natürlich hält sich die Natur nicht an die Aufteilung der Monate, die ja relativ willkürlich ist. Die zwölf Sonnenmonate könnten ebenso durch 13 Mondmonate ersetzt werden, doch der besseren Lesbarkeit und Abgrenzbarkeit wegen wurde Ersteres gewählt. Unsere zwölfmonatige Jahresaufteilung geht auf eine römische Kalendereinteilung unter Julius Cäsar zurück, die schon vor Christi Geburt erfolgte. Manche ursprünglichen Daten verschoben sich allerdings, als 1582 unter Papst Gregor XIII. der Kalender reformiert wurde. Doch dies ist nur am Rande von Bedeutung. Das Leben in der Natur bewegt sich jedes Jahr nach seinen eigenen Rhythmen, so dass auch die Naturbeschreibungen des Buches gelegentlich von der Wirklichkeit abweichen. Man sollte sich daher nicht an die Worte klammern, sondern einen Blick aus dem Fenster werfen und selbst feststellen, welche Kräfte in der Natur gerade wirksam sind.

Um die Qualität der Monate noch zu vertiefen, wird in jedem Kapitel einiges über frühere Bräuche erzählt, in denen häufig die Nähe der Menschen zur Natur in alter Zeit einen sehr anschaulichen Ausdruck findet. Da sich die christlichen Bräuche nur sehr eingeschränkt auf das Leben in der Natur beziehen, wurde verstärkt auf vorchristlich-heidnische Vorstellungen und Anschauungen zurückgegriffen.

Die vorchristlichen Völker Europas, die Kelten, Germanen, Slawen und anderen Kulturen, lebten nicht nur in engem Kontakt zur Natur (das war auch später noch der Fall). Darüber hinaus begegneten sie ihrer Umwelt mit dem Respekt und der Ehrfurcht, die das Göttliche in allem verkörpert sah, was sie umgab. Wenn die Germanen die Frühlingsgöttin als liebevolle, strahlend weiße junge Frau feierten, dann ehrten sie in ihr nicht nur die erwachende Lebenskraft in den Pflanzen und Tieren, sondern auch die Freude aneinander und die Liebe zueinander. Und wenn im Winter die dunkle keltische Göttin Cerridwen ihren Kessel der Verwandlung rührte, dann verlor der Tod an Schrecken, weil der Kessel des Todes auch zugleich Erneuerung und Wiedergeburt versprach. Da die christlichen Feste im Jahreskreis mehr am Leben und Wirken von Jesus Christus und den Heiligen ausgerichtet sind und weniger an den Energien in der Natur, fanden sie nur Berücksichtigung als Fortsetzung vorchristlicher Bräuche. Dies soll jedoch in keiner Weise den christlichen Glauben herabsetzen. Jeder Mensch sucht sich eigene Bilder dessen, was er oder sie als göttlich erlebt, und auch die christlichen Bilder sind willkommen. Mit den Gottesvorstellungen aus den Naturreligionen möchte das Buch lediglich die Möglichkeit anbieten, die individuellen Bilder zu erweitern. Die riesige Vielfalt Hunderter von Göttinnen und Göttern, die vor der Christianisierung die Herzen der Menschen bewegten, kann hier jedoch ebenfalls nur zu einem kleinen Teil Berücksichtigung finden.

Im Praxisteil jeden Monats finden sich Anleitungen, mithilfe von Meditationen, Ritualen und Festen die besondere Energie eines Monats spürbar zu erleben und mit den eigenen Anliegen zu verbinden. Rituale sind eine sehr alte Methode, um Übergänge zu gestalten und Veränderungen zu bewirken. Auch sie haben ihre Wurzeln in Kulturen, die in enger Nähe zur Natur lebten, und gehen bis in die Steinzeit zurück. Rituale sind ein Weg, um innere und äußere Welt, Körper und Geist, Alltag und göttliche Kräfte miteinander in

Verbindung zu bringen. In einer symbolischen Handlung wird eine Veränderung vollzogen – eine schädliche Gewohnheit wird symbolisch verbrannt, zwei Menschen mit Bändern aneinander geknüpft oder ein neues Projekt als Blumenzwiebel symbolisch gepflanzt. Im rituellen Rahmen gewinnt die symbolische Handlung eine besondere Dynamik und bewirkt auf mehreren Ebenen gleichzeitig eine Wandlung, körperlich, seelisch und geistig. In Ritualen sprechen wir unser inneres Kind an, dessen Kreativität und Kraft sich mit unserem denkenden, erwachsenen Ich verbindet. Ein Sammelbecken für Energien entsteht, wenn wir bereit sind, auch unsere verspielte, irrationale Seite stärker zum Ausdruck zu bringen. Da in unserer Kultur lebendige und kreative Rituale weitgehend verloren gegangen sind, haben wir die Chance, Rituale als Mittel zur Rückbindung an die Natur und als Methode der Lebensgestaltung wieder neu zu entdecken. Wie die Pioniere in früheren Zeiten erobern wir uns damit ein vergessenes, unbekanntes Land. Die vorgeschlagenen Ritualideen sollen Ihnen eine Vorstellung davon vermitteln, wie Rituale ablaufen und wirken können. Sind Sie ein Neuling im Ritualleben, dann halten Sie sich anfangs auf jeden Fall an die vorgegebenen Anleitungen. Mit etwas Übung werden Sie Ihre eigenen Ideen und Vorstellungen in kreative Rituale umsetzen und können so diese äußerst wirksame Methode für Ihre konkreten Bedürfnisse anwenden.

Am Ende jeden Monats finden sich noch Hinweise auf besondere Pflanzen und deren Wirkungsweise. Das Sammeln und Zubereiten von Kräutern für Gesundheit und Schönheit ermöglicht es, jeden Monat mit allen Sinnen zu erleben. Denn das ist es schließlich auch, was wir in der Natur suchen und finden: Sinnlichkeit und Lebensfreude.

Ich wünsche mir, dass Ihnen die Vorschläge dieses Buches einen ganz individuellen Zugang zur Natur ermöglichen, der Ihnen die Weisheit und Schönheit in der äußeren Welt ebenso vor Augen führt wie die Ihrer eigenen, inneren Natur. Wer den Kreis des Jahres mehrmals bewusst durchlaufen hat, knüpft eine Verbindung, die nicht mehr so schnell aufzulösen ist. Denn es bleibt das Gefühl von Dankbarkeit, dass man tatsächlich dazugehört zu diesem großen Netzwerk, das uns alle trägt und hält.

Lassen Sie sich von den Beschreibungen des Buches dazu anregen, Ihren eigenen Weg zurück zu den Rhythmen des Lebens zu beschreiten. Ich wünsche Ihnen alles Liebe dafür.

Dank

Meinen Freundinnen Monika und Kristina danke ich von ganzem Herzen für die Überarbeitung des Manuskriptes und die vielen Anregungen, die sie mir vermittelt haben. Ich danke meiner Freundin Ivana. Ich danke meinem Mann Andreas und meinen Kindern Marah und Jonathan ebenso wie dem Aurum-Verlag für ihre unerschütterliche Geduld. Außerdem danke ich den wunderbaren Menschen, die seit Jahren mit mir den Kreislauf der Natur in Ritualen feiern, nicht nur für ihre liebevollen Anregungen, sondern vor allem dafür, dass sie diesen Weg mit mir gemeinsam gehen.

Januar:
Zeit des Vertrauens und des Kräftesammelns

In der Winternacht

…

Und deucht die Welt dir öd und leer,
Und sind die Tage rau und schwer.
Sei still und habe des Wandels acht:
Es wächst viel Brot in der Winternacht.

Friedrich Wilhelm Weber

Die Kräfte der Natur im Januar

Schon die alten Namen des Januar verraten uns einiges über seine Qualität. „Hartung“, „Hartmond“, „Schnee-“ oder „Eismond“ wurde früher der Januar genannt, weil er den warmblütigen Lebewesen mit seiner Härte viel abverlangt. Als kältester Monat des Jahres bringt er Eis, Frost und Schnee im Überfluss. Obwohl im Dezember die dunkelste Zeit überwunden wurde, dauert es trotzdem noch eine ganze Weile, bis die zunehmende Helligkeit und Wärme für alle spürbar wird. „Wächst der Tag, wächst die Kälte“, lautet ein altes Sprichwort.

Der Januar zehrt gewaltig an den Nerven. Bewundern anfangs noch alle die weiße Schneepracht, so wird im Alltag der Schnee schnell grau. Aufstehen in der Dunkelheit, Verspätungen der öffentlichen Verkehrsmittel, Hindernisse beim Autofahren, Warten bei eisiger Kälte, eingehüllt in zahllose Schichten Kleider, all das ist nicht gerade förderlich für eine strahlende Laune, außer man ist eine ausgesprochene Frohnatur. Die Aussicht auf Besserung liegt zudem noch in weiter Ferne. Die meisten von uns haben im Januar eher das Bedürfnis, in der warmen Stube zu sitzen, als sich draußen der Kälte auszusetzen.

Aus Sicht der Vegetation ist Eis, Schnee und Kälte jedoch genau das Richtige im Januar. Der Schnee schützt die Samenkörner, denn die Wärmeleitfähigkeit von Schnee ist viel geringer als die des nassen Bodens. Darum sinkt die Temperatur an der Bodenoberfläche unter einer schützenden lockeren Schneedecke nur wenige Grad unter Null, selbst wenn darüber klirrender Frost herrscht. Ein schneearmer Januar und Februar bringen meist einen schleppenden Frühling mit viel Regen und Frost, der einfach nicht aufhören will. Besser der Winter findet dort statt, wo er hingehört, im Januar.

Die Bauernregeln im Januar sprechen hier ebenfalls eine deutliche Sprache:

Ist der Januar hell und weiß, kommt der Frühling ohne Eis,
wird der Sommer sicher heiß.
Januar ganz ohne Schnee, tut Bäumen, Bergen und Tälern weh.

Benannt ist der Januar, der im Österreichischen „Jänner" genannt wird, nach dem römischen Gott Janus, dem Hüter und Schützer der Türen, der Tore und der Übergänge aller Art. Der Gott Janus hat zwei Gesichter, eines blickt nach innen, das andere sieht, was draußen geschieht. Das junge Gesicht sieht in die Zukunft, das alte in die Vergangenheit. Daher stammt übrigens auch der Begriff „januskõpfig" für etwas, das zwei Seiten hat. Janus war bei den Römern der Gott allen Anfangs und Eingangs. Weitere Namen des Januar waren Wolfsmond oder Thormonat, weil er dem germanischen Thor bzw. Donar geweiht war.

Die energetische Qualität des Januar ist die Erneuerung der Natur im Inneren. Ebenso wie wir selbst uns täglich zum Schlafen niederlegen, um anderen Morgens ausgeruht und erfrischt zu erwachen, erneuern sich auf ähnliche Weise die Kräfte des Lebens im Januar. Die Wandlung vollzieht sich im Innern der Erde. Das äußere Leben ist nun zu einem scheinbaren Stillstand gekommen. Dem sehenden Auge verborgen, finden Prozesse der Heilung und Erneuerung statt, die wir nur in Ansätzen verstehen können, weil sie auf der energetischen Ebene stattfinden. Alles Leben auf der Erde sucht, wie wir selbst, die regelmäßige Rückbindung zu jenem Ort, an dem die Materie ihren Ursprung hat, um in der Verbindung zur geistigen Welt Heilung und Wandlung zu finden. Erst wenn die Erneuerung im Inneren stattgefunden hat, kann sie auch langsam nach außen treten und sich sichtbar manifestieren.

Die Themen des Januar

Den richtigen Zeitpunkt abwarten

Der Januar-Auftrag der Natur lautet, Geduld aufzubringen. Bevor im Frühling das Leben wieder saft- und kraftvoll sprießen kann, braucht es den Winterschlaf in der Stille und Dunkelheit der Erde, wo der Keim in Ruhe und Geborgenheit den richtigen Zeitpunkt abwartet. Generell geht einer Phase der Veränderung immer eine Zeit des äußeren Stillstands voran, eine Zeit der erzwungenen Ruhe, in der einfach nichts geschieht, so dass man manchmal verzweifeln möchte. Das Alte ist zu Ende gegangen, doch das Neue liegt noch in unbekannter Ferne. Stillstand ist jedoch ein zentraler Bestandteil des Wandlungsprozesses, auf den die Natur nicht verzichten kann. Echte Veränderung beginnt immer innen, im Wesen der Dinge, bevor sie eine materielle Form findet. Es gilt also, den richtigen Zeitpunkt abzuwarten, bevor man aktiv und handelnd in sein Leben eingreift.

Der Impuls, gleich zur Tat zu schreiten, wenn etwas nicht unseren Vorstellungen entspricht, und sofortige Veränderungen in die Wege zu leiten, schadet oft mehr als er nützt, besonders, wenn es um grundlegende Veränderungen geht. Gewiss fällt es schwer, die Ungewissheit einer Umbruchsituation auszuhalten, vor allem, wenn der Zeitraum zwischen dem Ende des Alten und dem Beginn des Neuen weit auseinander liegt. Doch wenn wir von der Natur lernen wollen, dann gönnen wir uns die Zeit des Rückzugs, in der wir wieder zu uns selbst finden und spüren, was wir brauchen, um die künftige Richtung unseres Weges zu ermitteln. Vielleicht gilt es einfach abzuwarten und die Natur „machen zu lassen" oder träumend in den tieferen Schichten unseres Bewusstseins mit der großen Quelle in Kontakt zu treten, die sich in allem Leben zum Ausdruck bringt. Verbunden mit den inneren Bildern unserer Seele spüren wir dann ganz genau, wann der richtige Zeitpunkt für Aktivität gekommen ist.

Die Gesetze des Wandels annehmen

Blicken wir im kalten Januar zum Fenster hinaus in die von Eis und Schnee bedeckte Welt, dann erscheint es wie ein Wunder, dass an genau der selben Stelle ein halbes Jahr später das Leben wieder üppig blühen und wachsen wird. Die Prozesse, in denen das Leben in der Natur entsteht und vergeht, um erneut zurückzukehren, sind unendlich komplex. Und doch sind sie nicht nur allumfassend – den großen Kreisläufen von Werden und Vergehen ist alles unterworfen, von der kleinsten Zelle bis hin zu den Sonnensystemen –, sie sind auch zuverlässig. Der Januar ist ein guter Zeitpunkt, um sich wieder bewusst einzubinden in die uralten Zyklen, die verlässlich Heilung, Verwandlung und Erneuerung bringen. Da wir ihnen nicht entrinnen können, scheint es sinnvoll, sie zu akzeptieren und mit ihnen statt gegen sie zu arbeiten. Dazu müssen wir jedoch den Mut aufbringen, ein Stück Kontrolle aufzugeben und uns von der Vorstellung verabschieden, alles im Leben im Griff behalten zu müssen. Liefern wir uns stattdessen den Rhythmen des Wandels aus und vertrauen wir uns an. Begrüßen wir jeden Tag in dem Wissen, dass wir gehalten und getragen werden, weil wir dazugehören zu diesem gewaltigen Netzwerk, in dem alles, was geschieht, eine Bedeutung hat, für den Einzelnen ebenso wie für das große Ganze. Die Übungen im Praxisteil unterstützen Sie dabei.

Mythen, Bräuche und göttliche Wesen

Der Januar als der erste Monat des Jahres hat wie der Dezember im Brauchtum eine mystische Qualität. Das wichtigste Datum ist der 6. Januar. Die Raunächte, die Zeit zwischen den Zeiten, der wir uns im Dezember widmeten, erreichen in der Nacht vor dem 6. ihren Höhepunkt und zugleich ihr Ende. Die Göttin Berchta, die „Frau Percht", schreitet noch einmal über das Land und breitet ihren Segen darüber aus. In manchen Gegenden aß man früher am 6. Januar Mohnnudeln oder legte sie aufs Dach als Gabe für die vorüberziehenden Kinderseelen, die „Perchtln" aus dem Gefolge der alten Göttin. In Italien kommt noch heute in manchen Gegenden am 6. Januar die Befana, eine gute Hexe, durch den Kamin hereingeschwebt und bringt den Kindern Geschenke. Auch sie ist eine weitere Gestalt der segenspendenden Berchta, der großen Göttin von Licht und Dunkelheit.

Der Kult der Drei

Der 6. Januar ist allgemein als Dreikönigstag bekannt, in Erinnerung an die „drei Könige aus dem Morgenland", die dem Christuskind symbolische Geschenke in die Wiege legten, die auf dessen irdische Bestimmung verwiesen: Gold für das Königreich, das es errichten, Weihrauch für die spirituelle Meisterschaft, die es erlangen und die bittere Myrrhe für das Opfer, das es erbringen würde. Bereits im Mittelalter wurde ein regelrechter Kult um die drei Könige veranstaltet, der viel Zuspruch in der Bevölkerung fand, denn die

Zahl Drei war schon in vorchristlicher Zeit eine heilige Zahl gewesen. In der älteren keltischen und auch in der germanischen Mythologie finden sich zahlreiche Beispiele von „dreifaltigen" Göttern und Göttinnen. Die Zahl Drei stellte schon in der antiken Mystik das Symbol der Entstehung des Lebens und des Schicksals dar. Drei ist die Entstehung des Neuen, das aus der Verbindung der zwei Gegensätze (Männlich-Weiblich, Yin-Yang) entspringt. In der Drei manifestiert sich der Prozess der Veränderung und Verwandlung, jenes Mysterium, das im Januar besonders in den Vordergrund tritt. In der germanischen Mythologie wurde die Welt von drei Göttern erschaffen, von Odin, Hönur und Lödur, wobei letzterer wahrscheinlich ursprünglich weiblichen Geschlechtes war. Auch der Sturmgott Odin/Wotan hat zwei Aspekte, Wili und We, die ihn als dreifaltigen Gott ausweisen mit der Macht, Neues zu erschaffen. Die alten nordischen Heiligtümer waren oft den drei Göttern Odin, Freyr und Donar gemeinsam geweiht.

Die drei Schicksalsmütter

Im gesamten deutschsprachigen Raum, in Deutschland ebenso wie in Teilen Österreichs und der Schweiz lässt sich die Verehrung einer Dreifaltigkeit von Göttinnen nachweisen, die entweder als drei zusammengehörende Segensbringerinnen oder als eine einzige Verkörperung der Drei Verehrung fanden.[i] Das Bild einer dreifaltigen Göttin, bestehend aus einer jungfräulichen Kriegerin, einer mütterlichen Königin und einer weisen, alten Todesbotin, kehrt in vielen europäischen und nahöstlichen Mythen wieder.

Am deutlichsten wird die Verehrung der Drei bei uns in der Rheingegend sichtbar, wo die „drei heiligen Frauen" in den verschiedensten Gestalten Anbetung fanden. Aus der Zeit der römischen Besatzung sind zahlreiche Opfer- und Weihesteine für die „drei Matronen" gefunden worden, drei Göttinnen (Matrona bedeutet „Hohe Mutter"), deren Insignien der Macht sie als lebensspendende und lebenserhaltende Schutzfrauen ausweisen. Bereits vor den Römern waren sie im Glauben der keltischen und germanischen Menschen lebendig gewesen. Im Keltischen ist die weibliche Göttinnentrias weit verbreitet, in der germanischen Mythologie sind es die drei „Nornen", die Spinnerinnen des Schicksals, Urd, Verandi und Skuld, die gemeinsam jedem Menschen seinen Platz im großen Netz der Zeit zuwiesen. Am Ursprungsort aller Existenz, am Fuße des großen Weltenbaumes, so erzählen die Mythen, spinnen die großen Drei die Muster, die allem Leben seinen Ort und seine Bedeutung geben. Im Glauben der Bevölkerung waren die Schicksalsfrauen auch bekannt als die Disen oder Idisen, denen regelmäßig Opfer gebracht wurden. Ursprünglich waren sie wahrscheinlich Ahninnen der verschiedenen Sippen oder Familien, die mit dem Wohlergehen ihrer Nachfahren betraut waren. Sie besuchten ein Kind nach der Geburt und verkündeten seine Gaben, sein Schicksal und damit seine Lebensaufgabe. Meist erschienen sie als drei, neun oder dreizehn Frauen. In den „guten und bösen Feen" kennen wir sie noch heute aus vielen Märchen. In „Dornröschen" oder „Vasilissa die Weise" bestimmen sie das Schicksal der Heldinnen. Die Macht der Schicksalsfrauen wurde geehrt und gefürchtet. Stolperte jemand, so wurde dies noch im Mittelalter als Zeichen dafür gewertet, dass ihm die Disen ihre Gunst entzogen und sein Glück zu Ende ging. Auch die Römer und Griechen kannten die Schicksalsspinnerinnen unter dem Namen Parzen oder Moiren. Um 650 warnte der Heilige Eligius von Noyon die frisch christianisierten germanischen Franken davor, „zu Nacht Tische zu rüsten und für die Drei Speisen bereitzustellen."[ii] Und noch zu Beginn des 11. Jahrhunderts stellte es Bischof Burchard von Worms in seinem Beichtspiegel unter Strafe, wenn die Frauen am 25. Dezember, in der „Mütternacht", den Tisch für die „drei Schwestern" deckten, dass „diese sich daran erquicken können".[iii]

Jahrhunderte später, im Spätmittelalter und der frühen Neuzeit, entwickelte sich in vielen Teilen Deutschlands erneut eine Verehrung der großen Drei. Als heilige „drei Bethen“ mit den archaisch anmutenden Namen Ambeth, Wilbeth und Borbeth lebten die drei Schutz- und Schicksalsfrauen in Deutschland, Österreich, der Schweiz und Südtirol weiter. In christlicher Zeit wurden sie um Schutz, Fruchtbarkeit der Felder, um Weisheit und Hilfe in der Not angerufen. Die drei Bethen waren die Nachfolgerinnen jener mächtigen Göttinnen der Vorzeit, die das Leben der Menschen von der Wiege bis zur Bahre hineinwoben in das große Ganze, sie verkörperten das „ewig sich erneuernde Leben. Sie anzurufen nannte man ‚bethen, beten‘“[iv]. In den drei Marien, den drei Nothelferinnen Katharina, Margarete und Barbara und den wilden Saligen Frauen lebt ihre Verehrung bis in die Gegenwart fort.[v]

Der Januar-Segen

Im Januar war traditionell die Verbindung der Menschen zu den „Mächten des Schicksals“, die gerade jetzt dabei waren, die Muster der Wirklichkeit neu zu spinnen, enger als sonst. In vielen lokalen Bräuchen zeigt sich bis heute, dass dieser Umstand genutzt wurde, um Glück und Segen für das neue Jahr zu erbitten. In der christlichen Tradition sind es noch heute die Sternsinger, als „Drei Könige“ verkleidete Kinder, die Lieder singend und um Gaben bittend als Segenszeichen an der Tür die Buchstaben C+M+B anbringen für die Namen der drei Könige Caspar, Melchior und Balthasar. Manche erbitten auch den Segen der Heiligen Frauen Catharina, Margarete und Barbara. Dem „Bohnenkönig“ oder der „Bohnenkönigin“ fällt dabei nach einem alten Brauch die Aufgabe zu, die Zeichen für Schutz und Segen an der Haustüre anzubringen. Ermittelt wurde die betreffende Person, indem in einen Kuchen, den am 6. Januar alle gemeinsam verspeisten, eine Bohne hineingebacken wurde. Die Person, in deren Kuchenstück sich die Bohne befand, wurde Bohnenkönig oder -königin genannt. So teilte das „Schicksal“ selbst die ehrenvolle Aufgabe zu, das Haus zu segnen.

Nach dem Segen wurden früher Häuser und Ställe mit Kräutern geräuchert, die an der Kräuterweihe im August geschnitten wurden und deshalb als besonders heilkräftig galten. An Dreikönig wurden auch die Ruten für die Wünschelrutengänger geschnitten.

Meditationen, Rituale und Feste

Es ist Januar, das neue Jahr hat begonnen, und Sie wollen nun mit vollem Elan die guten Neujahrs-Vorsätze in die Wirklichkeit umsetzen. Vorsicht, denn eigentlich ist die Zeit noch nicht reif dafür. Die Energie in der Natur unterstützt äußere Aktivität, die über das Notwendige hinausgeht, nicht unbedingt. Ein Zuviel kann schnell überfordern und krank machen in dieser erkältungsanfälligen Jahreszeit. Träumen Sie einmal richtig vor sich hin, völlig unproduktiv und leistungsschwach. Das ist ein echter Jungbrunnen. Wenn Sie schon etwas „tun" wollen, dann richten Sie Ihre Energie nach innen, achten auf Ihre Träume und nehmen sich die Zeit, jeden Tag eine kleine Meditation zu machen.

Meditation für einen langen Atem

Sind sie ein nervöser Mensch, dem Konzentration und Stillsitzen schwerfällt? Dann versuchen Sie es mit der „Langer-Atem-Übung". Der Volksmund sagt nicht umsonst, dass man für längere Projekte einen buchstäblichen „langen Atem" braucht, um etwas durchzuhalten. Schon aus der fernöstlichen Meditationslehre ist bekannt, dass der Atem ein mächtiges Instrument ist, um sich mit den Rhythmen des Lebens zu verbinden. Wenn Sie in Sachen Meditation und Stille noch Anfänger sind, dann ist diese Atem-Übung genau das Richtige für Sie. Meditieren Sie die ersten Male zu Hause, bis Sie etwas Übung haben. Dann können Sie diese kleine Meditation überall und zu jeder Zeit durchführen, wenn Sie nervös sind oder einfach Ruhe und Konzentration brauchen.

Setzen Sie sich bequem auf einen Stuhl oder auf den Boden, wobei Sie darauf achten, dass Ihr Rücken gerade ist und Ihre Fußsohlen oder Ihr Becken fest mit dem Boden verbunden sind. Nun richten Sie Ihre Aufmerksamkeit auf Ihren Atem und beobachten, wie es sich anfühlt, wenn die Luft in Sie ein- und wieder ausströmt. Legen Sie dazu die Hände auf den Bauch und atmen Sie ein paar Mal tief ein, so dass sich Ihre Hände mit dem einströmenden Atem nach außen bewegen und wieder zurücksinken mit dem Ausatmen. Dann atmen Sie weiter wie gewöhnlich. Schauen Sie Ihrem Atem jetzt nur konzentriert zu, ohne sich von anderen Gedanken ablenken zu lassen. Ein – aus, ein – aus. Langsam kommt Ihr Atem zur Ruhe, wird tiefer und länger. Alle Anspannung löst sich mit jedem weiteren Atemzug. Erzwingen Sie nichts, bringen Sie sich nicht in Atemnot. Es geht alles von allein.

Wenn Sie sich innerlich ruhiger fühlen, dann machen Sie sich jetzt bewusst, WER es eigentlich ist, der da atmet. Nehmen Sie Kontakt auf zu sich selbst. Was fühlen Sie gerade, während Sie atmen? Sind Sie traurig, froh, aufgeregt, wütend? Nehmen Sie sich wahr in diesem Moment und erlauben Sie sich selbst liebevoll, so zu sein, wie Sie sind. Nach etwa fünf bis zehn Minuten des Wahrnehmens sagen Sie sich dann: „Ich akzeptiere mich, wie ich bin und nehme alle Gefühle und Gedanken an, denn jeder Teil von mir hat seine Berechtigung."

Sie können die Übung hier abbrechen. Wenn Sie sich aber noch 5-10 Minuten gönnen, dann können Sie nun im nächsten Schritt in Ihren Atem bestimmte Kraftsätze einweben, die Ihnen auf einer sehr tiefen Ebene helfen können. Beobachten Sie wieder Ihren Atem und sagen sich bei jedem Einatmen: „Ich bringe meinen Körper zur Ruhe." Und beim Ausatmen: „Ich lächle dem Tag entgegen." (Lächeln Sie, während Sie das denken.[vi]) Wiederholen Sie diese Sätze zehn Minuten lang und Sie spüren, wie Sie eine positivere Haltung zum Leben einnehmen.

Weitere Kraftsätze lauten: Beim Einatmen: „Ich nehme die Kraft des Lebens in mich auf", beim Ausatmen: „Ich lasse alle Anspannung los." Oder beim Einatmen: „Dieser Tag ist ein Geschenk", beim Ausatmen: „Ich öffne mein Herz ganz."

Suchen Sie sich jeweils nur ein Satz-Paar aus und atmen Sie so lange, bis Sie sich ruhig und gestärkt fühlen. Sie können sich auch eigene Sätze überlegen, die Ihnen für bestimmte Augenblicke Kraft geben. Beginnen Sie die Übung mit zehn Minuten täglich, dann können Sie die Dauer bei Bedarf kontinuierlich steigern. Sie werden sehen, dass Sie innerlich eine Quelle für Ruhe und Kraft entwickeln, die Sie am Arbeitsplatz ebenso stärkt wie im Bus oder zu Hause.

Ein Traumtagebuch führen

Beginnen Sie damit, sich morgens gleich nach dem Aufwachen Ihre Träume zu notieren. Legen Sie sich Schreibzeug neben das Bett. Selbst wenn es anfangs noch etwas mühsam erscheint, die Traumfetzen rechtzeitig vor ihrem Vergessen zu retten, mit etwas Übung können Sie sich immer besser an Ihre Träume erinnern. Sie lernen damit die Sprache Ihres Unterbewusstseins kennen und finden heraus, welche Themen Sie nicht nur am Tag, sondern auch in der Nacht beschäftigen. Denn Ihr Unterbewusstsein, Ihre unbewussten Träume, Wünsche und Sehnsüchte sind entscheidend daran beteiligt, was Sie in Ihrem Leben verwirklichen und was nicht. Notieren Sie sich Ihre Träume und deuten Sie zum Beispiel alle beteiligten Figuren des Traums als Teile von Ihnen selbst. Sie werden staunen, was Sie alles über sich selbst erfahren.

Eine Reise ins Erdinnere

Reisen Sie doch im Januar einmal geistig in die Erde, um dort zur inneren Ruhe zu gelangen. Dazu nehmen Sie sich eine halbe Stunde Zeit, in der Sie nicht gestört werden. Schaffen Sie sich eine angenehme Umgebung, entzünden Sie ein paar Kerzen und legen Sie sich auf eine Decke auf den Boden. Ein kleines Kissen und eine Decke zum Zudecken machen Ihr Lager gemütlich. Sie liegen auf dem Rücken, die Arme rechts und links neben dem Körper, und schließen die Augen. Nun atmen Sie tief in den Bauch und kommen innerlich zur Ruhe. Sie entspannen jetzt nach und nach Ihren Körper, indem Sie die Muskeln der einzelnen Körperteile stark anspannen, um sie danach bewusst wieder zu entspannen und ganz locker zu lassen. Beginnen Sie mit den Füßen und Beinen, dann das Becken, den Rücken und den Bauch, die Brust, die Schultern, die Arme und Hände und dann den Kopf und das Gesicht. Nun sind Sie ganz entspannt. Nichts ist mehr wichtig für Sie, als völlig ruhig zu werden. Steigen Gedanken in Ihnen auf, dann richten Sie Ihre Aufmerksamkeit einfach wieder auf das Hier und Jetzt. Während Sie weiter tief in den Bauch atmen, stellen Sie sich nun beim Ausatmen vor, Ihr ganzer Körper würde schwer wie ein Stein und sinke hinunter in die Erde. Ganz einfach durchquert Ihr Körper den Fußboden und das Fundament, um dann weiter in die schwarze Erde zu sinken, die Sie liebevoll aufnimmt. Fühlen Sie, wie Ihr Körper mit jedem Ausatmen dem Ruf aus dem Unten folgt. Das Sinken endet irgendwann. Alles um Sie ist nun still und dunkel. Äonen verstreichen hier unbemerkt. Der Rhythmus der Erde ist sehr langsam. Entspannen Sie sich und kommen Sie völlig zur Ruhe. Werden Sie ein Teil der Erde. Lassen Sie alle Bewegung erstarren, wie eine Uhr, die immer langsamer tickt, um dann ganz still zu stehen. Nichts existiert mehr, außer Ihnen selbst. Das Haus über Ihnen ist verschwunden und von ferne hören Sie das leise Rascheln des Schnees, der eine schützende Decke über Sie und die Erde legt. Hier sind Sie vollkommen geborgen. Lassen Sie alle Ängste, die in Ihnen aufsteigen, alle Bilder von Enge und vom Grab mit dem Ausatmen los. Die Erde trägt Sie wie eine Mutter im Leib, beschützt Sie und versorgt Sie mit allem, was Sie brauchen. Verweilen Sie an diesem Ort und lassen Sie die Stille einfach zu. Vielleicht gelingt es Ihnen auch, sich von der Stille und der Dunkelheit ganz erfassen zu lassen und bewusst hinüberzugleiten in das Land der inneren Bilder, die dann aufzusteigen beginnen. Kontrollieren Sie nichts, lassen Sie sich einfach treiben und nehmen Sie alle Bilder als Botschaften an, die Sie später deuten können. Vielleicht werden Sie müde und beginnen zu träumen. Auch das ist willkommen, denn hier, in der Stille der Erde, erträumt sich das Leben selbst.

Nun wird es Zeit, zurück an die Oberfläche zu kommen. Danken Sie der Erde und der Stille zum Abschied. Zählen Sie dann im Geist auf zehn. Bei jedem Einatmen folgt die nächste Zahl und Sie steigen ein Stück weiter aus der Erde auf. Bei „zehn" sind Sie wieder ganz in Ihrem Körper angekommen. Klopfen Sie sich von Kopf bis Fuß mit den Händen ab und sagen Sie dreimal laut Ihren Namen. Das bringt Sie wieder vollständig in die Wirklichkeit zurück. Schreiben Sie sich möglichst bald auf, was Sie auf Ihrem Ausflug in die Erde erlebt und welche Bilder und Botschaften Sie vernommen haben. Vielleicht enthalten sie Inspirationen, vielleicht auch die Lösung für ein Problem, das Sie beschäftigt. Die kleine Reise können Sie so oft wiederholen, wie Sie wollen.

Ritual des Vertrauens und der Anbindung an das Leben

Nutzen Sie die Energie des Januar, um sich bewusst rückzubinden an die großen Zyklen des Lebens. Mit diesem Ritual stellen Sie die Weichen neu für Ihr Leben. Sie hören auf, mit sich selbst und Ihrem Schicksal zu hadern und begeben sich ganz gezielt hinein in den großen Fluss der Energien. Sie vertrauen darauf, dass alle Schwierigkeiten des Lebens eigentlich als Aufgaben gedacht sind, Ihre ganz persönlichen Herausforderungen, für die Sie gerüstet und gewappnet sind und denen Sie mit Zuversicht begegnen können. In jedem Ritual vollziehen Sie eine Entscheidung, die Sie dann in eine symbolische Handlung umsetzen. Das Symbol setzt Energien frei, die in Ihrem Leben spürbar werden.

Fahren Sie an einem schönen Januartag in die Natur hinaus an ein fließendes Gewässer, an einen Bach oder einen Fluss. Wählen Sie möglichst die Zeit um den Neumond herum. Mit sich nehmen Sie eine dünne Schnur und ein Teelicht mit Feuerzeug.

Am Fluss angekommen bauen Sie sich als Erstes Ihr ganz persönliches „Schiff", das Sie in die Zukunft trägt. Dazu benötigen Sie ein oder mehrere Stücke Holz oder Rinde, die auf dem Wasser schwimmen können und die Sie meist in der Umgebung finden. Diese binden Sie nun mit der mitgebrachten Schnur so zusammen, dass ein kleines Floß entsteht. Dann suchen Sie einen symbolischen Gegenstand, der Ihnen in Ihrer Umgebung auffällt, ein schönes braunes Blatt, einen flachen Stein oder einen Ast. Sie können den Gegenstand auch von zu Hause mitbringen, denn seine Aufgabe ist es, nun Ihre Energie zu übernehmen. Sie verbinden sich also mit dem Gegenstand, indem Sie ihn mit Ihren Genen versehen, die sich in Haut, Haaren, Nägeln oder im Speichel befinden. Binden Sie z. B. ein paar Haare mit etwas Spucke daran und befestigen alles danach auf dem „Floß". Stellen Sie nun das Teelicht dazu, nachdem Sie die Metallhülle entfernt haben. Dann suchen Sie sich eine Stelle, an der der Fluss langsam fließt und Sie sich gut hinunterbeugen können.

Nehmen Sie sich zuvor noch ein wenig Zeit und versuchen Sie, die Natur um sich herum zu spüren, die von Ruhe und Stillstand geprägt ist. Alles schweigt und wartet. Jetzt ist ein guter Zeitpunkt für einen Neuanfang. Beginnen Sie nun die Zeremonie, deren Ziel es ist, Sie symbolisch mit dem Fluss des Lebens zu verbinden. Atmen Sie ein paar Mal tief in den Bauch und konzentrieren Sie sich ganz auf Ihr Vorhaben. Wenn Alltagsgedanken Sie ablenken, dann kehren Sie gedanklich einfach immer wieder zu Ihrem Vorhaben zurück.

Jetzt entzünden Sie das Teelicht und nehmen Ihr Gefährt in die rechte Hand. Wenn Sie sich bereit fühlen, sprechen Sie folgende Worte: „Jetzt ist der Zeitpunkt gekommen, meinem Leben eine andere Richtung zu geben. Wie ich dieses Gefährt, das mein Licht und meine Gene trägt, dem Wasser übergebe, so übergebe ich mich dem Fluss des Lebens. Ich lasse los: all meinen Groll darüber, dass nicht alles so läuft, wie ich es mir vorstelle. Ich lasse los: meine Trauer über all das, was ich falsch gemacht und verpasst habe. Ich lasse los: meine Angst vor der Zukunft. Ich übergebe mich jetzt ganz bewusst den großen Kräften des Lebens. Ich vertraue darauf, dass alles in meinem Leben einen Grund und eine Berechtigung hat, ich vertraue darauf, dass ich alle Aufgaben meistern kann, die das Leben mir stellt, und dass mir alles zufließt, was ich brauche. Ich liebe das Leben und das Leben liebt mich. Ich rufe all jene göttlichen Kräfte zu Zeugen, die mich begleiten und beschützen. So sei es und so ist es."

Sie dürfen sich natürlich gern auch einen eigenen Text ausdenken. Sprechen Sie jedes Wort aus in dem Bewusstsein, dass es in diesem Moment, gesprochen im Ritual, eine besondere Bedeutung hat. Dann übergeben Sie Ihr Gefährt vorsichtig dem Wasser. Spüren Sie in Ihrem Inneren, dass Sie nun eine Entscheidung getroffen haben. Sie haben sich für das Leben entschieden. Der Fluss des Lebens hat Sie aufgenommen. Sollte Ihr Schiff gleich untergehen, dann ist dies kein Omen für Ihre Zukunft, sondern eher ein Hinweis, dass Sie im Bereich der Schiffskonstruktion noch dazulernen können.

Den Segen der Drei erbitten

Da der 6. Januar ein besonders magischer Tag ist, eignet er sich für allerlei spirituelle Aktivität. Nutzen Sie die letzte der Raunächte, an dem die Schicksalsspinnerinnen nahe sind, und bitten Sie um deren Segen und Schutz für sich und Ihre Lieben in diesem Jahr. Entzünden Sie ein Räucherstäbchen und nehmen Sie etwas Kreide zur Hand. Stellen Sie sich und die Räucherstäbchen an die Schwelle Ihrer Wohnung und sagen Sie: „An diesem Ort des Übergangs rufe ich die Spinnerinnen des Schicksals, die alten mächtigen Kräfte, die das Leben behüten und bewahren. Bei der Kraft der Drei bitte ich um Schutz, um Gesundheit und um Glück für alle, die in diesem Hause leben." Dann zeichnen Sie über die Schwelle an die Haustüre 20+C+M+B+07 (die Jahreszahl), den Namen der drei Könige oder Königinnen oder von beiden, ganz wie Sie wollen. Entzünden Sie zum Dank noch ein zweites Räucherstäbchen und lassen Sie es abbrennen.

Kräuterkraft und Pflanzenschönheit

Die Erle (Alnus glutinosa) – der Baum der Jenseitigen

Die Erle erschien den Menschen schon immer als unheimlich und den dunklen Kräften näher als den hellen, weshalb sie im Januar Erwähnung findet. Ihre rötliche Farbe wurde mit Blut assoziiert. Die

Erle wächst häufig in sumpfigen Moorlandschaften, die früher als tückisch galten, weil Irrlichter und missgünstige Geister die Vorüberziehenden von ihrem festen Untergrund fortlocken und ins Verderben stürzen konnten. Die Erle galt als Verbindungsort zur Feenwelt. Goethes eifersüchtiger „Erlkönig“ taucht auch in dänischen Sagen auf als der „Ellerkong“, der die Sterblichen hinüberzieht in sein Reich. Auch des Erlkönigs „liebliche Tochter“, in einigen Sagen die „raue Ilse“ genannt, verführt oder verflucht die Menschensöhne, je nachdem, wie willig sie sich ihr zeigen. Die Erle war früher ein Opferbaum und im „Erlengrund“ traf man auf das Tor zur anderen Welt. Der keltischen Großen Göttin in ihrer Gestalt als todbringende Morrigan war sie ebenso heilig wie dem Erlkönig und Begleiter der Toten Bran. Die Erle symbolisierte das Endgültige, den Tod ebenso wie die Erneuerung danach. Verließen früher die Germanen einen Hof für immer, zerbrachen sie vier Erlenstäbe und warfen sie auf das Gelände als Zeichen des unwiderruflichen Abschieds. Und noch im Mittelalter zerbrach man vor Gericht ein Erlenholz über jemanden, von dessen Verwandtschaft man sich lossagte. Daher stammt noch heute der Spruch, „den Stab über jemanden brechen“, wenn man sich endgültig von ihm abwendet. In der Volksmedizin fand die Erle kaum Verwendung. Die Rinde gebrauchte man zum Schwarzfärben von Leder und zerriebene Erlenblätter wurden zum Vertreiben von Ungeziefer eingesetzt. Flöhe, Wanzen und Mäuse galten als „elbisch“ und konnten daher auch dem Ruf der Erle folgen.[vii]

Die Zwiebel (Allium cepa)

Die rote Küchenzwiebel gehört zu den ganz alten Heil- und Stärkungsmitteln, die wir kennen. Die desinfizierende Wirkung Ihrer ätherischen Öle bemerken wir jedes Mal, wenn uns beim Schneiden die Tränen kommen. Frischer Zwiebelsaft auf einem Bienen- oder Wespenstich lindert schnell den Schmerz, und auch bei Schuppen oder

Hautflechte lässt sich mit Zwiebelsaft einige Besserung erzielen. Darüber hinaus wirkt die Zwiebel stark entwässernd, entzündungshemmend und kräftigend für Magen und Darm. Sie fördert die Durchblutung, senkt den Blutzucker ebenso wie den Blutdruck und beugt der Verkalkung der Arterien vor. Die Vitamine C und B, diverse Mineralstoffe und Spurenelemente machen die Zwiebel zu einem Nahrungsmittel, auf das man nicht verzichten sollte.[viii]

Ein sehr altes Hausmittel gegen Bronchitis und schmerzhaften Husten ist der Zwiebelsirup, der für Kinder ebenso geeignet ist wie für Erwachsene und im Januar sicher Verwendung findet. Man schält 5 große, möglichst rote Zwiebeln, schneidet sie klein und vermischt sie mit 8 Esslöffeln gutem kristallinem Honig oder Kandiszucker. Die Mischung lässt man ca. 20 Stunden stehen und löffelt sie entweder sofort oder füllt sie in gereinigte Flaschen um, die zur Aufbewahrung in den Kühlschrank gestellt werden. Im Krankheitsfall nimmt man dreimal täglich bis stündlich einen Esslöffel unverdünnt ein. Das löst den Husten und beruhigt.

Sauerkraut-Schönheitsmaske

Wenn Sie im Winter schon langsam kein Sauerkraut mehr sehen können, dann nehmen Sie es einfach einmal äußerlich zu einer Sauerkraut-Schönheitsmaske. Es soll den Teint sofort zart und rosig machen. Reinigen Sie Ihr Gesicht zuvor gründlich, legen Sie sich entspannt in einen abgedunkelten Raum und geben ca. 100 g Sauerkraut auf Ihr Gesicht. 10 bis 20 Minuten einwirken lassen und dann mit kaltem Wasser abspülen. Die Maske wirkt nährend, erfrischend und heilend bei spröder Haut.

Februar: Zeit der Reinigung und Unterscheidung

Aus dem Dunkel
Zartes Licht
Kommt zutage
Neue Sicht.
Visionen leuchten klar hervor,
Durchschreiten das lichte
Mondsicheltor.

Arunga Heiden

Die Kräfte der Natur im Februar

Mit dem Februar beginnt die Zeit des Übergangs. Als kürzester Monat des Jahres bringt er zwar noch einmal Kälte und Schnee, doch der Umschwung steht schon vor der Tür. Der Schnee taut schnell wieder und der Winter ist spürbar auf dem Rückzug. Die Knospen der Bäume und Sträucher schwellen zusehends und gegen Ende des Monats ist der Tag 2 1/2 Stunden länger als zu Beginn des Jahres. Die Sonne scheint kräftiger, und langsam erwacht wieder die Lust, sich mit neuem Tatendrang ins Freie zu begeben. Die zunehmende Tageslänge und Wärme bringt auch die Tierwelt in Schwung. Hasen, Marder und Eichhörnchen werden wieder aktiv, auch die ersten Vögel kehren von ihrer Reise zurück, die Sing- und Misteldrossel, die Feldlerche und die ersten Kraniche ziehen wieder übers Land. An den ersten Frühlingsboten, den blühenden Weidenkätzchen und den Schneeglöckchen, laben sich zur warmen Mittagszeit die wieder erwachenden Bienen. Doch allzu viel Wärme im Februar bekommt der Natur nicht. „Der Winter scheidet nicht, ohne noch einmal zurückzugucken!" heißt ein altes Sprichwort. Lange Naturbeobachtungen haben gezeigt, dass ein Vorfrühling im Februar auf einen langen Nachwinter schließen lässt. Wenn jedoch die Februarstürme über das Land fegen, ist der Frühling nicht mehr weit.

Die Bauernregeln des Februars lauten:
Februar warm, Frühling kalt.
Heftige Nordwinde im Februar, vermelden ein gar fruchtbar Jahr.
Wenn der Nordwind im Februar nicht will,
dann kommt er sicher im April.
Februar Schnee und Regen, deuten an den Gottessegen.

Der Name Februar geht zurück auf das lateinische „februare" und bedeutet „reinigen". Er hängt auch zusammen mit „febris" – F ieber, das ebenfalls eine reinigende und kräftigende Wirkung auf den Organismus hat. Alte Namen des Monats waren Narrenmond, Schmelzmond, Taumond oder Hornung, da sich nun das Vieh „hörnt" und die Hirsche ihr Geweih abwerfen.

Die energetische Qualität des Februar ist der Umschwung. Die Lebenskräfte, die nun lange Zeit in den Tiefen der Erde ruhten, erwachen langsam aus ihrem Schlaf und drängen nach oben, um sich zu entfalten. Die Wende hat stattgefunden. Die Zeit der größten Dunkelheit ist vorüber und die Säfte steigen wieder auf, wenn es auch nach außen noch nicht sichtbar ist. Vor dem endgültigen Durchbruch wird jetzt entschieden, welche Äste stark genug sind, um die sich entfaltende Lebenskraft zu tragen. Frühlingsstürme fegen alles mit sich fort, was nicht standhält. Gereinigt von allem Überflüssigen, findet die Energie des Lebendigen starke und tragfähige Strukturen, um sich in aller Vielfalt zu manifestieren. Was als Sehnsucht im Innern der Dunkelheit erträumt wurde, drängt nun zum Licht.

Die Themen des Februar

Das Groß-Reinemachen

Erinnern Sie sich daran, wie es sich anfühlt, wenn Sie sauber und duftend der Badewanne entsteigen, in die Sie zuvor stinkend und vor Schmutz starrend eingetaucht sind? Dieses wohlige Gefühl, wie neu geboren zu sein und sich frisch und frei auf Neues vorzubereiten, ist die Aufgabe des Februars. Wir machen sauber, innerlich wie äußerlich. Reinigen bedeutet, etwas in einen ursprünglichen Zustand zurückzuführen. Was benutzt wurde, verändert sich, wird schmutzig oder geht kaputt und muss irgendwann wieder in einen gebrauchsfertigen Zustand zurückgeführt werden. Produktion und Reproduktion, Gebrauch und Reinigung gehören untrennbar zusammen. Reinigung ist eine Form der Erneuerung, denn Gereinigtes ist bereit, wieder aktiv zu werden.

Reinigen bedeutet auch, Abschied zu nehmen von Überflüssigem und sich auf das „Wesentliche" zu beschränken, das wirklich Bedeutung für uns hat. Was häufen wir nicht alles an altem Ballast an, von dem wir meinen, wir könnten es noch gebrauchen, dabei liegt es nur in einer Ecke und nimmt Raum ein. Liebgewordene Gewohnheiten, alte Erinnerungen und selbst Wertgegenstände müssen manchmal losgelassen werden, wenn sie keine wirkliche Funktion mehr haben und eigentlich eine Be-Last-ung sind, die unserer Freiheit im Wege steht. Die Fastenzeit nach dem Karneval im Februar ist ein alter Weg, um Überflüssiges loszuwerden, weil man körperlich ebenso wie geistig in die Leere geht. Fort von Fülle und Überfluss führt der Weg zurück zum Eigentlichen, zu dem, was wirklich wichtig ist. Und das ist meist nur wenig. Der Februar ist deshalb eine gute Zeit, um Dinge zu verschenken, um loszulassen und Platz für Neues zu schaffen.

Inspiration suchen: den eigenen Weg gehen

Bevor bald das aktive Leben wieder beginnt und auch wir unsere Kraft und Aktivität entfalten, empfiehlt es sich zu überlegen, WOHIN wir denn unsere Kraft überhaupt richten wollen. Wer etwas erschaffen will, braucht eine Idee, eine Vision dessen, was verwirklicht werden soll. Vor der Umsetzung steht die Idee, das Ziel, der Funke, der ans Licht treten will.

Den suchen wir im Februar. Fragen wir uns, was uns wirklich entspricht, welche Arbeit uns Freude macht und uns erfüllt. Fragen wir uns, ob wir so glücklich sind, wie es uns zusteht, oder ob uns etwas fehlt. Was wünschen wir uns, was brauchen wir zu unserem Glück? Vielleicht ist es an der Zeit, die Richtung zu ändern und einiges anders zu machen, Neues zu beginnen und Veränderungen zu verfolgen. Vielleicht aber auch nicht. Vielleicht ist alles stimmig für uns, so wie es ist. Nutzen wir die Gelegenheit und prüfen wir, welche Ziele wirklich unsere eigenen sind, tief in unserem Innern, wo Herz und Verstand nicht getrennt sind, ohne uns von Familie und Gesellschaft beeinflussen zu lassen. Stimmig ist alles, was unser Herz schneller schlagen lässt. Wenn wir ehrlich zu uns sind, fühlen wir instinktiv, was richtig für uns ist und wozu wir uns vielleicht sogar „berufen" fühlen. Am Ende der Suche steht eine Entscheidung, wofür wir unsere Kräfte bündeln und ganz einsetzen wollen. Die Frühlingskräfte des Aufbruchs können uns dann optimal darin unterstützen, unser Leben zu gestalten.

Mythen, Bräuche und göttliche Wesen

Der Kessel der Verwandlung

Am 1. und 2. Februar begegnet uns wieder ein besonderes Datum, das schon auf eine lange Vergangenheit zurückblickt. „Maria

Lichtmess" heißt dieser Tag in der katholischen Tradition. Kerzen, die an diesem Tag geweiht werden, sagt man eine besondere Kraft nach, sie böten Schutz vor Tod, Feuer und Blitzschlag.[ix] Feuer und Wasser spielten schon immer eine wichtige Rolle an diesem Festtag, an dem in früheren Zeiten die Natur aus ihrem tiefen Winterschlaf geweckt wurde und in Vorbereitung auf den Frühling eine Reinigung durch Feuer und Wasser im Mittelpunkt stand. Die keltische Göttin Brigid, auch Birgit, Brigantia oder Bride genannt, wurde als Göttin der Erweckung und Verwandlung an diesem Tag geehrt. Ihr Name bedeutet „die Strahlende". Umgeben von den Elementen Feuer und Wasser war sie für die Kunst des Schmiedens ebenso zuständig wie für die Heilung von Krankheit, für Inspiration und Dichtkunst. Der heilige Gegenstand der Brigid ist der Kessel der Inspiration, das Symbol der Verwandlung schlechthin. Der Kessel spielt in vielen europäischen Mythen eine Rolle und gilt als ein sehr altes Symbol sowohl der Erde als auch des weiblichen Schoßes, der Neues hervorbringt. An Lichtmess vereinigen sich Feuer und Wasser, die beiden gegensätzlichsten Elemente, im kochenden Kessel und bringen Harmonie und Vollkommenheit. Kochen und Sieden sind zwar alltägliche Handlungen, symbolisch vollziehen sie jedoch den magischen Akt der Verwandlung. Aus der Verbindung verschiedener Zutaten entsteht etwas Eigenes, das es vorher noch nicht gab. So „kocht" das Metall in der Schmiede und der heilende Kräutersud gegen Krankheit, so entsteht die Verbindung des Alltäglichen mit der göttlichen Welt. Die Inspiration ist der Funke, das Kind dieser Verbindung, das sich immer unerwartet und in jenen besonderen Augenblicken zeigt, in denen Dichtung und Kunst Schönheit hervorbringen. Im irischen Kaldaere, dem Hauptheiligtum der Brigid, die in der Heiligen Brigitte ihre christliche Nachfolgerin fand, wird von den Nonnen noch immer ein „ewiges Feuer" gehütet, das nicht ausgeht, und Brigids Brunnen führt noch heute das Wasser der Reinigung und Erneuerung.

Karneval

Fastnacht, Fasching oder Karneval findet meist im Februar statt. 40 Tage vor Ostern toben die eigentlichen „verrückten Tage", beginnend am „tollen (verrückten) Donnerstag", der Weiberfasnacht, und endend am Aschermittwoch, an dem Buße für die begangenen Sünden getan wird. Ob das Wort „Fasnacht" auf die „Faselnacht", ein vorchristliches Fest zur Wiedererweckung der Fruchtbarkeit, zurückgeht oder auf die christliche „Fasten-Nacht", die am Aschermittwoch beginnt, lässt sich nicht wirklich klären. Gerade im Fasching vermischen sich viele heidnische Bräuche mit christlichen Inhalten. Lustige Narren, grausige Hexen und wilde, lärmende Tiergestalten ziehen in vielen Städten seit Jahrhunderten durch die Straßen oder parodieren weinselig in großen Hallen die Politik. In den Hochburgen der Fasnacht weicht noch heute die Arbeit tagelang dem Vergnügen. Sexuelle Freizügigkeit und massiver Alkoholkonsum lässt viele Leute während dieser Zeit Grenzen überschreiten, die eigentlich tabu sind. Traditionell wird im Fasching viel Fettes gegessen, Nahrung aus Eiern, Milch, Käse und Schmalz. Krapfen, Fasnachtsküchle und Schmalznudeln sorgen für die nötigen Reserven, bevor auf die Zeit der Fülle die kargen sechs Fastenwochen folgen.

Die Welt auf den Kopf stellen

Wer in den Hochburgen des Karnevals in Mainz und Köln, vor allem aber bei den traditionellen Fasnachtsumzügen im badischen Raum, in Basel und Venedig einmal den Fasching erlebt, kann sich dem merkwürdigen Zauber dieser Welt voller Masken und wilder Gestalten kaum entziehen. Da werden Geister beschworen und Hexen vertrieben – die gewohnte Welt auf den Kopf gestellt. Tatsächlich sind Rituale, die die gewohnte Ordnung einer Gesellschaft außer Kraft setzen, bestehende Verhältnisse umkehren und eine Zeit lang alle Regeln für ungültig erklären, sehr alt. Mächtige werden ohnmächtig, Unterdrückte übernehmen die Regentschaft, Männer werden zu Frauen, Schöne werden hässlich. Bei der Fasnacht wird die Ordnung der Welt buchstäblich verrückt. Das Gewohnte, der Norm Entsprechende, verliert seine Gültigkeit und die Welt außerhalb der Grenzen wird sichtbar, spürbar und erlebbar, die Welt des Wahnsinns, der Geister und alten Mächte. Die Perspektive auf das Gewohnte und Alltägliche verändert sich. Wer die Grenzen des Gewohnten überschreitet, nimmt Kontakt auf zu einer anderen Ebene des Bewusstseins und verbindet sich mit Mächten und Kräften, die es im alltäglichen Bewusstsein gar nicht gibt.

Das Spiel der Masken

Masken spielen eine zentrale Rolle bei den Fasnachts-Ritualen zur „verkehrten Welt". Wer eine Maske trägt, schlüpft in eine andere Identität, verkörpert etwas oder jemand anderen und erlebt dessen Welt. Schon das Verkleiden verhilft zu einem Rollenwechsel. Ein Mann in Frauenkleidung erlebt eine Welt, die ihm sonst nicht zugänglich ist und handelt, wie er es sich sonst nicht erlauben würde. Mit einer Maske, die bis zur Unkenntlichkeit verwandelt, sind ganz neue und andere Erfahrungen möglich. In vielen Bräuchen spielen Tiermasken eine wichtige Rolle, die dem Träger die Möglichkeit bieten, in die Perspektive des Tieres zu schlüpfen, um mit dessen spiritueller Ebene Kontakt aufzunehmen. Die Verbindung von Menschen und Tieren ist in allen naturreligiösen Vorstellungen eng. Die Germanen gingen davon aus, dass sich ein Teil der menschlichen Seele in einem Tiergeist verkörperte. Manche Sagen erzählen davon, wie Menschen im Schlaf oder in Trance als Mäuse oder Katzen ihren Körper verließen, teils willentlich, teils aber auch nicht.[x] Tiergeister, die Menschen ebenso wie ganze Sippen schützten und ihnen bestimmte Eigenschaften verliehen, in amerikanischen Kulturen „Totemtiere" genannt, gehörten ebenfalls zur Vorstellungswelt der europäischen Völker. Schamanische Verwandlungen von Menschen in Tiere oder tierähnliche Gestalten sind sowohl in der germanischen wie in der keltischen Mythologie häufig zu finden, selbst die Götter nahmen teilweise Tiergestalt an. Tier- und Dämonenmasken stellten das Mittel dar, mit dem diese Energien gerufen und verkörpert wurden. Wenn an Fasnacht wilde Figuren hinter Hexenmasken peitschenknallend und lärmend durch die Straßen ziehen, wird nicht einfach nur „der Winter ausgetrieben". Im Rasen, Toben und Verrückt-Sein der Fasnacht fällt für kurze Zeit die Grenze zwischen der Sicherheit der Zivilisation und unserer inneren, ungezähmten Wildnis, und wir werden wieder Teil jener großen Gemeinschaft von Lebewesen, zu der wir eigentlich gehören. Der reinigende Aspekt für Seele und Gemeinschaft lässt sich denken.

Übrigens feierten auch die alten Römer im Februar das Sühne- und Reinigungsfest zu Ehren der römischen Göttin Juno Februata, der großen Göttin der Liebe und Leidenschaft, das übrigens oft in einer Orgie endete. Die griechische Göttin HYGIEIA, Göttin der Gesundheit und der Hygiene, wurde am 26. Februar verehrt.

Am Ende der wilden Fasnacht, am „Aschermittwoch", schmierte sich der gläubige Christ nach den Exzessen Asche auf die Stirn und ließ sich in früheren Zeiten als Zeichen der Buße kahl scheren, denn von nun an begann das Fasten. Er entsagte allen irdischen Gütern, wusch seinen Geldbeutel und hängte ihn für alle sichtbar an die Leine. Denn nur wer loslässt, dem fließt es wieder nach.

Meditationen, Rituale und Feste

Rituale der Reinigung

Reinigung findet im Februar in jeder Form energetische Unterstützung. Ein radikaler Frühjahrsputz in der Wohnung bringt neue Ordnung ins Leben. Eine blitzblanke, frisch duftende Umgebung ist ideal, um mit Schwung neue Wege zu gehen oder Bewährtes mit neuer Kraft anzugehen. Unterstützen können Sie dies noch durch eine

Energetische Wohnungsreinigung

Sie entfernt alle negativen Energien aus Ihren Räumen, die entweder von anderen Personen, auf die Sie nicht gut zu sprechen sind, oder die von Ihnen selbst ausstrahlten in Zeiten, in denen es Ihnen nicht gut ging.

Die Wohnungsreinigung hat zwei Runden. In der ersten Runde vertreiben Sie alle störenden Energien durch Lärm, eine sehr alte und wirkungsvolle Weise der Reinigung, die überdies noch Spaß macht. Nehmen Sie etwas zur Hand, womit man Lärm machen kann – Topfdeckel, Tröten, Musikinstrumente und natürlich Ihre Stimme. Nun machen Sie sich bereit, allein oder gemeinsam mit denjenigen, mit denen Sie die Wohnung bewohnen, die „bösen Geister“ zu vertreiben, die Ihnen im Wohnzimmer Sorgen einflüstern, Sie im Schlafzimmer schlecht schlafen lassen oder in der Küche das Gelingen Ihrer Gerichte verhindern. Gehen Sie von Raum zu Raum, beginnend an der Haustüre. Schreien, grunzen, brüllen oder summen Sie nach Herzenslust in jedem Raum, bis Sie den Eindruck haben, kein böser Geist könnte das jetzt ausgehalten haben. Verweilen Sie besonders lautstark in den Ecken, in denen Sie sich sonst nicht richtig wohl fühlen. Sie werden sehen, nicht nur die Energie in den Wohnräumen verändert sich, sondern auch Sie selbst fühlen sich energiegeladener als zuvor.

In der zweiten Runde geht es stiller zu. Auf einem kleinen Tablett richten Sie sich eine kleine Tasse mit Salz – am besten Kristallsalz aus dem Bioladen – her, einen kleinen Becher voll warmer Milch mit Honig und einen mit etwas Öl, ein Speiseöl genügt zwar, ein Duftöl verbreitet jedoch zusätzlich einen angenehmen Geruch. An die Türschwelle stellen Sie ein Glas mit Rotwein oder Traubensaft. Nehmen Sie das Tablett auf und gehen Sie noch einmal durch die Räume. Legen Sie auf die Türschwelle jedes Raumes einige Salzkörner und sprechen Sie: „Mit diesem Salz reinige ich die Schwelle und diesen ganzen Raum und mache ihn frei und licht.“ Nun schmieren Sie etwas von der Milch-Honig-Mischung auf die Schwelle und sprechen Sie: „Milch und Honig sorgen dafür, dass Wohlstand, Liebe und Frieden einziehen.“ Dann reiben Sie ein paar Tropfen Öl darüber und sagen: „Mit dem Öl versiegle ich diesen Ort. Wehre alles ab, was schadet. Bleib offen für Freunde." Wenn Sie sich in der Wohnung unsicher fühlen, wiederholen Sie die Prozedur auch an den Fensterschwellen. Zum Schluss versiegeln Sie die Haustüre mit besonderer Sorgfalt. Dann nehmen Sie das Weinglas, trinken einen Schluck und schütten mit einem lauten „Danke an alle Kräfte, die mich schützen und behüten" den restlichen Inhalt des Glases als Gabe über die Schwelle der Haustüre oder, wenn das nicht geht, vor das Haus. Ihre vier Wände sind nun energetisch gereinigt.

Frühjahrs-Reinigungsritual für Sie selbst

Das Wichtigste in Ihrer Wohnung sind Sie selbst. Ein guter Tag für eine innere Reinigung ist der Neumond im Februar. Sie geben die Winterenergie dem Mond mit auf die „andere Seite" und verabschieden all das, was Sie nicht mehr brauchen und was Sie daran hindert, sich zu verwirklichen und Ihre Ideen in die Tat umzusetzen. Bereiten Sie sich auf das Reinigungsritual innerlich und äußerlich vor. Stellen Sie in einem aufgeräumten Raum einen Kreis von Teelichten auf, in dessen Mitte Sie genug Platz haben, um zu sitzen. In die Mitte stellen Sie je eine Schale mit frischem Wasser und etwas Salz, möglichst Kristallsalz, das in Bioläden und Apotheken erhältlich ist und dessen kristalline Struktur eine bessere reinigende Wirkung hat.

Nehmen Sie nun zuerst ein Bad oder duschen Sie ausführlich. Während Sie in der Wanne liegen oder unter der Dusche stehen, stellen Sie sich vor, wie sich aller Schmutz auf Ihrem Körper und auch auf Ihrer Aura, dem Energiefeld, das Ihren Körper umgibt, im Wasser ablöst. Schließen Sie die Augen und nehmen Sie die Wärme des Wassers als Licht wahr, das alle dunklen Flecken um Sie auflöst. Während sich Ihr Körper reinigt, strahlt auch Ihr energetischer Körper immer mehr Licht ab. Wenn Sie aus der Wanne oder der Dusche steigen, versuchen Sie wahrzunehmen, wie Ihr Köper von Licht umhüllt ist und jede Zelle leuchtet. Sie sind nun bestens vorbereitet. Ziehen Sie frische Kleider an und begeben Sie sich zu dem Kreis aus Teelichten, die Sie jetzt entzünden.

Betreten Sie den Kreis in der Himmelsrichtung Nord-Osten. Stellen Sie die Schale vor sich und spüren Sie noch einmal, wie sauber und wohlig sich Ihr Körper anfühlt. Schließen Sie nun die Augen, atmen Sie einige Male tief in den Bauch und konzentrieren Sie sich ganz auf sich selbst und auf den jetzigen Moment. Kommen Sie in der Gegenwart an – an diesem Ort und genau jetzt. Alles, was war und was kommt, ist jetzt nicht von Bedeutung. Wenden Sie sich mit Ihrer Aufmerksamkeit dem Brustraum zu und fühlen Sie einen Moment, wie es Ihnen jetzt gerade geht. Stellen Sie sich nun vor, Ihr Herz hätte zwei Torflügel, die sich jetzt gerade langsam öffnen. Licht und Liebe zum Leben strömen hell und leuchtend in Ihr offenes Herz.

Hinter Ihnen liegt der dunkle und kalte Winter, vor Ihnen das Frühjahr mit seiner neuen aktiven Kraft. Sie stehen jetzt auf der Schwelle. Was lassen Sie hier zurück? Welche Fesseln behindern Ihre Lebenskraft? Fehlt es Ihnen an Selbstbewusstsein? Ist es die Bequemlichkeit und Faulheit des Winters? Haben Sie Angst vor der Zukunft, die Ihnen zu schaffen macht? Sie können zumindest einen Teil davon jetzt hier abgeben. Lassen Sie Ihre negativen Gefühle in Ihnen aufsteigen, fühlen Sie Ihre Trägheit, Ihre Angst oder was Sie sonst bedrückt. Nun öffnen Sie wieder die Augen und geben das Salz in die Schale mit Wasser. Sprechen Sie dazu: „Die alten Kräfte des Winters bleiben nun hier zurück. Erleuchtet vom Licht, gelöst durch das Wasser, gebunden vom Salz übergebe ich alle Energie, die mir schadet und die mich hemmt oder behindert zur Verwandlung an die Elemente." Verrühren Sie nun links herum das Salz und währenddessen sprechen Sie alles in die Schale, das Sie auflösen wollen. „Faulheit, ich lasse dich gehen", „Angst vor der Zukunft, ich lasse dich los", „Negative Gedanken und Winterenergien, ich lasse euch gehen" usw. Während Sie sprechen, stellen Sie sich vor, wie die bedrückenden Gefühle in das Wasser tropfen. Gefühl und Wort sollen eine Einheit bilden. Sie können auch in das Wasser spucken und ihrem Speichel die negativen Energien mitgeben. Wenn Sie fertig sind, dann rühren Sie noch eine Weile weiter und stellen sich vor, wie die abgeladenen Energien ihre Form verlieren, sich verändern und an den Salzkristallen hängen bleiben. Wenden Sie sich nun vom Wasser ab und schließen Sie noch einmal die Augen. Öffnen Sie nun noch einmal bewusst die „Torflügel“ Ihres Herzens und lassen Sie es zu, dass weißes, klares Licht in Sie einströmt, sich von der Brust aus ausbreitet nach oben und nach unten, bis es zuerst alle Zellen Ihres Körpers und dann Ihr energetisches Umfeld zum Strahlen und Leuchten bringt. Sie sind nun gereinigt von allen negativen Energien. Auch tief sitzende negative Gefühle werden ein Stück weit gelöst. Blasen Sie nun die Teelichte aus und verlassen Sie den Kreis. Schütten Sie den Inhalt der Schale in die Toilette, wegen des Salzes nicht in die Natur. Begleiten Sie das Ausgießen mit den Worten: „Alle Energie kehrt zu ihrem göttlichen Ursprung zurück. Ich übergebe sie den verwandelnden Kräften der Unterwelt“. Jetzt sind Sie frei für Neues.

Verrückt spielen

Wenn Sie kein völliger Faschingsmuffel sind, dann nützen Sie diese Zeit, um einmal buchstäblich „verrückt zu spielen“. Jetzt haben Sie die Gelegenheit, etwas zu verkörpern, das Sie schon immer einmal sein wollten. Sie können das Geschlecht wechseln, den Beruf, das Zeitalter oder die Tierart. Sie können Anteile von Ihnen selbst ausleben, die Sie bislang eher übersehen oder unterdrückt haben, weil sie vielleicht nicht gerade sozial förderlich sind.

Setzen Sie sich in Ruhe hin und überlegen Sie, was oder wie Sie schon immer einmal sein wollten. „Spüren“ Sie hin, „was“ in Ihnen gelebt werden möchte. Ein mystisches Wesen, ein furchterregendes Monster oder eine boshafte alte Hexe. Vielleicht möchten Sie einfach Ihre innere Zerrissenheit zum Ausdruck bringen, Ihre Wut oder Angst ausleben und einmal schwach und hilflos oder gerade stark und wütend sein.

Dann kreieren Sie einen neuen Charakter für sich. Vielleicht erinnern Sie sich daran, wie es als Kind Spaß gemacht hat, sich zu verkleiden und in eine andere Rolle zu schlüpfen. Suchen oder nähen Sie sich ein passendes Kostüm und besorgen Sie sich die dazugehörigen Utensilien. Sie dürfen glitzernd blinken oder morbid und düster wirken, wie Sie wollen. Lassen Sie Ihrer Kreativität freien Lauf. Nun benötigen Sie noch eine Maske. Für die Eiligen reicht es, sich bis zur Unkenntlichkeit zu schminken, Theaterschminke gibt es im Fasching überall zu kaufen. Wenn Sie Zeit haben, stellen Sie eine eigene Maske her, aus Pappmaschee oder Gips. Sie können auch eine Faschingsmaske im Laden kaufen und sie nach Belieben bekleben und bemalen. Welches Gesicht geben Sie Ihrem neuen Ich? Es muss nichts und niemandem gleichen, das Sie kennen. Es kann tierische, menschliche oder monströse Züge tragen. Gehen Sie intuitiv und spontan vor, fangen Sie einfach an und lassen Sie sich überraschen, was daraus wird. Selbst wenn Sie das Ergebnis Ihres Maskenbaus etwas befremdet, stehen Sie dazu.

Nun können Sie mit Ihrer Maske „arbeiten“. Schlüpfen Sie in Ihr Kostüm, setzen Sie Ihre Maske auf und betrachten Sie sich im Spiegel. Wie wirken Sie? Wie bewegen Sie sich in Ihrem neuen Körper? Wo fühlen Sie sich wohl? Sind Sie ein Nachtwesen oder brauchen Sie den Wald? Tun Sie so „als ob“. Beginnen Sie damit, aus Ihrem Gefühl heraus Bewegungen zu machen. Lassen Sie das Nachdenken sein, für Denken ist jetzt gerade kein Platz. Erlauben Sie sich, ganz in Ihre Rolle zu schlüpfen und zu leben, was Sie verkörpern. Vielleicht möchten Sie die Figur auch tanzen. Nehmen Sie sich Zeit, um allein mit Ihrer Figur zu sein und die Rolle zu erleben. Doch wenn Sie sich sicherer fühlen, dann mischen Sie sich unter die Narren draußen und treten als verwandeltes Wesen in Kontakt zu anderen. Betrachten Sie die Welt aus anderen Augen. Sie werden viel Lebendigkeit, Spaß und neue Einsichten daraus gewinnen.

Meditation zur Inspirationssuche

Diese Meditation dient dazu, herauszufinden, was Ihnen wirklich wichtig ist und welchen Weg Sie in Zukunft beschreiten wollen. Es ist nie zu spät, um das zu tun, was man wirklich will. Nehmen Sie sich daher Zeit, um Ihre eigene Inspiration zu suchen. Hören Sie auf Ihre innerste Stimme, die ganz genau weiß, welcher Weg für Sie gut und richtig ist.

Dazu benötigen Sie an mehreren Tagen jeweils eine halbe bis eine Stunde Zeit, je nachdem, ob Sie eine große und grundlegende Inspiration suchen, um Ihr Leben zu verändern, oder einfach ein paar Ideen für aktuelle Alltagssituationen suchen. Für die Meditation verwenden Sie drei Bilder: über die Tore Ihres Herzens verbinden Sie sich mit den höheren Mächten, das Bild des Feuers in einer sichtbaren Kerzenflamme steht für Ihre Lebenskraft und das innere Bild eines Kessels ruft Ihre kreativen Kräfte.

Beginnen Sie mit dem Ritual möglichst in der Phase des zunehmenden Mondes. Suchen Sie sich in Ihrer Wohnung einen schönen und gemütlichen Platz aus, setzen Sie sich mit einem Kissen auf den Boden und stellen Sie mehrere Kerzen vor sich auf. Entzünden Sie ein paar Räucherstäbchen für die „guten Geister", die Sie unterstützen sollen. Sie benötigen zudem einen Block und Stifte. Machen Sie es sich dann bequem, entzünden Sie die Kerzen und atmen Sie ein paar Mal tief in den Bauch. Kommen Sie innerlich zur Ruhe und konzentrieren Sie sich ganz darauf, hier und jetzt anwesend zu sein. Sollten störende Gedanken auftauchen, kehren Sie mit Ihrer Aufmerksamkeit wieder zu Ihrem Anliegen zurück. Beim Einatmen entspannen Sie langsam den ganzen Körper, beim Ausatmen lassen Sie alles los, was Sie ablenken könnte. Sollten Sie schon etwas Übung mit der „Langer-Atem-Meditation" vom Januar haben, dann wenden Sie dies jetzt an. Nun fühlen Sie sich wohl und entspannt und betrachten die Kerzenlichter, die vor Ihnen stehen. Sprechen Sie dann zu sich selbst: „So wie die Kerze vor mir brennt, so leuchtet auch in mir ein Licht, das meinen Weg kennt und alle Antworten auf meine Fragen weiß." Schließen Sie die Augen und atmen Sie weiter tief in den Bauch. Richten Sie Ihre Aufmerksamkeit auf Ihr Herz. Stellen Sie sich jetzt vor, dass sich die Tore Ihres Herzens weit öffnen. Die Liebe des Lebens strömt herein in Ihr Herz. Fühlen Sie, dass Sie geliebt und geborgen sind, denn das sind Sie tatsächlich. Denken Sie nun an etwas, das Ihnen „heilig" ist. Was ist in Ihrem Leben das Allerwichtigste? Wofür lohnt es sich zu leben? Bei welchem Gedanken fühlen Sie Ihr Herz ganz deutlich schlagen? Ist es die Liebe zu bestimmten Menschen oder Tieren? Ist es die Natur, das Gefühl von Frieden oder eine Vorstellung, die Sie als Gott oder Göttin bezeichnen könnten? Was immer Ihnen heilig ist, Sie verbinden sich jetzt damit und fühlen, wie es durch das Tor in Ihr Herz strömt.

Versuchen Sie sich nun vorzustellen, dass inmitten Ihres Herzens ein riesiger Kessel steht, gefüllt mit einer brodelnden Flüssigkeit, der die Antworten auf Ihre Fragen enthält. Bitten Sie das Heilige um Inspiration, wie Ihr zukünftiger Weg aussehen soll. Welcher Weg ist mein Weg? Welches Ziel liegt mir wirklich am Herzen? Welche Arbeit macht mich froh und zufrieden? Stellen Sie sich jede Frage bildlich vor, wie sie in den großen Kessel eintaucht und darin blubbernd verschwindet.

Bleiben Sie nun eine Weile bei diesem Bild und vor allem bei Ihrem Gefühl. Versuchen Sie nicht, mit dem Verstand nach Lösungen zu suchen. Die richtigen Wege erkennen Sie immer nur mit dem Herzen. Wo fühlen Sie sich richtig wohl und glücklich? Dort geht Ihr Weg weiter. Auch Angst kann ein Wegweiser sein. Gibt es vielleicht etwas, das Sie schon immer machen wollten, aber sich nie zutrauten? Dann liegt vielleicht dort Ihr Weg, in der Begegnung mit Ihren Ängsten. Denn wo Angst ist, ist auch Kraft. Lassen Sie den Kessel brodeln und erlauben Sie sich, Ideen daraus auftauchen zu lassen, die Sie dann mit dem Herzen überprüfen. Jene Ideen, die in Ihnen das Gefühl hervorrufen: „So stimmt das für mich, das entspricht mir, egal, was andere sagen“, an diesen Ideen können Sie weiter spinnen. Wenn Sie genug haben, notieren Sie sich alles, was Ihnen eingefallen ist, alle Wünsche, Sehnsüchte und Ideen, auch wenn Sie noch so verrückt sind, sie sind ein Teil Ihrer Kreativität. Schließen Sie die Meditation, indem Sie die Tore Ihres Herzens wieder schließen, und danken Sie dem, was Ihnen heilig ist, für seine Unterstützung.

Sollten Sie noch zu keinen brauchbaren Vorstellungen gelangt sein, dann lassen Sie sich einfach Zeit. Inspiration funktioniert nicht auf Knopfdruck. Lassen Sie das Bild des Kessels einige Tage bestehen und lösen Sie es erst auf, wenn Sie eine Antwort auf Ihre Fragen haben. Sie können das Bild mit in den nächsten Tag nehmen. Wiederholen Sie abends die Übung oder lesen Sie sich vor dem Einschlafen noch einmal Ihre Notizen durch. Ihre Seele, Ihr Unterbewusstsein „arbeitet“ daran, Ihnen das mitzuteilen, was für Sie wichtig ist, doch oft dauert es eine Weile, bis wir die Antwort verstehen. Aber vertrauen Sie darauf. Sie werden fühlen, wann es so weit ist. Sie werden genau spüren, wann Sie sagen können: „Das ist es, was ich von ganzem Herzen will.“ Jetzt haben Sie Ihre Inspiration und wissen, wohin Sie Ihr Weg weiter führen soll.

Kräuterkraft und Pflanzenschönheit

Die Weide (Salix spp.) galt den Kelten wie den Germanen als mythische Pflanze. Als Wasserbewohner verband sie das Element Erde mit dem Wasser, was die Weide als einen typischen „Schwellenbaum“ kennzeichnet, der die Grenze der sichtbaren zur unsichtbaren Welt hütet. Als Totenbaum kennt man noch heute die „Trauerweide“. Viele Mythen und Zauberpraktiken rankten sich um diese Pflanze, aus der man Zauberpfeifen schnitzte und die als Baum der Hexen galt. Wegen ihrer erstaunlichen Regenerationsfähigkeit war die Weide auch als Baum der Erneuerung und Verwandlung mit der keltischen Göttin Brigid verbunden. Schließlich sind die Blüten der Weide, die Weidenkätzchen, einer der ersten Frühlingsboten im Februar.

In der Volksmedizin galt die Weide als kühlende Pflanze, die ihre Kräfte von unten nach oben leitet, Hitze abfängt und Wasser heraustreibt. Ihr Wirkstoff Salicin wird im Körper zu Salicylsäure, das die meisten aus dem Medikament Aspirin kennen. Es wirkt schmerzstillend, fiebersenkend, entzündungshemmend und desinfizierend und wurde früher aus der Weidenrinde gewonnen.[xi]

Die Birke (Betula pendula) findet ebenfalls im Februar Erwähnung, weil sie einer der ersten Bäume ist, die mit ihren leuchtenden, hellgrünen Blättern Farbe in die Natur bringt. Die zarte Birke mit ihrem schlanken Wuchs galt schon immer als weiblich. Eine germanische Rune ist nach ihr benannt, Berkana, die Fruchtbarkeit und mütterliche Liebe symbolisiert. Anwendung findet die Birke als Tee. Man sammelt frühzeitig die Blätter, trocknet sie und verwendet sie im Tee zur Blut- und Nierenreinigung und zum Ausschwemmen von Ablagerungen in Gelenken. Ein Sud aus den frischen Blättern oder ein Tee kann auch zur Spülung der Haare nach deren Wäsche verwendet werden, um den Haaren einen schönen Glanz zu verleihen. Sogar als vitaminreiche Essensbeilage, roh oder in der Pfanne geröstet, kann man Birkenblätter verwenden, die bald nach dem Erscheinen der Blüten gepflückt wurden.[xii]

Auch die ersten Kräuter zeigen sich im Februar. Allen voran ist hier der Huflattich (Tussilago farfara L.) zu nennen. Seinen Namen hat er aufgrund seiner hufeisenförmigen Blätter, die jedoch erst später sichtbar werden. Vor den Blättern treibt der sonnige und steinige Plätze liebende Huflattich im Februar erst einmal seine Blüten aus. Passend zur Jahreszeit gilt er als der große Husten-Vertreiber. Getrocknet verwendet man ihn als Hustentee.[xiii]

März: Zeit des Aufbruchs und der Erneuerung

An die Liebesgöttin
Du Wonne der Menschen und Götter,
Lebensspendende Venus,
Du waltest im Sternengeflimmer,
Über das fruchtbare Land
Und die schiffedurchzogene Flut.
Du befruchtest die Keime
Zu jedem beseelten Geschöpfe,
Dass es zum Licht sich ringt
Und geboren der Sonne sich erfreut.

Aus: Lukrez, „An die Liebesgöttin"

Die Kräfte der Natur im März

Endlich ist es so weit. Der März bringt das Leben in die Natur zurück. Aus der kahlen Erde und den grauen Baum- und Strauchgerüsten trauen sich wieder zarte Triebe heraus, verletzlich, aber voller neuer Lebenskraft. Grüne, gelbe und weiße Farbsprenkel sind Labsal für das an Brauntönen übersättigte Auge. Haselnuss, Weiden und Erlen blühen, und aus dem Boden sprießen die Märzenbecher, Krokusse, die Schlüsselblumen und Buschwindröschen. Die Sonne scheint jetzt jeden Tag drei Minuten länger und hüllt die Welt wieder in Licht und Fröhlichkeit. Am kalendarischen Frühlingsbeginn, am 21. März, sind Tag und Nacht überall auf der Welt 12 Stunden lang. Von nun an wird das Licht die Dunkelheit verdrängen und die helle Hälfte des Jahres beginnt. Im März kehren viele gefiederte Schwärme von ihrer Reise in den Süden zurück, allen voran Meister Adebar, der Storch, der in der Mythologie die Seelen der Kinder zu den Menschen bringt, und der Kuckuck, dessen Ruf den Frühling einleitet. Die Kröten beginnen im März ihre Wanderung und der Hase seinen Hochzeitstanz. Während um uns die Natur erwacht, erfasst die Lebensfreude auch uns selbst und weckt unsere Bereitschaft, uns dem Leben und seinen Anforderungen wieder ganz zu stellen. Bald verfliegt die Frühjahrsmüdigkeit, „Frühlingsgefühle“ und neuer Tatendrang stellen sich ein.

Doch die Macht des Winters ist noch nicht ganz gebrochen. Obwohl der März statistisch gesehen den geringsten Niederschlag des Jahres verzeichnet, kann es schon mal vorkommen, dass es bei Temperaturen um + 4° C schneit. Andererseits kann es während eines Hochs, besonders Mitte März, Tagestemperaturen bis 20° C geben. Anfang und Ende des Monats bringen recht häufig eine Kältewelle über das Land. Regen und Schnee sind jetzt jedoch keine gern gesehenen Gäste mehr. Zu Monatsanfang ist der Schnee noch nicht problematisch. Hat sich jedoch später die Natur schon weit hervorgewagt, bringen Schnee und Kälte für viele Pflanzen das vorzeitige Ende.

In den Bauernregeln des März heißt es dazu:

Siehst du im März gelbe Blumen im Freien,
magst du getrost deinen Samen streuen.
Ein feuchter März – des Bauern Schmerz.
Taut's im März nach Sommerart, hat der Lenz einen weißen Bart.

Die alten Namen des März sind Frühlingsmond, Lenz oder Lenzing, die den Wortstamm der „Länge“ in sich tragen und auf die länger werdenden Tage Bezug nehmen. Im altrömischen Kalender war der März der erste Monat des Jahres. Der Name März leitet sich ab von Martius oder Mars, dem römischen Kriegsgott. Im März konnten einerseits die römischen Feldzüge wieder beginnen, andererseits spiegelt der Name den kämpferischen Aspekt dieses Umbruchs in der Natur, wenn das neue Leben den Winter „besiegt“.

Die energetische Qualität des März

Als Brücke vom Winter zum Frühling bringt der März einen energetischen Quantensprung. Während sich im Februar die Energie der Erde von ihrer Ruhezeit wieder auf den Weg „nach oben“ machte, staute sie sich immer stärker auf. Und nun, als hätte die Natur noch einmal tief Luft geholt und Anlauf genommen, bricht sich das Leben eine Bahn nach draußen. Plötzlich öffnet sich die Knospe, der Halm durchstößt die Erde zum Licht und das Küken entschlüpft seinem Ei. Der März bringt den Umschwung zum Neuen, das lange im Dunkeln gewartet hat, um sich nun herauszutrauen, ins Unbekannte und Ungewisse, aber Notwendige. Dieser Durchbruch fällt auf den Zeitpunkt, an dem Licht und Dunkel, die beiden großen gegensätzlichen Antriebskräfte jeder Bewegung, im Gleichgewicht sind.

Die Themen im März

Das Neue begrüßen – den ersten Schritt tun

Unsere Geduld hat sich gelohnt. Nachdem wir im Winter unsere Kraft erneuerten, unseren Träumen und Fantasien freien Lauf ließen und neue Ideen und Projekte „ausgebrütet“ haben, gibt uns die Energie der Natur nun „grünes Licht“. Wir werden aufgefordert, ernst zu machen mit unseren Plänen, ernst zu machen mit unserem Leben. Fantasie und Inspiration finden nun ihre Umsetzung in der materiellen Wirklichkeit. Was wir uns wirklich wünschen, das darf jetzt Gestalt annehmen.

Darum machen wir uns bereit, Neues in die Welt zu setzen, seien es neue Projekte, neue Ideen oder auch ganz handgreifliche Pflanzensamen, jetzt im März ist die Zeit dafür. Wie wünschen Sie sich Ihre Umwelt? Welche „Pflanzen“ sollen in diesem Jahr wachsen? „Einjährige“, also auf kurze Dauer angelegte Veränderungen sind ebenso willkommen wie langfristige Projekte, die „Bäume“ und „Sträucher“ des Lebens, die viele Zyklen benötigen, um sich zu ihrem vollen Umfang zu entfalten.

Im März heißt es erst einmal, den Mut zu sammeln und sich auf den Weg zu machen. Jeder Weg beginnt mit dem ersten Schritt. Zuerst wird entschieden, welche der vielen Ideen umgesetzt werden können und was dazu nötig ist. Der Weg dorthin wird geplant und organisiert und dann – wenn alles bereit ist – wird losmarschiert. In das Neue, Unbekannte, in das unwägbare Leben, mit allem, was es für uns bereithält.

Das Neue nähren

Wenn die ersten Schritte getan wurden und das Samenkorn wie durch ein Wunder aufgegangen ist und seine Wurzeln in die Erde gesenkt hat, dann heißt es, die zarte und schwache kleine Pflanze zu nähren, damit sie groß und stark werden kann. Jede „Pflanze“, reale Blumen und Bäume ebenso wie Projekte, Ideen, Menschen und Beziehungen, hat ihre eigenen Wurzeln und braucht ihre ganz besondere Nahrung, um sich wunschgemäß zu entfalten. Die zweite Aufgabe des März lautet daher, Wurzeln zu schlagen und die richtige Nahrung zu finden, um Sie selbst und Ihre Projekte, Ziele und Ideen stark und kraftvoll wachsen zu lassen. Wer oder was „nährt“ Sie, tut Ihnen gut, gibt Ihnen Kraft und bindet Sie an Ihre inneren Quellen an? Wer oder was schadet Ihnen, raubt Ihnen Kraft und hindert Ihre Lebenslust und Kreativität an der Entfaltung? Widmen Sie dem Thema „Nahrung“ verstärkte Aufmerksamkeit im März. Auch wenn Sie sich Gedanken darüber machen, welche „Nahrung“ Ihre Projekte benötigen, behalten Sie im Auge, dass Körper, Geist und Seele immer gemeinsam wachsen wollen.

Die Dunkelheit verabschieden

Am 21. März ist das Frühjahrs-Äquinoktikum, die Tagundnachtgleiche, bei der die helle und dunkle Hälfte des Jahres in eine perfekte Balance kommen. Kein Kampf, kein Über- und Unterlegensein bestimmt das Verhältnis der beiden Gegensätze. Für dieses eine Mal fließen sie harmonisch ineinander, umschlingen einander und bilden die große Einheit, aus der sie hervorgegangen sind. Bald beginnt die Bewegung wieder und das Licht wird die Dunkelheit verdrängen. An diesem Tag des Gleichgewichtes blicken wir zurück auf die dunkle Hälfte des Jahres, die am 21. bzw. 23. September begann und die uns tief hinein in die Welt der Nacht geführt hat. Welche Schatten uns begegneten, welche Erkenntnisse wir hatten, wird uns nun noch einmal bewusst, bevor wir Abschied nehmen von der Nacht, die uns liebevolle Lehrmeisterin war in Sachen Geduld, Ruhe und Innerlichkeit. Wir wenden unser Gesicht ab von der vergangenen Kälte und Finsternis und drehen uns, mit leichtem Herzen, der lichten Zeit zu, der Zeit der Aktivität, des Handelns, des Kämpfens und Liebens, des Gestaltens und des äußeren Wachstums.

Mythen, Bräuche und göttliche Wesen

Die Erde erwacht

Mit der Zeit des Wachstums begann schon immer für Menschen, die in und mit der Natur leben, auch die Phase intensiver Arbeit auf Feld, Wald und Wiesen. Wenn „im Märzen der Bauer die Rösslein einspannt", wie es im Volkslied heißt, die Felder und Gärten bestellt und die neue Wachstumsperiode vorbereitet wird, bedurfte es zu allen Zeiten des göttlichen Segens, um das Gedeihen der Pflanzen zu fördern. Leben und Überleben hingen davon ab. In christlicher Zeit wurde die göttliche Unterstützung durch das Segnen der Felder erbeten. In so genannten „Flurumgängen" wurden Bilder oder Statuen jener Heiligen in einer Prozession durch die Felder getragen, die in besonderer Weise mit Wachstum und Fruchtbarkeit assoziiert waren. Die Flurumgänge sind die Nachfolger vorchristlicher Frühjahrsriten, deren Ziel es war, Mutter Erde zu wecken und zu ehren. Als Erda, Berta, Hertha, Erke oder Gerda wurde sie im deutschsprachigen Raum bezeichnet. In nördlicheren Gegenden lautete ihr Name Nerthus oder Jörd. Man stellte sich die Göttin der Erde im Frühling als junge Frau vor, die aus den Tiefen der Erde zu den Menschen kam und in strahlender Schönheit das Land durchquerte, um Fruchtbarkeit, Wachstum und Lebenslust für Pflanzen, Menschen und Tiere zu schenken. Viele Sagen und Legenden berichten von einer „Königin", die mit dem Wagen über das Land fuhr und eine Schneise hinterließ, in der das Wachstum noch üppiger und die Pflanzen noch riesiger wurden als anderswo. Auf der Schwäbischen Alb hieß sie „Königin Sybille", im norddeutschen Raum „Verena" oder „Frau Vrene".[xiv] Im April wird uns die jugendliche Göttin noch einmal begegnen.

Da die Fruchtbarkeit der Erde häufig mit Wasser in Verbindung gebracht wurde, sah man diese Göttin, die das Leben „aus dem Wasser" brachte, als verbunden mit Meer, Flüssen, Bächen oder Seen an. Zur Zeit des Pflügens im Frühling wurden in manchen Teilen Deutschlands, von Friesland bis ins Schwabenland, Schiffsumzüge durch das Land unternommen, begleitet von einem großen, ausgelassenen Fest, um der Aussaat ein fruchtbares Jahr zu gewährleisten. Ursprünglich wurden die Riten von Priesterinnen und Priestern vollzogen und vieles deutet darauf hin, dass sie orgiastischen Charakter hatten. Noch 1530 verbot ein Ulmer Ratsprotokoll dieses Treiben, das sich in der Fasnacht als Brauch erhalten hatte.[xv]

Ein schönes Beispiel dafür, wie sich heidnische und christliche Elemente verbanden, ist ein angelsächsischer Pflugsegen aus dem Jahr 1000 n. Chr., der beim Pflügen des Bodens gesprochen wurde. Er beginnt mit der Anrufung „Erce, Erce, Erce, Erden-Mutter", und während man die erste Furche zog, sprach man „Heil dir, Erde, Mutter der Menschen, sei du wachsend in Gottes Umarmung, mit Nahrung erfüllt, zum Wohle der Irdischen.“[xvi]

Ein jugendlicher Gott

Da für Fruchtbarkeit meist zwei Geschlechter verantwortlich sind und die Erde als weiblich gedacht war, bedarf es der Umarmung eines männlichen Gottes, um die Fruchtbarkeit zu wecken. Der Sonnengott, geboren an der Wintersonnenwende, war nun ein junger Mann mit aller Kraft und Wildheit der Jugend. Bei den Kelten wurden diese Attribute mit dem Hirsch in der Brunst assoziiert, und es war der Hirschgott Cerunnos – der wie der griechische Pan Hörner trug – dessen Aufgabe es war, als Herr der Tiere und der wilden archaischen Lebenskräfte die Göttin aus dem Schlaf „wachzuküssen“.[xvii] Auch dem gallischen Waldgott Esus fiel diese Aufgabe zu.

Der germanische Herne gehört ebenso zu den Göttern männlicher Zeugungskraft wie der Gott Freyr, der mit riesigem erigiertem Phallus dargestellt wurde und sich einer Sage nach unsterblich in eine Riesin namens Gerda („Garten“) verliebte, um die er lange kämpfen musste, bis er sie „erwecken“ konnte. Die Erde und der Himmel feiern Hochzeit, so hieß es dann. Auch der germanische Thor, dessen Hammer als Blitz in die Erde fuhr, um sie zu befruchten, gehörte zu den verehrten männlichen Göttern.

Drachenkraft

Die wieder erwachende Lebenskraft wurde bildlich mancherorts als das „Erwachen des Drachen“ gefeiert, denn der Drache galt in vielen Kulturen als der Inbegriff der Erdkraft. Drachen waren Boten der Großen Göttin und verkörperten ihre Macht. In der christlichen Mythologie wurde der heidnische Drache symbolisch getötet vom Heiligen Georg, einem der ältesten christlichen Heiligen. Betrachtet man viele Darstellungen des Kampfes von Georg mit dem Drachen jedoch genauer, dann fällt auf, dass die zu rettende Jungfrau sehr häufig den Drachen wie einen Schoßhund an der Leine führt. Vielleicht eine unbewusste Erinnerung daran, dass mit dem Tod des Drachen die Jungfrau nicht befreit, sondern entmachtet wurde? In China ist der Drache noch heute ein Glückssymbol.

Viel regionales Brauchtum bezieht sich auf den 21. März, den Frühlingsanfang. Um den Frühling zu begrüßen, wurden beispielsweise an Quellen oder bestimmten Bäumen bunte Bänder aufgehängt oder man zog mit bunten Stangen durch das Dorf. Auch das Schlagen mit der „Lebensrute", mit Zweigen von Birke, Hasel und Wacholder für Wachstum, Gesundheit, Fruchtbarkeit und Glück gehörte zu den Frühlingsbräuchen.

Vom Märzenschnee, -regen oder -tau behauptete man, er mache eine schöne Haut. Außerdem soll demjenigen, der das erste Veilchen findet, ein Wunsch in Erfüllung gehen.

Meditationen, Rituale und Feste

Der Baum des Lebens: Erdungsmeditation

Mit der folgenden Meditation stärken Sie wirkungsvoll Ihre Verbindung zur Natur.[xviii] Im Laufe des Sommers wird diese Meditation Ihnen noch öfter begegnen. Ihr Ziel ist es, uns mit der Erde und damit mit unseren eigenen materiellen Anteilen zu verbinden, mit unserem Körper und seinen Bedürfnissen ebenso wie unserer Fähigkeit, realistisch zu sein, „auf dem Boden der Tatsachen" zu bleiben und etwas buchstäblich „durchzustehen". Andererseits knüpfen Sie einen Kontakt zum „Himmel", zur Gefühlswelt und unserer Fähigkeit abzuheben, zur Fantasie und jener Sphäre, in der unsere Seele ihre Heimat hat. Wer diese Erdung täglich durchführt, kann auf diese Kräfte immer stärker bauen.

Stellen Sie sich nun aufrecht auf die Erde. Schön ist es, barfuss im Gras zu stehen, es funktioniert aber auch in Schuhen im Hochhaus. Die Beine stehen etwa schulterbreit auseinander, die Knie sind leicht gebeugt, so dass Sie einen festen Stand haben. Gähnen Sie, räkeln Sie sich erst einmal und bringen Sie Bewegung in Ihre Schultern und Hüften. Dann schließen Sie die Augen und atmen einige Male tief in den Bauch ein und aus. Fühlen Sie die Erde unter Ihren Füßen, die sich direkt oder einige Stockwerke tiefer Hunderte Kilometer nach unten erstreckt und Sie mit dem heißen inneren Herz der Erde verbindet. Beim nächsten Ausatmen stellen Sie sich nun vor, dass aus Ihren Fußsohlen Wurzeln wachsen, die sich schnell und sanft durch den Boden aller Stockwerke nach unten bewegen, bis sie durch das Hausfundament hindurch in die Erde eindringen. Mit jedem Ausatmen wachsen Ihre Wurzeln tiefer, verzweigen sich, durchdringen steinige und lehmige Schichten der Erde, wachsen durch Höhlen und Gewässer. Immer wärmer wird es dabei, und schon sind Ihre Wurzeln am heißen Energiekern der Erde angekommen. Mit einem Zischen tauchen sie hinein in das kraftvolle Blut der Erde, mit dem Sie nun direkt verbunden sind. Wenn es etwas gibt, das Sie der Erde zur Verwandlung geben wollen, dann lassen Sie es durch Ihre Füße in die Wurzeln und von dort in das brodelnde Magma hineinsinken, wo es augenblicklich verwandelt wird.

Nun ziehen Sie die Kraft der Erde zu sich herauf, wie es die Pflanzen tun. Während Sie das nächste Mal einatmen, saugen Sie die rote Kraft der Erde in Ihre Wurzeln und lassen sie in Pfeilschnelle durch alle Schichten der Erde hinaufsteigen, bis sie unter Ihren Füßen pulsiert. Atmen Sie wieder ein und lassen Sie die rote Erdenergie durch Ihre Füße und Beine einströmen in Ihren Körper. Die Kraft füllt kreisend Ihr Becken, steigt auf in den Bauchraum und in den Solarplexus, erfüllt Ihre Brust und öffnet dort das Herz. Wieder atmen Sie ein, spüren Ihre Wurzeln und ziehen die Kraft in Ihre Schultern, Arme und Hände. Lassen Sie sie aufsteigen zum Hals und füllen den Kopf damit aus, während sich Ihr Gesicht entspannt und die Stirn erwärmt. All Ihre Energiezentren sind jetzt belebt und aktiviert. Mit dem nächsten Ausatmen tritt die Energie aus Ihrem Scheitel wieder hinaus und streckt sich wie Äste zum Himmel hinauf. Rasend schnell wachsen Ihre Äste aus dem Raum hinaus, durchqueren die Luft, vorbei an den Wolken, erreichen den Rand der Atmosphäre und stoßen mit dem nächsten Ausatmen hinaus zu den Sternen, von denen unsere Seele kommt. Das Licht des Mondes und der Sonne berührt Ihre Äste, erfüllt sie mit silbernem und goldenem Licht, das sofort hinunter in Richtung Ihres Körpers fließt. Das Licht des Himmels strömt durch die Äste in Ihren Kopf und den Hals, Brust und Bauch, Geschlecht, Beine und Füße, und erreicht dann die Wurzeln, die es hinunter, ins Innerste der Erde tragen. Und während in Ihnen die Energien tanzen, sind Sie ein Baum, verbunden mit dem Himmel und der Erde. Sie sind erfüllt von Kraft, Liebe und Sehnsucht. Alles, was Sie brauchen und suchen, ist jetzt da.

Schwerpunkt Wurzeln

Mit dieser Meditation können Sie nun vielfältig arbeiten. Legen Sie im März einen Schwerpunkt der Meditation auf die Wurzeln. Lassen Sie sich viel Zeit dabei, Ihre Wurzeln wachsen zu lassen. Stellen Sie sich genau vor, wie sie in das Erdreich eintauchen, sich festkrallen im Boden und Wasser und Nährstoffe aufnehmen. Fragen Sie sich dabei, was es genau ist, das Sie nährt, das ihnen Kraft und Energie schenkt. Ist es Zeit für Sie selbst, Zuwendung, Anerkennung oder Geduld? Spüren Sie die Stabilität und den sicheren Stand, den Ihnen Ihre Wurzeln geben. Wenn Sie dazu übergehen, die Kraft der Erde durch die Wurzeln in den Körper zu ziehen, dann nehmen Sie sich von der freigiebigen Erde genau das, was Sie brauchen. Im Kraftfeld der Erde ist alles vorhanden, was ein Mensch zum Wachstum benötigt. Ein See voller Liebe, Stärke und Freude ist für die Erde kein Problem. Ziehen Sie Lust in Ihr Becken und Liebe in Ihr Herz, die richtigen Worte in Ihren Hals und klare Gedanken in Ihren Kopf. Nähren Sie sich mit allem, das Ihnen gut tut, und vergessen Sie nicht, dass Ihnen dies zusteht und es Ihr Recht ist, sich in Fülle zu entfalten.

Frühlingsritual: den ersten Schritt tun

Ein Frühlingsritual zur Tagundnachtgleiche am 21. März bietet sich an, um das erwachende Leben zu begrüßen und uns anzubinden an die Kraft des Sprießens und Heraus-Drängens. Feiern Sie allein oder mit Freunden ein fröhliches Frühlingsfest, drinnen oder, wenn das Wetter mitspielt, auch draußen in der Natur an einem warmen Frühlingstag. Schmücken Sie – gemeinsam oder allein – einen kleinen Altar mit frischen Frühlingsblumen, schönen Tüchern in bunten Farben, Kerzen in den Farben Weiß, Orange, Hellgrün oder Rot und mit Symbolen für die vier Elemente, denn sie sind es, die das Leben in allen seinen Formen bewegen und verwandeln. Für das Feuer stellen Sie eine Kerze auf, eine Schale Wasser oder Muscheln für das Element Wasser, einen schönen Stein für das Element Erde und Räucherstäbchen oder Federn für die Luft. Welche Symbole könnten für Sie noch zum Frühling passen? Schmücken Sie den Altar so, dass Ihnen schon der Anblick gute Laune macht.

Für das Ritual benötigen Sie noch einen hübschen Blumentopf mit frischer Erde und Blumenzwiebeln von Blumen, die Ihnen richtig gut gefallen. Außerdem sollten Sie etwas Leckeres zum Essen vorbereiten, das zum Frühling passt. Frisches Brot mit Quark und Frühlingskräutern zum Beispiel oder einen Frühlingshefezopf. Wenn Sie gemeinsam feiern, können alle etwas zu einem schönen Frühlingsmahl beitragen.

Das Ziel des Rituals ist es, sich mit den erwachenden Kräften der Natur zu verbinden und diese Kräfte in unsere eigenen Ziele fließen zu lassen.

Beginnen Sie alle größeren Rituale damit, am Ort des Rituals um alle Anwesenden einen wirklichen oder gedachten Kreis zu ziehen.[xix] Er trennt das Ritual von der Alltagswelt und konzentriert die Energie, die während des Rituals entsteht. Stellen oder setzen Sie sich gemeinsam zu einem Kreis zusammen und schreiten Sie ihn dann in Richtung des Uhrzeigersinns ab. Sprechen Sie dabei laut: „Mit diesem Kreis ziehe ich eine Grenze zur alltäglichen Welt und erschaffe einen besonderen Ort. Alle und alles darin sind geschützt". Sie können auch einen Kreis im Geiste erschaffen. Dazu „visualisieren" Sie, wie aus Ihrem Herzen ein heller Lichtstrahl herausströmt, der sich in einem Kreis um alle Anwesenden legt, nach oben wächst und sie alle in eine Glocke aus Licht hüllt.

Nun beginnen Sie das Ritual. Wenden Sie sich zuerst einmal in jede Himmelsrichtung und verneigen Sie sich, beginnen Sie dabei im Osten, dann Süden, Westen und Norden. Damit „verorten" Sie Ihr Ritual in der Welt. Wenden Sie sich dann laut den Elementen zu. Begrüßen Sie die Kraft der Luft, die den neuen Wind des Erwachens bringt, begrüßen Sie die Kraft des Feuers, der Wärme, die Liebe und Leben bringt, begrüßen Sie das Wasser, das reinigt und bewegt, und begrüßen Sie die neu erwachende Erde, die das Leben hervorbringt und das „materialisiert", was vorher nur ein Gedanke war. Wenn Sie möchten, können Sie auch göttliche Kräfte um Unterstützung bitten. Dann laden Sie die Große Quelle ein, aus der alles Leben kommt, oder Mutter Erde und Vater Himmel, die sich jetzt wieder verbinden. Begrüßen Sie auch den Frühling dieses Jahres. Am wirkungsvollsten ist es immer, alle Begrüßungen von einer oder mehreren Personen laut aussprechen zu lassen. „Ich begrüße das Singen der Vögel und die Farbenpracht der Blumen."

Nun ist es Zeit, innerlich zur Ruhe zu kommen. Dazu eignet sich die Erdungsmeditation von oben gut, die idealerweise von einer Person laut gesprochen wird, der dann die anderen geistig folgen können. Verbunden mit Himmel und Erde bleiben Sie am Ende der Meditation noch einen Augenblick als „Baum" stehen. Spüren Sie, wie die Kräfte und Säfte überall, auch in Ihnen selbst, nach oben dringen und sich ausbreiten. Auch Sie sind voller Knospen, die sich öffnen wollen. Was genau möchte sich in diesem Jahr entfalten in Ihrem Leben? Was wünschen Sie sich von ganzem Herzen, welche Pläne stehen an? Vielleicht wollen Sie bestimmte Fähigkeiten und Eigenschaften in Ihnen stärken, vielleicht etwas angehen, das Sie schon lange vor sich herschieben. Vielleicht wollen Sie richtig große Veränderungen einleiten, umziehen, eine neue Arbeitsstelle suchen oder ein eigenes Projekt starten. Vielleicht wollen Sie aber auch einfach nur das Leben mehr genießen, sich mehr Zeit für sich nehmen und das machen, was Ihnen Kraft und Freude gibt.

Nun öffnen Sie wieder die Augen und fassen sich alle für einen Moment an den Händen. Wir sitzen alle im selben Boot mit dem, was uns Angst macht oder uns stärkt. Gemeinsam und jeder für sich werden Sie sich jetzt auf den Weg machen.

Jeder von Ihnen nimmt nun den Blumentopf und füllt ihn mit Erde. Sprechen Sie dazu folgende oder ähnliche Worte: „Alles, was ich beginne, fällt auf gute, fruchtbare Erde, die mich nährt und wachsen lässt."

Dann konzentrieren Sie sich darauf, mit Ihren Plänen ernst zu machen. Reihum führen Sie folgende Zeremonie durch. Sie nehmen den Blumentopf und eine Blumenzwiebel und sprechen dazu: „Mit der Kraft des erwachenden Lebens bringe ich jetzt und hier in meinem Leben Folgendes auf den Weg." Beschreiben Sie nun Ihr Ziel oder Ihre Projekte genau. Sie können mehrere Zwiebeln setzen und jede Zwiebel mit einem Ziel versehen. Enden Sie dann mit den Worten: „Wie ich diese Zwiebeln gesetzt habe, mache ich nun den ersten Schritt und nehme mich und meine Ziele ernst. Mögen mir die Kräfte des Frühlings ihre Unterstützung und ihren Segen geben." Die anderen im Kreis verstärken nun mit den Worten „So ist es" die Energie des Einzelnen.

Wenn alle ihre Zwiebeln gesetzt haben, stellen Sie die Töpfe zum Altar zurück. Vielleicht kennen Sie noch ein gemeinsames Lied, das Sie singen können.[xx] Anschließend spricht eine Person: „Alles, was an Neuem nun auf den Weg gebracht wurde, wird nun wurzeln und wachsen. Alles wird sich entfalten, dessen Zeit gekommen ist." Dann danken Sie allen gerufenen Kräften für ihre Unterstützung, den göttlichen Kräften und den Elementen. Verneigen Sie sich zum Schluss wieder vor den Himmelsrichtungen, beginnend im Norden, dann Westen, Süden und zum Schluss im Osten, in dem die Sonne des Frühlings aufgeht. Dann lösen Sie den Kreis auf, wie Sie ihn zuvor gezogen haben. Schreiten Sie ihn in entgegengesetzte Richtung wieder ab und sagen Sie: „Der Kreis ist nun offen, aber ungebrochen."[xxi]

Sollten Sie einen geistigen Kreis gezogen haben, dann schließen Sie ihn auch so wieder, indem Sie „visualisieren", wie die Lichtglocke um Sie herum in die Erde sinkt.

Nun können Sie nach Herzenslust essen, trinken und den Frühling feiern. Segnen Sie zuvor das Essen, das Sie heute besonders „nährt" in jeder Hinsicht. Die Blumentöpfe nehmen Sie mit nach Hause oder stellen Sie ans Fenster oder ins Freie. Es macht großen Spaß, dem erwachenden Leben zuzusehen. Wenn es nichts wird, seien Sie nicht traurig. Auch das Gärtnern will gelernt sein.

Wünsche materialisieren

Wenn es etwas gibt, das Ihnen ganz besonders am Herzen liegt, dann können Sie mithilfe dieser Übung versuchen, Ihre Wünsche in die Materie hinein zu materialisieren. Dazu nehmen Sie sich jeden Morgen, nach dem Aufwachen, etwa zehn bis 15 Minuten Zeit. Atmen Sie zuerst einige Male tief in den Bauch hinein und spüren, wie es Ihnen geht. Dann stellen Sie sich vor, Sie würden sich selbst im Geist umarmen. Geben Sie sich selbst einen Schwung Liebe, haben Sie Mitleid mit sich, wenn Sie sich traurig fühlen, loben Sie sich für alles, was Sie gut gemacht haben, und verzeihen Sie sich bewusst alle Ihre Fehler. Sagen Sie sich selbst, dass Sie ein wunderbarer Mensch sind, dessen Wünsche erfüllt werden dürfen. Auch wenn es Ihnen nicht gut geht oder Sie mit sich hadern, geben Sie sich ganz bewusst diese Zuwendung, denn dann wirkt die Übung besser.

Nun denken Sie intensiv an das, was Sie sich wünschen. Begrenzen Sie sich auf einen Wunsch, das reicht für den Anfang. Lassen Sie dann vor Ihrem inneren Auge eine Leinwand entstehen, auf der Ihr Wunsch jetzt Gestalt annimmt. Denken Sie sich eine Szene oder ein Bild aus, das genau und detailliert zeigt, wie es sein wird, wenn sich Ihr Wunsch erfüllt hat. Versuchen Sie, das Bild nicht nur zu sehen, sondern auch Töne, Geräusche, Gespräche zu hören und die dazugehörigen Gerüche wahrzunehmen. Vor allem fühlen Sie, wie es sein wird, wenn sich Ihr Wunsch erfüllt hat. Gefühle sind der Motor, der den Wunsch zu Ihnen zieht. Liebe ist dabei die intensivste Kraft und entfaltet eine große Dynamik. Je mehr Emotionen Sie mit Ihrem Wunsch verbinden, desto besser für seine Verwirklichung. Je genauer Sie sich die Szene ausmalen, desto stärker ist die Wirkung. Wenn Sie das Bild genau vor sich sehen, dann rollen Sie die Leinwand im Geiste zusammen. Packen Sie alle Gefühle mit hinein, die Sie mit Ihrem Wunsch verbinden. Stellen Sie sich vor, am hinteren Ende Ihrer Leinwand befände sich ein Motor. Zünden Sie ihn jetzt an und lassen Sie Ihren Wunsch zu den Sternen hinauffliegen. Nun vergessen Sie möglichst Ihren Wunsch für den Rest des Tages. Es ist wichtig, ihn ganz loszulassen. Je nach Wunsch sollten Sie diese Prozedur während neun bis 30 Tagen wiederholen. Sie werden staunen, was sich tut.

Kräuterkraft und Pflanzenschönheit

Im März beginnt die Kräuterzeit wieder. Frühjahrs-Teekuren können bald begonnen werden und die ersten frischen Kräuter aus dem Wald eignen sich hervorragend als Vitaminspritzen im Salat. An Flüssen und Bächen wächst die Brunnenkresse (Nasturtium officinale) wieder, die ebenso blutreinigend wirkt wie der scharfe Bärlauch (Illium ursinum), der sich nun wieder im Wald findet. Letzterer ist ein Knoblauchgewächs, dessen reinigende und klärende Wirkung schon unseren Vorfahren bekannt war. Beide Kräuter ergeben einen schönen Salat, der das Blut von alten Schlacken reinigt und durch ihre Vitamine Erkältungen vorbeugt.

Der Bärlauch lässt sich überdies zu einem wunderbaren, scharfen Bärlauch-Pesto verarbeiten, das sich gut hält und auf Nudeln und Gratins ebenso lecker schmeckt wie in der Salatsoße. Dazu sammeln Sie einige Hände voll Bärlauchblätter im Wald (Vorsicht! Verwechseln Sie ihn nicht mit den giftigen Maiglöckchen Blättern. Den Bärlauch erkennen Sie an seinem intensiven Knoblauchgeruch und -geschmack). Am besten und wirkungsvollsten ist der Bärlauch, bevor er Blüten treibt. Die Blätter zerkleinern Sie in einer Küchenmaschine zu einem Brei und geben reichlich Olivenöl, Pinien- oder Sonnenblumenkerne und Salz hinein, bis eine streichfähige Paste entsteht. Geben Sie etwas mehr Öl hinein, dann schmeckt das Pesto zarter, mehr Sonnenblumenkerne nehmen dem Pesto etwas die Schärfe. In sauberen Gläsern hält sich das Pesto im Kühlschrank oder kann auch eingefroren werden.

Und noch ein Kraut soll hier Erwähnung finden, das geliebt und gehasst wird, aber schon immer als sehr mächtige, eigenwillige und durchsetzungsstarke Pflanze galt: die Brennnessel (Urtica dioica oder Urtica urens). Sie wächst an Orten mit hoher elektromagnetischer Strahlung bzw. Erdstrahlung, und man sagt ihr nach, sie wehre diese Strahlung ab. Die Brennnessel gilt als Krieger-Pflanze.[xxii] Aufrecht und wehrhaft steht Sie da, wie ein Krieger mit Helm, jederzeit bereit, Angriffe abzuwehren und sich zu schützen. Entsprechend ist ihre Wirkung, wenn man Sie gekocht als Gemüse isst oder trocknet und mit Wasser überbrüht als Tee trinkt. Sie reinigt das Blut und die Niere, indem sie das Wasser „heraustreibt" aus dem Körper. Sie wirkt blutbildend, liefert – wie es sich für einen Kämpfer gehört – Eisen bei Eisenmangel und stärkt so das Immunsystem in jeder Hinsicht. Mit der Brennnessel kommt der Selbstschutz, die Kraft, widrigen Umständen standzuhalten. Sammeln kann man die Blätter und Blüten den ganzen Sommer hindurch, doch jetzt im Frühling sind die jungen Blattspitzen voller Kraft.

Auch der Schönheit und Widerstandskraft der Haare dient die Brennnessel mittels eines Brennnessel-Haarwassers. Sammeln Sie beim Frühlingsspaziergang ein Pfund Brennesseln und kochen Sie es im Verhältnis 1:5 mit Apfelessigwasser auf. Lassen Sie alles erkalten und seihen Sie die Flüssigkeit ab. Spülen Sie Ihren Kopf mehrmals nach dem Waschen damit und massieren Sie es in die Kopfhaut ein. Das wirkt nicht nur gegen Schuppen, sondern stärkt die Kopfhaut, regt die Durchblutung an und sorgt für schönes, frisches und glänzendes Haar.

Nahrung der Erde für Ihre Haut bietet die folgende Heilerde-Gesichtsmaske, die sowohl reinigend als auch aufbauend wirkt. In der Apotheke besorgen Sie sich Heilerde für die äußere Anwendung. Geben Sie 2 Esslöffel davon in ein Gefäß, rühren Sie einen halben Löffel Honig darunter und geben Sie dann so viel Sahne dazu, dass ein dicker Brei entsteht. Tragen Sie die Mischung auf Gesicht und Dekolleté auf und lassen Sie sie 20 Minuten einwirken, bis die Erde zu trocknen beginnt. Dann reinigen Sie das Gesicht mit warmem Wasser. Honig und Sahne sind uralte Schönheitsmittel, die nährend und verjüngend auf die Haut wirken.

April: Zeit der Öffnung und des Schutzes

Vom Eise befreit sind Ströme und Bäche
Durch des Frühlings holden, belebenden Blick:
Im Tale grünet Hoffnungsglück;
Der alte Winter, in seiner Schwäche,
Zog sich in raue Berge zurück.
Aus: Johann Wolfgang von Goethe, „Faust I"

Die Kräfte der Natur im April

Der Name April kommt vom lateinischen Wort „aperire", d. h. „öffnen", und sein Name ist auch sein Programm. Vom April heißt es, er öffne die Knospen und Blüten ebenso wie die Herzen der Menschen. Das Versprechen des Märzes, dass das Leben nach dem langen Winter wieder Einzug hält, erfüllt sich nun. Überall sprießt und blüht es. Die Bäume sind endlich wieder in zartes Grün gehüllt. Fröhliche Farben zeigen sich überall, Osterglocken und Tulpen schmücken die Gärten. Unwiderruflich hat sich die Kraft des Neuanfangs, die Kraft des Lebens Bahn gebrochen.

Doch geht es nicht ohne Gegenkräfte. Während sich das zarte Grün und die jungen Knospen entfalten, bedroht der noch häufige Nachtfrost die gerade erwachte Schönheit und Lebendigkeit. Der April ist ein „hochdruckarmer" Monat, Temperaturschwankungen von 25° C am Tag sind besonders in der zweiten Aprilhälfte ebenso möglich wie Minusgrade in den Nächten. Nicht umsonst sagt man vom April, „er macht, was er will". Regenschauer wechseln sich ab mit strahlend blauem Himmel, und während Gräser, Büsche und Wälder im Sonnenlicht dampfen, verschwinden die Pfützen, um sich eine Stunde später wieder zu füllen. Das ist April.

Die Bauernregeln des April drücken das ebenfalls aus.
Bald trüb und rau, bald licht und mild, April, des Menschen Ebenbild.
Aprilwetter und Kartenglück, wechseln jeden Augenblick.
April nass und kalt, wächst das Korn wie ein Wald.

Die alten Namen des April waren Knospenmonat oder Keimmonat, Ostarmanoth, der Monat des Osterfestes oder Launing, seiner Launenhaftigkeit wegen.

Die energetische Qualität des April ist die Öffnung. Trotz wechselnder Bedingungen lässt sich das Leben in der Natur darauf ein, sich zu öffnen. Die Triebe, Knospen und Blüten setzen sich den Frösten ebenso aus wie der Sonne. Dem Wechsel der Witterung ausgesetzt, gewinnen sie gerade dadurch ihre Stärke, dass sie Unterstützung durch Wärme und Licht ebenso annehmen wie sie ihre Widerstandskraft im Kampf gegen die Kälte erproben.

Die Themen im April

Sich öffnen

Betrachten wir die Natur im April, dann erhalten wir eine klare Vorstellung davon, wie wir uns dem Leben stellen können und dabei seine Gesetzmäßigkeiten berücksichtigen. Der erste Schritt in die Aktivität lautet: „Trau dich und öffne dich!" Manchmal fällt es uns schwer, nach Enttäuschungen, Verletzungen und Schmerzen, die uns zugefügt wurden, uns trotzdem wieder auf Neues einzulassen, anstatt uns innerlich abzuschotten und für „unberührbar" und damit für „unverletzlich" zu halten. Doch ohne die Bereitschaft zur Öffnung kann die Kraft des Lebens nicht durch uns hindurchfließen, uns erfassen und uns darin unterstützen, unsere Fähigkeiten und Möglichkeiten zu entfalten.

Sich schützen

Jede Kraft entfaltet zugleich ihre Gegenkräfte, das zeigt der April allerorten. Wer sich öffnet, wird verletzlich. Doch Widerstände und Widrigkeiten gehören zum Wachstum – gerade am Anfang eines Weges. Soeben hat ein Projekt, eine neue Liebe, eine Idee oder ein Ziel erste Formen angenommen, da gibt es unerwarteten Widerstand. Termine platzen, Pläne funktionieren nicht, Ziele werden nicht erreicht: Rückschläge müssen eingesteckt werden. Wer den Mut hat, etwas Eigenes auf den Weg zu bringen, muss mit Gegenwind rechnen.

Die Natur kennt das. Auch hier erfriert manches, bevor es sich zu ganzer Größe entfalten kann. Doch die große Mehrheit der Pflanzen weiß sich erstaunlich effektiv vor der tödlichen Kälte zu schützen. Ihre Strategie lautet: Öffnung auf Raten. Zuerst wachsen jene Pflanzen, die die Nachtfröste gut aushalten. Wenn sich dann auch die anderen herauswagen, tun sie es so, als „spürten" sie genau, was ihnen gut tut und was nicht. Ist es kalt, dann sprießen sie ganz vorsichtig hervor. Friert es, dann stoppt das Wachstum und wartet auf bessere Bedingungen. Erst wenn sich die Sonne als verlässliche Partnerin erweist, wagt sich das Leben mit aller Kraft und Pracht heraus. Öffnung findet also in einer Weise statt, die genau die eigenen Grenzen „spürt". Sie berücksichtigt die äußeren Bedingungen, die das Tempo des Wachstums vorgeben, ohne sich vom eigentlichen Ziel abbringen zu lassen. Der zweite Schritt auf dem Weg der Entfaltung lautet deshalb: „Schütze dich angemessen, wahre deine Grenzen und nimm Unterstützung an. Behalte dabei dein Ziel stets vor Augen."

Wer schon einmal versucht hat, im Zimmer Pflanzen vorkeimen zu lassen, der weiß, wie wichtig für die Pflanzen der Widerstand des Windes und das raue Wetter sind. Denn erst im Wind werden die Stängel stark und widerstandsfähig, bereit, auch den Rest der Pflanze zu tragen. Wir dürfen deshalb auch die „Gegenkräfte" würdigen, die uns auf unserem Weg Steine vor die Füße legen und Knüppel zwischen die Beine werfen. Alle Kräfte, die uns hindern, bremsen und manchmal auch bedrohen, haben ihren Sinn und ihren Platz im Leben. Am Ende sind sie es, die uns stark genug machen, um uns zu unserer ganzen Größe zu entfalten. Sie fordern uns auf, geduldig zu sein und uns nicht entmutigen zu lassen. Sie ermutigen uns, geduldig durchzuhalten, wenn uns etwas wichtig ist, und uns die Zeit zu nehmen, langsam stark zu werden.

Mythen, Bräuche und göttliche Wesen

Im Brauchtum steht der April ganz unter dem Zeichen von Ostern. Im Kirchenjahr geht die 40-tägige Fastenzeit zu Ende, in der dem gläubigen Christen vor allem der Verzehr von Fleisch, Eiern und Milchprodukten untersagt war. Eine sinnvolle Entscheidung, zwischen Fastnacht und Ostern zu fasten, da in dieser Zeit die alten Vorräte aufgebraucht waren und noch nichts Neues wuchs. Ostern markiert nun die Wende. Mit einem großen Fest wurde früher die Zeit der Fülle eingeläutet.

Ostern

Am Wochenende nach dem ersten Vollmond im Frühling, der auf die Tagundnachtgleiche folgte, feiern die Christen das Osterfest, das den Tod und die Auferstehung Christi nachvollzieht. Dieser hohe christliche Feiertag wurde auf ein germanisch-keltisches Frühlingsfest gelegt, das die Bevölkerung auch nach der Christianisierung nicht aufgeben wollte. Der Name „Ostern" geht vermutlich zurück auf eine germanische Frühlingsgöttin namens Ostara oder Oestra, von der noch die Rede sein wird.[xxiii] Die Abhängigkeit des Festes vom alten Mondkalender ist ebenfalls ein Hinweis auf dessen heidnischen Ursprung.

Viele Osterbräuche ranken sich um diese „heilige Zeit". Der Gründonnerstag hat seinen Namen von dem Brauch, eine Kräutersuppe aus neunerlei Kräutern zu essen. Neun ist dabei eine heilige Zahl, als drei mal drei repräsentierte sie das Göttliche schlechthin – und die Vitaminspritze war nach der langen Fastenzeit ein regelrechter Jungbrunnen.

In vielen Gegenden, in Niedersachsen, im Rheinland, in Schleswig-Holstein, in Hamburg und bis in den Harz wurden an Ostern die so genannten Osterfeuer entzündet, nachdem zuvor alle Feuer des Dorfes gelöscht wurden. Das Feuer symbolisiert die aufsteigende Sonne und erinnert daran, dass das große vorchristliche Frühlingsfest ursprünglich um die Tagundnachtgleiche herum gefeiert wurde. Aus neun verschiedenen Hölzern mussten die Feuer entzündet werden: aus Pflaume, Apfel, Birne, Buche, Wacholder, Eibe, Hasel, Fichte und Weide, die zu kunstvollen Holzstößen aufgeschichtet wurden. Schon das Sammeln des Holzes wurde in manchen Gegenden rituell gestaltet. Das geweihte Feuer wurde dann nach Hause getragen und der heimische Ofen damit neu entzündet. Das Holz galt als Segen und Schutz bringend, die Asche wurde auf den Feldern verteilt und den Kindern ins Gesicht gerieben. „Vieh und Mensch und Haus und Acker müsste verderben", wenn die Osterfeuer nicht mehr brennen, schrieb noch 1925 Schulmeister Stöffelmeier von St. Lorenzen, Österreich.[xxiv]

Wasser, am Ostermorgen vor dem Sonnenaufgang geschöpft, sollte Heilwirkung haben, die Schönheit und Jugend der Haut erhalten und das Haus gegen Schimmelpilz und Ungeziefer schützen. Es musste jedoch schweigend mit den ersten Strahlen der Sonne geschöpft werden.

Ein weiterer Osterbrauch bestand im Entstrahlen des Viehs, das mit Rutenschlägen von Schwarzdorn, Haselnuss und Ebereschenzweigen von schlechten Einflüssen gereinigt wurde.

Die weiße Göttin

Die germanische Ostara, ursprünglicher Mittelpunkt und Namensgeberin des Osterfestes, war eine Göttin des aufsteigenden Sonnenlichts, der Morgenröte und der damit verbundenen Energie des Aufbruchs. Jung, strahlend und schön beglückte sie die Welt mit Lachen, Frieden und Freude. Ostara hängt sprachlich mit „Osten" zusammen, dem Ort des Sonnenaufgangs und des Neubeginns. Das Ei des Osterhasen ist ebenfalls ein Symbol des Lebens, das im Dunkeln entsteht und ins Licht geboren wird. Es steht damit auch für die Wiedergeburt der Seele. Möglicherweise wurde ursprünglich an Ostern das Mysterium der Wiedergeburt gefeiert, um das neue Erntejahr in den ewigen Kreislauf einzubinden. In Osteuropa galt z. B. der Brauch, rot gefärbte Eier auf Gräber zu legen, als eine Art Auferstehungszauber.[xxv] Anderenorts wurden Eier in Ackerfurchen begraben, um fruchtbares Wachstum zu sichern oder sie fanden Anwendung in Liebeszaubern.

Die Wiedergeburtsthematik passt auch zum Tod- und Auferstehungsfest der Christen. Geopfert und gegessen wurde und wird noch heute das Osterlamm. Der Hase mit seinen vielen Nachkommen und seiner großen Fruchtbarkeit galt als heiliges Tier der Frühlingsgöttin und wurde schon in Kulturen des Nahen Ostens im Altertum als eng verbunden mit dem Mond und seinen Kräften verstanden. Der so genannte „Mondhase" hatte dort eine wichtige kultische Bedeutung. Er war der babylonischen Göttin Astarte bzw. Ishtar heilig, deren Feiertag am 22. April begangen wurde. Als „Himmelskönigin" mit einer Krone aus Mondsichelhörnern auf dem Haupt galt sie als Hüterin der Seelen auf ihrer Wanderung durch die Zeit. In den Sternen sah man die Seelen der Menschen selbst verkörpert, während der auf- und abschwellende Mond das Geheimnis der Wiedergeburt vor aller Augen vollzog.[xxvi]

Obwohl der Name der alten Frühlingsgöttin nicht mehr geläufig ist, erinnern viele Sagen aus allen Teilen Deutschlands an sie. Sie erscheint als Inbegriff der Schönheit und als zärtliche und liebevolle Begleiterin der Menschen. Osterjungfer wird sie häufig genannt und bringt denjenigen Wohlstand und Freude, die das Glück haben, ihr zu begegnen. So erzählt eine Harzer Sage von der „weißen Jungfrau in der Burg Osterode" die Geschichte eines armen Leinwebers, der an einem Ostermorgen eine weiß gekleidete, wunderschöne Jungfrau am Fluss antrifft, die sich im Osterwasser wäscht. Sie schenkt dem Mann vor ihrem plötzlichen Verschwinden eine Lilie mit den Worten: „Dies ist eine goldene Blüte. Du hast die Osterjungfer gesehen." Später entpuppt sich die Blume als pures Gold und Silber, die dem Leinenweber zu seinem Glück verhilft und die der ortsansässige Herzog sogar in sein Wappen aufnimmt.[xxvii]

Die Farbe Weiß wird mythologisch den Göttinnen immer dann zugeordnet, wenn sie als junge Frauen auftreten, als Verkörperung jugendlicher Schöpferkraft. Der jungfräulichen[xxviii] Frühlingsgöttin wurden zumeist auch weiße Blüten zugeordnet. Die süß duftenden Kirsch- und Apfelblüten, der Weißdorn und später die Lilie waren ihr heilig.

Meditationen, Rituale und Feste

Das Licht-Ei

Eine gute Methode, um eine innere Öffnung mit einem geistigen Schutz zu verbinden, ist das Visualisieren eines Licht-Eis oder einer Regenbogenhaut. Einerseits schützt man sich mit etwas Übung vor schlechten Einflüssen und gibt sich das Gefühl von Sicherheit und Geborgenheit, wenn man es braucht. Andererseits lässt sich der

Schutz auch so gestalten, dass man trotzdem für äußere Einflüsse offen bleibt.

Setzen oder legen Sie sich an einen gemütlichen Ort und achten Sie darauf, den Rücken gerade zu halten. Schließen Sie die Augen, atmen Sie einige Male tief in den Bauch und versuchen Sie, ganz in der Gegenwart anzukommen. Wenn Sie durch störende Gedanken abgelenkt werden, dann nehmen Sie sie wahr und schicken sie wieder weg. Jetzt sind Sie ganz im Hier und Jetzt.

Spüren Sie nun intensiv Ihren Körper, der zwischen Erde und Himmel liegt. Nehmen Sie die Grenzen Ihres Körpers wahr und lassen Sie es zu, sich verletzlich zu fühlen und Schutz zu brauchen.

Dann konzentrieren Sie sich und stellen sich vor, wie aus Ihrem eigenen Scheitel ein Licht ausströmt und Sie umgibt und einhüllt. Das Licht kann in Form von Fäden oder wie ein Springbrunnen herausströmen und jede beliebige Farbe annehmen. Es kann auch wie ein Regenbogen in allen Farben schimmern. Das Licht fließt um Sie herum und nimmt die Form eines Eis an, das Sie vollständig umgibt. Stellen Sie sich ganz genau vor, wie Sie das Licht einhüllt, vergessen Sie keinen Körperteil. Das Licht nimmt nun die Form einer Haut an, die Sie vollständig umgibt und die so stark ist, dass nichts sie zerbrechen oder durchdringen kann. Zugleich ist sie so zart, dass alles hindurch kann, das Ihnen Kraft, Liebe und Glück bringt. Wenn die Lichthaut oder das Licht-Ei in Ihrer Vorstellung vollständig ist, halten Sie das Bild einige Minuten aufrecht. Lassen Sie das Gefühl zu, dass Sie jetzt vollständig sicher und geborgen sind. Wenn Sie bereit sind, stellen Sie sich nun vor, dass Ihre Schutzhaut immer dünner wird und Sie so viel von Ihrer Umwelt wahr- und aufnehmen können, wie Sie gerade wollen. Denken Sie daran, dass Sie Ihre Schutzhaut jederzeit wieder undurchdringlich machen können, wenn es Ihnen zu viel wird. Spielen Sie mit dem Bild der Schutzhaut. Sie können das Ei nach Belieben eng am Körper anliegend oder – wenn Sie Platz brauchen – in einigem Abstand visualisieren. Es kann dünn oder dick sein, oder – je nach Bedrohungssituation – Stacheln ausfahren. Kreieren Sie Ihr eigenes Schutz-Ei.

Wichtig ist es, das Visualisieren des Licht-Eis zu üben. Je besser Sie sich konzentrieren können, desto stärker wird Ihr Schutz. Entscheidend ist die Intensität und Vollständigkeit, mit der Sie das Bild der Schutzhaut aufrecht erhalten und mit dem Gefühl des Geborgen- und Beschützt-Seins verbinden. Es gibt Menschen, die mit einem Schutzkreis um ein Auto Unfälle verhindert haben. Anfangs brauchen Sie vielleicht noch einen ruhigen Ort, um sich gut konzentrieren zu können. Später begleitet Sie Ihr Licht-Ei überall hin. Zum Einkaufen, im engen Bus, bei Verhandlungen in der Arbeit oder im Konflikt mit Menschen – wo und wann immer Sie Schutz brauchen.

Stärkende Schutz-Rituale

Überlegen Sie sich vorher genau das Ziel des Rituals. Wollen Sie sich, eine Person oder einen Gegenstand ganz allgemein schützen? Oder brauchen Sie aktiven Schutz gegen einen bestimmten Menschen, der Ihnen schadet oder der Sie angreift? Werden Sie sich zuerst darüber klar, was die genaue Absicht des Rituals ist.

Bevor Sie mit dem Schutz-Ritual loslegen, sammeln Sie Gegenstände, die für Sie selbst Stärke und Schutz verkörpern. Das können bestimmte Steine sein, ein Stück Dornenhecke vielleicht, Symbole der Stärke wie ein Messer, eine Kralle, ein Netz, ein Spiegel (der symbolisch alle Energien auf den Aggressor zurückwerfen kann). Wie fühlen Sie sich? Kochen Sie vor Wut? Dann brauchen Sie viel Feuer-Energie (ein richtiges Feuer oder viele Kerzen). Packt Sie eher die kalte Wut? Dann brauchen Sie dunkle Erde, in die Sie etwas versenken können wie in ein Grab. Nehmen Sie sich Zeit, die Energien genau wahrzunehmen, die für Sie gerade stimmen, wenn Sie an Ihr Problem denken. Ordnen Sie Ihre Gegenstände auf einem Altar an und fügen Sie die Symbole für die vier Elemente hinzu.

Dann beginnen Sie mit dem Ritual. Ziehen Sie einen Kreis des Schutzes um sich, in Ihrer Vorstellung oder buchstäblich mit einem Kreis aus Teelichten oder Steinen. Verneigen Sie sich in jede Himmelsrichtung einmal, beginnend im Osten, dann Süden, Westen und Norden. Dann laden Sie ganz bewusst die Kräfte und Energien ein, die Sie stärken und schützen können. Das können (Kriegs-) Götter und Göttinnen ebenso sein wie „göttlicher Schutz", die „Kraft der Bärenmutter, die ihre Jungen schützt" oder – wenn nötig – die Energie der Festung, die Kraft flammender Wut oder das Schwert der Verteidigung oder des Angriffs. Bitten Sie alle Kräfte, Sie jetzt zu unterstützen.

Atmen Sie dann einige Male tief durch und konzentrieren Sie sich auf Ihr Ziel, das Sie nun in eine symbolische Handlung umsetzen. Zögern Sie nicht mehr, sondern tun Sie konsequent, was Sie sich vorgenommen haben.

Schutz einer Person

Nehmen Sie ein Foto von der zu schützenden Person oder bitten Sie sie selbst um Anwesenheit bei dem Ritual[xxix]. Stellen Sie sich jetzt vor die Person oder das Foto und visualisieren Sie, wie sich ein Schutz-Ei aus Licht um den Menschen hüllt, das mit jedem Ihrer Atemzüge stärker und undurchdringlicher wird. Nun nehmen Sie die Symbole der vier Elemente nacheinander zur Hand. Halten Sie einen Stein für die Erde in den Händen und sprechen Sie: „So stark und standhaft wie die Erde sei dein Schutz. Ein Wall aus riesigen Felsen und Steinen umgebe dich, gegen den keine Kraft gewachsen ist." Nun nehmen Sie die Kerze zur Hand und sprechen: „Lodernde Flammen der Kraft und der Wut umgeben dich, undurchdringlich für deine Feinde". Dann heben Sie eine Muschel oder eine Schale Wasser in die Höhe und sagen: „Unaufhaltsam wie ein Wasserfall schwemmen Ströme von Wasser jede Bedrohung von dir fort. Beharrlichkeit und Stärke fließen durch dich". Abschließend nehmen sie das Räucherstäbchen für die Luft und sagen: „Stürme fegen deinen Weg frei, die Winde der Welt beschützen dich, Leichtigkeit und Beweglichkeit halten deinen Geist wach und klar". Je länger und klarer Sie die Bilder des Schutzes in Ihrem Geist aufrecht halten können, desto wirksamer wird es sein. Bitten Sie abschließend um die Unterstützung der „anderen Seite", der „göttlichen Quelle", sie möge ebenfalls den nötigen Schutz gewähren.

Einen Angriff abwehren

Konzentrieren Sie sich genau auf den Menschen, der Sie angreift. „Spüren" Sie seine Anwesenheit, hören Sie seine Stimme etc. Stellen Sie sich vor, er oder sie stünde Ihnen gegenüber, direkt vor Ihnen in zwei Metern Abstand. Nun ziehen Sie bewusst einen Schutzkreis um sich, der Sie Ihrem Angreifer entzieht und eine durchsichtige Wand zwischen Ihnen beiden errichtet. Sie haben jetzt Abstand, sind auf Ihrer eigenen Seite. Ihr Gegner kann Ihnen nichts mehr anhaben. Nehmen Sie nun einen Spiegel zur Hand und machen Sie sich bewusst, dass Sie ein Recht darauf haben, in Frieden zu leben, unbehelligt und nach Ihren eigenen Vorstellungen. Versuchen Sie sich vorzustellen, wie sich der Spiegel im Geiste ausdehnt und riesig groß wird, größer als Sie selbst. Dann visualisieren Sie, wie die Angriffe Ihres Gegners an dem Spiegel abprallen und zu ihm oder ihr zurückfallen. Spüren Sie, wie nichts von der schlechten Energie zu Ihnen durchdringen kann. Alles wird vom Spiegel zurückgeworfen („Spieglein, Spieglein an der Wand, schick alles zurück in des Angreifers (eventuell Namen einsetzen) Hand."). Halten Sie das Bild eine Weile in Ihrer Vorstellung aufrecht. Sie werden feststellen, dass Sie die Angriffe des anderen bald kalt lassen.

Abschließend sollten Sie bei allen Ritualen den beteiligten Kräften danken und etwas Rauch opfern: Für jede Gabe eine Gegengabe. Verabschieden Sie sich dann sorgfältig von allem und allen, die Sie gerufen haben. Verneigen Sie sich abschließend zu den Himmelsrichtungen, beginnend im Norden, dann Westen, Süden und Osten. Öffnen Sie abschließend den Kreis, im Geist oder real, je nachdem, wie Sie ihn geschlossen haben.

Das Osterfest feiern

Das Osterfest, gleich ob Christen oder Nichtchristen, ist für alle Menschen eine gute Gelegenheit, die Erneuerung des Lebens zu feiern, das göttliche Versprechen der Liebe und das tiefe Wissen der Menschheit, dass das Leben mit seiner Kraft und Stärke immer wiederkehrt. Ostern ist eine ideale Zeit, um sich mit diesen Kräften zu verbinden.

Nehmen Sie sich bewusst frei an Ostern. Gehen Sie hinaus in die Natur, machen Sie eine Wanderung zu heiligen Quellen, Bergen oder anderen Orten, an denen Sie sich an der Natur erfreuen können. Essen Sie von den ersten Kräutern des Jahres und pflücken Sie einen Frühlings-Blumenstrauß. Umgeben Sie sich mit fröhlichen Farben und frischem Grün. Vielleicht können Sie vor Tagesanbruch heiliges Osterwasser aus einer Quelle schöpfen und mit nach Hause nehmen (schweigend!). Oder Sie laden Menschen ein, die Ihnen lieb sind und feiern ein schönes Osterfrühstück. Servieren Sie Wunsch-Eier, wie unten beschrieben. Oder backen Sie einen Hefezopf, vielleicht sogar in Form eines Osterhasen, im Gedenken an die „Osterjungfer", die Verkörperung der erwachenden Lebenskraft. Während Sie backen, bitten Sie sie um ihren Segen für alle, die davon essen. Sie werden sehen, dass er nicht lange auf sich warten lässt. Und da jede Gabe eine Gegengabe erfordert, könnten Sie zum Abschluss des Osterfestes ein Versprechen abgeben, das Sie dann natürlich auch halten müssen. Es könnte vielleicht so lauten: „Ich verspreche, das Leben als etwas Heiliges in allem zu ehren, was mir begegnet. In mir selbst, in anderen Menschen, in Tieren und in Pflanzen." Denken Sie sich selbst ein Versprechen aus, das Ihre Verbundenheit zu den anderen lebenden Wesen stärkt.

Wunsch-Eier für Freunde oder Verwandte zuzubereiten macht nicht nur großen Spaß, sondern ist auch eine sehr liebevolle Geste. Kaufen Sie Eier, möglichst aus Freilandhaltung, da sonst die Energie der leidenden Tiere Ihre guten Wünsche zunichte machen könnte. Färben Sie die Eier rot, indem Sie sie mit großen Mengen Zwiebelschalen kochen, das gibt einen satten und sinnlichen Rotton. Entzünden Sie eine Kerze und nehmen Sie Wasserfarben oder einen schwarzen Filzstift zur Hand. Sprechen Sie nun Wünsche symbolisch in die Eier (die ja ebenfalls Symbole für das Neue sind) und malen Sie ein Symbol für den Wunsch auf das Ei. Wünschen Sie „Fülle", dann malen Sie Münzen und Früchte auf das Ei, eine Spirale steht für Wandlung, ein Licht für Erkenntnisse, ein Baum für inneres und äußeres Wachstum. Denken Sie sich eigene Symbole aus.

Bei einem gemeinsamen Frühstück können Sie dann die Eier den Personen feierlich überreichen oder sie sich eines auswählen lassen. Sprechen Sie den Wunsch aus und ermutigen Ihr Gegenüber, das Ei samt Wunsch zu „verinnerlichen", sprich: es zu essen. Natürlich nur, wenn er oder sie das wünscht.

Kräuterkraft und Pflanzenschönheit

Um allen Widrigkeiten des Lebens gestärkt begegnen zu können, lassen wir uns von den April-Pflanzen helfen. Gerade die so genannten „Un-Kräuter", die selbst an unwirtlichsten Plätzen überleben können, die kunstvoll angelegte Gärten sprengen und geduldig selbst Steinplatten mit ihren Wurzeln anheben, sind Boten einer wilden, starken und ungezähmten Natur. Und diese Kraft geben sie uns weiter.

Die goldene Kraft des Löwen – der Löwenzahn (Taraxum offizinale), verdankt seinen Namen der Form seiner Blätter, die gezackt sind wie die Zähne eines Löwen. Er blüht strahlend gelb wie die Sonne ab April auf unseren Wiesen. Nach dem Verblühen bilden sich die kleinen weißen Fallschirmchen, die die Kinder so gern in den Wind hineinpusten, was ihr auch den Namen „Pusteblume" verleiht. Seine Bitterstoffe und sein hoher Gehalt an Mineralien und Vitamin C, besonders im Frühjahr in den frischen Blättern, machen den Löwenzahn zum Allround-Stärkungsmittel. Löwenzahn enthält neunmal so viel Vitamin C und vierzigmal so viel Vitamin A wie der Salat aus der Plastikfolie und dreimal so viel Eisen wie Spinat [xxx]. Vor allem der Stoffwechsel und die Verdauung profitieren vom ihm. Gesammelt werden kann der Löwenzahn den ganzen Sommer über. Zum Verzehr eignen sich vor allem die frischen Blätter und die Blüten, die noch den vollen Vitamin-C-Gehalt haben.

Löwenzahn zu essen ist sehr bekömmlich. Die zarten jungen Blätter und Blüten werden klein geschnitten und in einem Quark serviert oder mit Blattsalat gemischt. Besonders gut schmeckt er mit Knoblauch oder frischem Ingwer. Und hier noch ein Tipp: Wenn Sie die Blätter eine Stunde vor dem Essen in der Salatsoße oder in Salzwasser einweichen, schmeckt er nicht mehr bitter, verliert jedoch auch etwas von seiner gesunden Kraft. Mit dem Salat reinigen Sie Ihr Blut und fördern die Blutbildung.[xxxi] Ausgelassener Speck und harte Eier sollen mit Löwenzahn ebenfalls köstlich schmecken.

Das Auge der Götter – das Gänseblümchen (Bellis perennis). Gänseblümchen wachsen überall und sind oft die ersten Blüten, die die Wiesen zieren. Mythologisch werden sie mit der Kraft der Sonne und der Frühlingsgöttin in Verbindung gebracht. Sie gelten als liebliche Tränen der Göttin oder leuchtendes Auge des Tages.[xxxii] Dabei enthalten Gänseblümchen wertvolle Anteile wie Gerb-, Schleim- und Bitterstoffe, die unserem Organismus gut tun. Sie wirken blutreinigend und anregend auf den gesamten Stoffwechsel, stärken die Leber und bringen ein positives Lebensgefühl.

Gepflückt und gegessen werden können Gänseblümchen das ganze Jahr durch, man sollte nur darauf achten, nicht auf gedüngten Wiesen zu ernten. Sie verzieren jeden Salat und schmecken auch auf dem Butterbrot. Bei Angina, Asthma und Bronchitis wirken sie ebenso unterstützend wie, zusammen mit Löwenzahn, bei Leberproblemen. Äußerlich hilft das Gänseblümchen bei Verstauchungen, Hautausschlägen und Wunden, indem man die Blüten mit einem Nudelholz auf einem Tuch quetscht und das Ganze als Umschlag verwendet.

Das Herz der Felder – der Weißdorn (Crataegus oxyacantha) Ende April/Anfang Mai blüht der Weißdorn mit seinem sehr intensiven Geruch und verschönt die Hecken. Er ist Medizin für das Herz und zwar in buchstäblichem Sinn. Mythologisch ist er mit der „weißen Frau", der Göttin der Liebe und des Herzens, verbunden und galt bei den Kelten als magische Pflanze. Physisch wirkt Weißdorn auf die Blutgefäße und das Herz. Der Blutdruck wird gesenkt, die Gefäße gestärkt und dadurch die Durchblutung und der Kreislauf verbessert. Auf das Herz wirkt er bei Herz-Rhythmusstörungen kräftigend und regulierend. Weißdorn erhöht allgemein das Wohlbefinden.

Mit einem Tee aus getrockneten – oder frischen – Weißdornblüten lassen sich das Herz und der Kreislauf stärken. Trinken Sie ihn regelmäßig, aber immer nur eine Tasse. Wie bei allem, was das Herz betrifft, muss man genau hinspüren, was einem gut tut. Weißdornblüten mischen sich hervorragend mit Melisse, Mistel und Kamille.

Die Neunkräuterlsuppe, am Gründonnerstag genossen, darf hier natürlich nicht fehlen. Traditionell besteht sie aus folgenden Kräutern: Brunnenkresse, wilder Lauch, Brennnessel, Sauerklee (Oxalis acetosella, sauerer Klee, ähnlich dem bekannteren Sauerampfer), Zichorie (Zichorium intybus L., auch Hansl am Weg oder Wegwarte genannt), Löwenzahn, Bibernelle (Pimpinella sacifraga), Bachbunge (Veronica beccabunga) und schließlich Fetthenne (Sedum reflexum, ein wenig bekanntes Dickblattgewächs). Manchmal werden auch Scharbockskraut, Geißfuß und Gänseblümchen, Sauerampfer, Waldmeister oder Schafgarbe als Zutaten genannt.[xxxiii]

Wer mit Bachbunge und Fetthenne wenig anfangen kann, kann sich seine eigene Kräutersuppe aus wilden Un-Kräutern kreieren und z. B. mit etwas Sahne oder Ei abschmecken. Hauptsache es sind neun Kräuter, denn das macht die Suppe magisch. Und gesund.

Mai:
Zeit der Sinne und der Lebenslust

An die Liebesgöttin

...

Wenn Du nahst, o Göttin, dann fliehen
die Winde,
Vom Himmel flieht das Gewölk,
Dir breitet die liebliche Bildnerin Erde
Duftende Blumen zum Teppich,
Dir lächelt entgegen die Meerflut,
Und ein friedlicher Schimmer
verbreitet sich über den Himmel.

Aus: Lukrez: „An die Liebesgöttin"

Die Kräfte der Natur im Mai

Im Mai erwacht die Lebenskraft überall. Die Sonne scheint warm. Das zarte Grün der Bäume und Sträucher entfaltet sich in seiner ganzen Pracht. Blumen blühen überall und die Insekten sind fleißig auf Nahrungssuche. Das Leben hat sich gegen alle Widrigkeiten behauptet, die Eisheiligen im Mai sind die allerletzten Boten des Winters, der sich nun endgültig verabschiedet hat. Nichts steht der Entfaltung des Lebens mehr im Weg. Vertrauen in die Wärme und das Licht herrschen vor, keine Zweifel trüben die Freude und Lebenslust, die in allem spürbar wird. Nicht umsonst heißt der Mai der Wonnemonat. Wenn man durch den Sonnenschein schlendert, die blühenden

Holunderbüsche riecht und der Blick sich an den Blumenteppichen auf den Wiesen erfreut, spürt man ganz bewusst, wie viel Schönheit die Entfaltung des Lebens mit sich bringt, wie viel Lebenskraft durch alles Lebendige strömt.

Auch die Tierwelt gibt sich dem Sprießen der Säfte hin. Lustvoll und zärtlich finden sich allerorts Pärchen. Die Vögel sitzen in ihren Nestern und legen Eier, die Schwalben kehren zurück. Im April und Mai werden viele Jungtiere geboren. Fruchtbarkeit und spielerische Freude erlebt man überall. Die Bauern wünschen sich den Mai eher trübe und nass als trocken, ja, sogar kühl darf es mal sein, denn das ist bestes „Wachswetter". Die jungen Triebe ertragen keine Dürre, die Säfte müssen jetzt „fließen". Entsprechend lauten auch die Bauernregeln:

Mai ohne Regen, fehlt's allerwegen.
Gewitter im Mai, schreit der Bauer juchhei.
Aber: Hochzeit im Mai – Tod dabei.

Die alten Namen des Mai sind „Wonnemond", der Monat der Liebe und der Blüte, aber auch „Weidemonat", „Winnemond", da das Vieh nun auf die Weide gebracht wurde. Mai ist germanisch und bedeutet „jung", eine Maid ist daher auch ein „junges Mädchen".

Die energetische Qualität des Mai ist freudig und lebendig. Im Mai spiegelt sich die Liebe des Göttlichen zu allem Leben. Angst und Rückschläge sind vergessen, Optimismus und Freude ergreifen jeden Einzelnen.

Die Themen im Mai

Mit allen Sinnen wahrnehmen

Im Mai explodiert die Lebenskraft um uns herum förmlich. Von den intensiven Düften, den leuchtenden Farben und dem Genuss scharfer, wilder Kräuter werden alle Sinne angesprochen. Zeit also, die Gelegenheit beim Schopf zu packen und einzutauchen in die süße Welt der Sinne. Spazieren wir durch die Natur und riechen, schmecken und spüren wir das sich wild und sinnlich entfaltende Leben. Mahlzeiten schmecken intensiver, wenn wir jeden Bissen, vielleicht sogar mit geschlossenen Augen, genießen, den Geschmack und den Geruch der Speisen auf uns wirken lassen. Wie riecht eigentlich Ihr Arbeitsplatz? Gibt es Menschen, die Sie buchstäblich „nicht riechen" können? Kriegen Sie bei manchem eine Gänsehaut oder „juckt" es Sie buchstäblich „in den Fingern", etwas zu tun? Nutzen wir einmal unsere Sehfähigkeit ganz bewusst, indem wir hinsehen, was geschieht und vor nichts „die Augen verschließen". Sperren wir die Ohren auf und hören wir hin, wer uns wirklich etwas zu sagen hat. Tanzen und singen wir, bewegen wir unseren Körper und genießen wir uns selbst als einzigartiges Wunderwerk, ohne darüber nachzudenken, was die Außenwelt von uns denkt.

Sinnlichkeit und Lebenslust feiern

Was sich in der gesamten Natur entfaltet, das bringt auch unser eigenes Leben in Schwung. Die Lust auf Leben, auf Genießen, die Lust an der Lust drängt wieder mit voller Macht ins Leben. Die „Frühlingsgefühle" zeigen einmal mehr, dass auch wir zutiefst ein Teil der natürlichen Kreisläufe sind.

Der Mai ist die Zeit der Leidenschaft, der Lust und der Sexualität. In anderen Kulturen und in früheren Zeiten hatte man in Europa ein unkomplizierteres Verhältnis dazu als heute. Lust und Sex waren nicht nur etwas Wünschenswertes, Freudiges, sondern sogar eine „heilige Handlung". Lust und Begehren wurden als der irdische Ausdruck jener Lebenskraft angesehen, die alles hervorbringt, nährt und irgendwann zu sich zurücknimmt: der göttlichen Kraft der Schöpfung. Die lustvolle Ekstase, „le petit mort", im Französischen der „kleine Tod" genannt, bereitet uns vor auf jenen Augenblick, an dem wir irgendwann, im Angesicht des Todes, unser individuelles

Ego aufgeben, um wieder eins mit jener Kraft zu werden, aus der wir einst entsprungen ist. Doch Sexualität verbindet vor allem mit dem Leben. Aus der Verbindung der Pole des Männlichen und des Weiblichen entsteht immer wieder neu das Wunder des Lebens. Lust ist der Kanal für die göttliche Schöpferkraft, durch die sich das Leben in millionenfacher Form hervorbringt. In früheren Kulturen – oder heute noch im indischen Tantra – wurde und wird die Kraft der lustvollen Schöpfung zelebriert. Wenn wir heute von „Fruchtbarkeitskulten" sprechen, dann meinen wir jene Feiern, in denen Sexualität und Lust als heilige Lebenskraft in allem Leben geehrt wurden.

Gönnen wir uns deshalb im Mai Zeit für unsere Lust, Lust an der Liebe, an der Bewegung, an der Freude, die Lust daran, lebendig und auf dieser Erde zu sein. Erlauben wir unserer wilden, ungezügelten Leidenschaft, ihren Raum in unserem Leben einzunehmen. Unsere innere Wildnis birgt die buchstäblichen An-TRIEBS-Kräfte, die wir brauchen, um unser Leben in die Hand zu nehmen. Geben wir uns die Freiheit, das Leben lustvoll und nach unseren Bedürfnissen zu leben, ohne uns durch Hemmungen, Scham oder Vorschriften einzuschränken. Nehmen wir die unkontrollierten Seiten in uns an und leben das Leben uneingeschränkt voll Vitalität und Freude, an jedem Tag und in jedem Augenblick.

Mythen, Bräuche und göttliche Wesen

Die Heilige Hochzeit

Die Nacht vom 31. April auf den 1. Mai wird seit sehr langer Zeit in verschiedenen Kulturen und Regionen festlich begangen. Uns ist sie vor allem als „Walpurgisnacht" oder „Walpernacht" bekannt, die Nacht, in der die „Hexen tanzen". Zahlreiches Hexen- und Anti-Hexen-Brauchtum deutet darauf hin, dass vor der Zeit der Hexenverfolgung in der frühen Neuzeit in Europa viele alte, vorchristliche Bräuche noch gefeiert wurden. [xxxiv] Wahrscheinlich ließen sich die damals lebenden Frauen ihre traditionellen Feste nicht nehmen und wurden daraufhin als „Hexen" diffamiert und verfolgt. Die „heilige Walpurga", die Schutzheilige vor den „bösen Hexen", gab der Walpurgisnacht ihren Namen[xxxv]. In manchen Gegenden feiert man hier die „Freinacht", eine Nacht, in der die jungen Leute bis in unsere Zeit ungestraft allerlei Streiche begehen.

Der eigentliche Ursprung der Nacht vor dem ersten Mai liegt tief in der Vergangenheit, in jenen „Fruchtbarkeitsfesten" begraben, die der Verbindung aus männlicher und weiblicher Lust gewidmet waren. In einer heiligen Handlung, der so genannten „Heiligen Hochzeit", vereinten sich in jener Nacht die göttliche männliche und die göttliche weibliche Schöpferkraft in Gestalt einer Priesterin und eines Priesters, um die Kraft des Lebens auf die Felder, in die Ställe und in die Familien zu tragen. Die Priesterin verkörperte die große Göttin, die das Stadium des jungfräulichen Mädchens verlassen hatte und nun als reife, sinnliche Frau geehrt wurde, als Inbegriff der Fülle und der Fähigkeit, Neues hervorzubringen, seien es Kinder, Tiere oder Pflanzen. Ihre Lust zu wecken bedeutete, die Lust in allem Leben zu wecken. Ihr männlicher Gefährte, der sich mit ihr vereinte und sich für sie verströmte, war der bereits im März erwähnte „Herr des Waldes", der gehörnte Gott der Hirsche, Eber, Widder und Stiere, der Sonnengott, der nun im Mai als erwachsener Mann die reife männliche Sexualität und Kraft verkörperte. Von den keltischen Stämmen ist bekannt, dass sie noch lange nach der Christianisierung dieses Fest zelebrierten, das „Beltane" genannt wurde nach dem Gott „Bel" oder „Belenus", dessen feurige Sonnenkraft sich mit der Göttin der Erde verband. An Beltane wurden im Schein zahlreicher Feuer die Felder mit öffentlich vollzogener Sexualität gesegnet, und das Volk lebte in dieser Nacht die freie Liebe. Die ehelichen Bande waren aufgehoben, alles war erlaubt. Kinder, die in dieser Nacht gezeugt wurden, galten als „Kinder der Götter", die mit besonderem Glück gesegnet waren.

Der Maibaum: Himmel und Erde verbinden sich

Im Mai gibt es zahlreiche erotische Bräuche rund um die Lust und Lebenskraft. Das Aufstellen eines Maibaums, ein europaweit verbreitetes Brauchtum, hat ebenfalls eine sexuelle Symbolik. Der Maibaum, meist eine spezielle Birke oder Tanne, wurde und wird noch heute unter Einhaltung vielerlei Vorschriften und Bräuche geschlagen, geschält und dann in die Erde eingelassen. Die vielen Tabus und Vorschriften, das Aufsagen von bestimmten Sprüchen und Ähnliches deuten darauf hin, dass das Aufstellen des Maibaums ursprünglich eine heilige Handlung war.

Am Tag danach, am 1. Mai, wird noch heute das traditionelle Maifest gefeiert, bei dem der Maibaum von den jungen Leuten des Dorfes oder der örtlichen Brauchtumsgruppe auf eine bestimmte Weise umtanzt und währenddessen mit bunten Bändern umflochten wird. An der Spitze des Baumes hängt ein Kranz mit geflochtenen Bändern oder Süßigkeiten, der vom Pfahl quasi „durchstoßen" wird. Der Maibaum begegnet uns nicht nur im gesamten deutschen Sprachgebiet, sondern auch in Frankreich, England, Russland, Schweden, Dänemark, bei Wenden und Esten. Das Handwörterbuch des deutschen Aberglaubens schreibt dazu: „Die Absicht des Maibaums ist, Haus und Hof der Menschen und diese selbst durch die unmittelbare Berührung mit den Sprösslingen der neu erwachten Frühlingskraft ebenfalls mit neuer Lebensfülle und Stärke zu sättigen, dagegen alles Böse und Lebensfeindliche zu verscheuchen. Für das Einholen dieses Grüns wird oft der Ausdruck ‚den Mai suchen' gebraucht." [xxxvi] Der Dorfmaibaum ist der „Vertreter" des Frühlings- und Sommersegens. Symbolisch ist er die Verbindungsachse zwischen oben und unten. Er verbindet Himmel und Erde, vereinigt männlich und weiblich. Als Phallus symbolisiert er die Befruchtung der Mutter Erde, das Erwecken des Schoßes, der Göttin selbst, aus der das neue Leben und deren Früchte kommen (Kranz und Pfahl). Zugleich steht der Maibaum für den „Weltenbaum", ein Relikt der germanischen

Kultur, der die Menschenwelt mit der Welt der Götter und anderen Wesen verbindet. Das Umwickeln des Baums mit bunten Bändern verwebt buchstäblich das Schicksal der Menschen mit dem Baum des Lebens und seinem Segen.

Das göttliche Paar

In vielen Regionen Deutschlands ist es auf dem Land üblich, eine Maikönigin oder eine Maigräfin, oft auch einen -könig oder -grafen zu wählen und mit allerlei Brauchtum zu verbinden, das dem Zusammenkommen von jungen Männern und Frauen dient und oft frivole Züge trägt. Manchmal wird die Maikönigin unter lautstarker Begleitung durch die Felder getragen, ein klarer Hinweis auf ihre ursprüngliche Funktion als Vertreterin der Fruchtbarkeit spendenden Göttin. Im Maikönig und der Maikönigin treffen wir wieder auf das göttliche Paar, dessen Segen beschworen wird. Die Kelten nannten ihr göttliches Paar Bran und Branwen, die Germanen kannten das Paar Freya und Freyr, in manchen Regionen wurde die Verbindung Freyas mit Wotan gefeiert.

Um Liebe, Lust und Leidenschaft drehen sich die meisten Maibräuche. Seien es nun Büsche, die vor das Haus der Angebeteten aufgestellt werden, Liebesorakel oder Fruchtbarkeitszauber, die im Mai Hochkonjunktur haben. Als Heiratsmonat soll der Mai jedoch entgegen allgemeiner Annahmen denkbar ungeeignet sein. „Jeder Esel verliebt sich“, so heißt ein Sprichwort und deutet an, dass man diesen Monat früher ausschließlich der Liebe, nicht aber der sozialen Bindung widmete. Schließlich war man sich zu allen Zeiten der Tatsache bewusst, dass Leidenschaft schnell erkaltet und eine echte Bindung mehr braucht als gemeinsame Lust.

Die „Eisheiligen“ besiegeln den endgültigen Abschied vom Winter. Vom 11. bis 15. regieren sie unter den klingenden Namen Pankratius, Servatius, Bonifatius und Heilige Sophie und bringen noch einmal Kälte und Frost. Sind sie vorüber, nimmt der Sommer seinen Lauf.

Meditationen, Rituale und Feste

Ritual für die Lebenslust

Die Walpurgisnacht am 30. April, der 1. Mai oder der Maivollmond eignen sich hervorragend, um die neue Lebenskraft auch in unser Leben einzuladen. Das Ritual dient dazu, sich mit der Kraft des Lebens selbst zu verbinden und alles loszuwerden, was uns daran hindert, ganz aus unserer Kraft heraus zu leben.

Nehmen Sie sich für die Vorbereitung Zeit. Sie können das Ritual mit Freunden feiern oder allein. Mit mehreren Menschen ist die Wirkung oft intensiver, weil man sich gegenseitig bestärkt. Aber allein fühlen Sie sich vielleicht ungestörter und es fällt Ihnen leichter, sich zu öffnen. Bereiten Sie einen Ort in der Natur vor, an dem Sie ungestört sind. Schmücken Sie einen kleinen Altar liebevoll mit gerade blühenden Pflanzen und mit Gegenständen, die für Sie Symbole der Lebenskraft darstellen: Steine, eine Kette, Blüten oder andere Gegenstände. Für die vier Elemente stellen Sie Symbole auf. Organisieren Sie ausreichend Holz für ein großes Feuer und wählen Sie einen Gegenstand aus, den Sie verbrennen können, einen getrockneten Blumenstrauß, einen trockenen Tannenzapfen oder Ähnliches. Außerdem brauchen Sie noch ein süßes, wohlschmeckendes Getränk, einen Holunderblütensirup oder eine Maibowle, wenn Sie früh blühenden Waldmeister finden (Rezepte dafür finden Sie unten) und ein Glas dazu.

Sie beginnen mit dem Ritual, indem Sie symbolisch einen Kreis ziehen und sich einmal in alle vier Himmelsrichtungen verneigen, beginnend im Osten und endend im Norden.

Zuerst verbinden Sie sich mit den Kräften der Natur in einer kleinen Meditation, dann setzen Sie die Energie in eine symbolische Handlung mit dem Feuer um.

Die Kraft-Meditation

Stellen oder setzen Sie sich bequem auf den Boden und beginnen Sie mit der Erdungsmeditation vom März (lesen Sie sie zuvor noch einmal durch). Konzentrieren Sie sich nun ganz auf sich selbst. Sie werden zu einem Baum, der die Kräfte der Erde in sich aufnimmt. Stellen Sie sich vor, wie Sie Wurzeln durch Ihre Füße nach unten in die Erde wachsen lassen, die sich dort Halt und Nahrung suchen. Während Sie einatmen, ziehen Sie die Kraft aus dem Innern der Erde als rot leuchtendes Licht durch Ihre Wurzeln hinein in Ihr Becken. Sie werden sehen, dass es ganz leicht geht, weil es tausendfach um Sie herum geschieht. Heute liegt der Schwerpunkt der Erdungsübung auf dem Stamm. Der Stamm ist Ihr Körper von den Fußsohlen bis zum Scheitel. Stellen Sie sich vor, wie die rot glühende Kraft der Erde ganz durch Ihren Körper nach oben strömt, den Unterleib füllt, den Bauch, den Solarplexus, und in der Brust das Herz weit öffnet. Fühlen Sie, wie sie in Ihre Arme strömt, in den Hals und in den Kopf, mit jedem Einatmen ein Stück weiter, bis die Kraft durch Ihren Kopf wieder nach oben ausströmt und sich wie Zweige ausbreitet, zum Himmel hinauf. Die Lebenskraft der Erde durchströmt jede Zelle Ihres Körpers, sie durchdringt, heilt und segnet. Fühlen Sie die Liebe, die in dieser Lebenskraft steckt, das Jubeln und Lachen, die Freude darüber, am Leben zu sein.

Wenn Ihr Körper ganz mit Energie gefüllt ist, dann entspannen Sie sich noch weiter, sitzend oder stehend, wie es für Sie einfacher ist. Lassen Sie alles los, was noch an ablenkenden Gedanken da ist, und sinken Sie im Geist tief hinunter. Sie bleiben dabei in dem Gefühl der Lebenskraft. Freude umgibt sie, von fern hören Sie Lachen, Stampfen, Tanzen im Rhythmus des Lebens selbst ohne Begrenzung oder Einengung.

Lassen Sie nun dieses gute Gefühl wie einen Fluss in Ihr ganzes Leben fließen. In Ihre Arbeit, Ihr Zuhause, in die Liebesbeziehungen, Beziehung zu Freunden, Kollegen oder Kindern. Wie fühlt sich die Lebenskraft im Alltag an? Wie verändern sich Ihre Beziehungen, wenn Sie selbst vor Lebenslust strotzen? Wenn Sie sich nicht mehr kontrollieren und einschränken lassen? Auf sich achten?

Halten Sie dieses Bild fest. So sieht das Leben eigentlich aus! Voller Lachen und Leidenschaft, voller Freude und Kraft. Auf dieses Leben haben Sie ein Recht!

Vielleicht fällt Ihnen nun auf, wo Sie sich zurücknehmen in Ihrer Kraft, sich einschränken lassen oder Ihrer Freude beraubt sind. Wo stockt Ihre Lebenskraft? Spüren Sie genau hin, was Ihnen fehlt. Betäuben Sie sich? Wo leben Sie auf Sparflamme, ohne Leidenschaft und Freude? Fühlen Sie sich ausgebrannt, von Pflichten überfordert? Kraft- und mutlos?

Spüren Sie Ihre Blockaden, die Sie daran hindern, Ihre Kraft ungehindert durch den Stamm hindurch in allen Lebensbereichen zu verwirklichen. Welche Gefühle kommen aus Ihrem Herzen? Welche Sätze können Sie daraus formulieren? Welche Erinnerungen knüpfen sich daran? Öffnen Sie nun wieder Ihre Augen.

Die Feuer-Probe

Sie waren bereit, hinzusehen und ehrlich zu sich zu sein. Seien Sie stolz auf sich. Es ist nun Zeit, mit den Einschränkungen Schluss zu machen und die eigene Kraft ganz anzunehmen. Entzünden Sie jetzt das Feuer, bis es hell lodert. Dann rufen Sie die göttlichen Kräfte um Unterstützung und Kraft an. „Im hellen Schein des Feuers, dem Symbol der Lebenskraft und Leidenschaft, bitte ich die wilden, uralten Kräfte des Lebens um ihre Hilfe. Ich rufe den Klang der Lebendigkeit und die singenden, liebenden, tanzenden Mächte der Freude. Ich rufe die göttlichen Mächte der Heilung und Verwandlung."

Dann tanzen sie dreimal um das Feuer, hüpfen Sie, springen Sie, so hoch es geht, und stampfen Sie so fest auf die Erde, wie Sie können.

Nun nehmen Sie den Gegenstand zur Hand, den Sie zum Verbrennen mitgebracht haben. Reiben Sie etwas Spucke darauf und rufen sich noch einmal jene Bereiche Ihres Lebens vor Augen, in denen Sie sich nicht lebendig genug fühlen. Stellen Sie sich nun vor, wie die Energie dieser Blockaden durch Ihre Hände in den Gegenstand hineinfließt. Dann tun Sie den ersten Schritt und befreien Ihre Stimme. Schreien Sie einmal, so laut Sie können, über das Feuer hinweg in die Nacht hinein! Beim ersten Mal sind die Hemmungen vielleicht noch groß, dann schreien Sie so lange, bis der Ton klar und voll aus Ihrem Inneren kommt. Damit befreien Sie Ihre Kraft.

Heben Sie nun den Gegenstand hoch und rufen Sie hinaus, was Sie den Kräften des Lebens zur Verwandlung übergeben. Seien Sie dabei derb, laut und un-verschämt. „Es kotzt mich an, dass ..." „Ich haben keine LUST mehr darauf, dass ..." Je mehr Sie Ihre Stimme befreien, desto wirksamer ist das Ritual. Wenn Sie wütend werden, dann sind Sie in Ihrer Kraft. Werfen Sie schwungvoll den Gegenstand ins Feuer, dass er verbrennen kann. „Ich lasse dich jetzt gehen, ich brauche dich nicht mehr." Beobachten Sie, wie Ihr Gegenstand sich im Feuer verwandelt. Sie haben einen wichtigen Schritt getan.

Doch jetzt gehen Sie den nächsten Schritt. Sie springen über das Feuer und nehmen seine Kraft in sich auf. Nehmen Sie Anlauf und springen Sie und rufen Sie dabei hinaus, welche Kraft in Ihr Leben hineinlodern soll. „Lebenskraft", „Spaß", „eine neue Arbeit", was immer Sie sich wünschen.

Spüren Sie, dass jede Zelle in Ihnen lebendig ist, tanzen Sie um das Feuer, singen Sie lautstark ein Lied oder brüllen Sie einfach noch einmal Ihren Namen in die Nacht hinein. Je mehr Dinge Sie tun, die Sie sich sonst nicht zugestehen, desto mehr Kanäle der Kraft öffnen sich.

Abschließend genehmigen Sie sich noch ein Gläschen vom süßen mitgebrachten Getränk. Gießen Sie ein Glas voll, danken Sie den gerufenen Kräften für ihre Unterstützung und gießen Sie den Inhalt ins Feuer. Das zweite Glas ist für Sie. Heben Sie es hoch und sprechen Sie: „So süß wie dieses Getränk schmeckt das Leben, das ich mit aller Kraft, Liebe und Freude genießen werde". Dann kosten Sie den Trank bis zum letzten Tropfen mit vollen Zügen aus. Trinken Sie ganz bewusst, und während das Getränk Ihre Kehle hinabrinnt, breitet sich wohlige Lebenskraft in Ihnen aus und nimmt jeden Winkel ein.

Verbeugen Sie sich nun in alle Himmelsrichtungen, beginnend im Norden und endend im Osten, und danken Sie der Kraft des Feuers. Lösen Sie den Kreis auf und nehmen Sie die Kraft, die Liebe und die Lust am Leben mit in Ihren Alltag.

Ritual für die heilige Lust und Liebe

Knüpfen wir an die Bräuche unserer Vorfahren an und feiern im Mai ein Fest der Lust und Liebe zum anderen. Das kann der eigene Partner oder die eigene Partnerin sein, das Geschlecht spielt bei der Lust natürlich keine Rolle. Nachdem es im Mai nicht um soziale Partnerschaft geht, sondern um die Freude an der Sexualität, sollte sie auch so gefeiert werden. Feiern Sie ein Fest der Liebe, der Lust und der Hingabe zu zweit oder zu mehreren, ganz wie es Ihnen entspricht. Sie sollten jedoch einander ganz vertrauen können und wollen. Das Ziel des Rituals ist es, die „Heilige Hochzeit" zu feiern, bei der sich die Götter, Himmel und Erde vereinigen, um neues Leben entstehen zu lassen. Das muss sich nicht unbedingt in Form von Nachwuchs einstellen, neue Ideen oder neue Projekte sind ebenfalls Kinder der Schöpfung.

Bereiten Sie für das Ritual einen „heiligen Raum" vor, den Sie liebevoll schmücken und so einrichten, dass jede/r von Ihnen sich ungestört, wohlig und geborgen fühlen kann. Sinnliche Düfte, Kerzen und Musik wirken befreiend und öffnend. Kissen, Decken, schöne Farben sind Balsam für die Sinne. Im Anschluss an das Ritual sollten Sie etwas Köstliches zu essen und trinken bereitstellen.

Sie beginnen das Ritual, indem Sie buchstäblich oder im Geist einen Kreis in dem Raum ziehen, in dem Sie sich aufhalten, der Sie schützt und das Ritual vom Alltag abhebt. Verneigen Sie sich in alle vier Himmelsrichtungen und noch einmal zum Himmel und zur Erde. Bitten Sie um den Segen des göttlichen Paares, von Göttin und Gott, den Verkörperungen männlicher und weiblicher Schöpferkraft.

Im ersten Schritt geht es darum, sich gegenseitig anzunehmen.

Setzen Sie sich nackt einander gegenüber oder in einen Kreis. Betrachten Sie den oder die andere mit einem liebevollen Blick. Nehmen Sie seinen oder ihren Körper wahr und akzeptieren Sie, dass Menschen die Vielfalt des Universums spiegeln. Jeder Körper ist einzigartig und wunderschön. Ehren Sie Ihr Gegenüber für diese Einzigartigkeit. Blicken Sie dem anderen in die Augen und erkennen Sie, dass jeder Mensch eine perfekte Manifestation des Göttlichen ist, eine Verkörperung des Ewigen, eine Seele, die hier auf der Durchreise ist. Nehmen Sie die Reise des anderen in seinen Augen wahr. Erkennen Sie das Kind in Ihrem Gegenüber, den Erwachsenen, den gereiften Menschen. Sehen Sie das Altern und die Weisheit in dessen Augen und erlauben Sie sich, auch den Tod, das Ende der Reise wahrzunehmen. Jetzt sehen Sie den anderen Menschen so, wie er wirklich ist und nehmen ihn oder sie in der eigenen Größe an. Das ist eine sehr bewegende Erfahrung.

Formulieren Sie jetzt laut folgende ehrlich gemeinte Worte: „Ich nehme dich an, so wie du bist, jetzt und hier in Raum und Zeit. Ich sehe in deinem Körper den heiligen Kreislauf des Lebens von Geburt, Wachstum, Entfaltung, Reife und Tod. Ich sehe in deinen Augen deine ewige und unvergängliche Seele. Ich ehre dich und mich selbst als wunderbare Manifestationen des Göttlichen."

Nun gehen Sie einen Schritt weiter. Sie verkörpern füreinander den göttlichen Archetyp.

Wie stellen Sie sich die Verkörperung weiblicher Schöpfungskraft vor? Ist sie eine junge, wilde Göttin mit verführerischem Lächeln und den leuchtenden Augen der Liebe? Ist sie rund und sinnlich mit wogenden Brüsten, eine reife, strahlende Frau, bereit, sich hinzugeben, in ihrer Lust aufzugehen und sein Geschenk anzunehmen? Ist sie die ewige Macht der Erde, die sich nach den wärmenden Strahlen der Sonne sehnt?

Wie stellen Sie sich die männliche Verkörperung der Lebenskraft vor? Ist er der Herr der Tiere, stark und voll wilder, ungezähmter Männlichkeit? Der lächelnde, sanfte Verführer mit dem Schalk in den Augen? Ist er die Macht des Himmels, die Macht der Sonne, die sich verströmen will, um das Leben zu ehren? Malen Sie sich die Götter aus, wie sie in Ihren Augen zum jetzigen Zeitpunkt erscheinen und seien Sie sich bewusst: Die Götter sind ein Teil von Ihnen. Erzählen Sie einander von Ihren Bildern des göttlichen Paares. Dann übernehmen Sie bewusst eine der beiden Rollen und stellen sich vor wie es wäre, wenn SIE diese Göttin oder dieser Gott wären. Traditionell verkörpert die Frau die Göttin und der Mann den Gott.

Nachdem wir jedoch alle männliche und weibliche Anteile in uns tragen, ist es wichtig, auch die jeweils andere Seite in sich zu entdecken. Sie können also das verkörpern, was gerade für Sie passt. Wenn Sie einen gleichgeschlechtlichen Partner haben, sprechen Sie sich ab, wer sich gerade in welchem Pol am wohlsten fühlt. Ehren Sie einander, indem Sie für den anderen ein göttliches Wesen werden. Ehren Sie sich selbst und erkennen Sie, dass Ihre Lust etwas Heiliges und Schöpferisches ist. Sie können auch Gott und Göttin in einem Gebet bitten, sich in Ihnen zu verkörpern. Was verändert sich, wenn Sie in den göttlichen Archetyp schlüpfen? Wenn Sie sich trauen, dann tanzen Sie füreinander. Tanzen Sie einen Gott und eine Göttin, tanzen Sie die Liebe und lassen Sie alle Hemmungen dabei fahren.

Sie spüren, wann der Zeitpunkt gekommen ist, die beiden Pole zu vereinigen. Sie tun das körperlich, indem Sie sich mit Ihrem Partner oder Ihrer Partnerin vereinigen. Es ist dabei nicht wichtig, ob die Vereinigung in einer innigen Verbindung der Hände, in einem Kuss oder in wildem ekstatischem Sex besteht (wobei Letzteres sicher sehr wirkungsvoll ist). Öffnen Sie die Herzen füreinander und schenken Sie einander Ihre Lust wie eine Gabe. Verschenken Sie sich ganz und nehmen Sie die Gabe des anderen jetzt und hier mit bedingungsloser Liebe an. Wenn die Energien zwischen Ihnen fließen, werden Sie beide eine große Kraft erleben, die Sie mit sich selbst und den göttlichen Kräften verbindet.

Abschließend essen und trinken Sie gemeinsam mit besonderem Genuss. Opfern Sie auch den Göttern einen Teil und erheben Sie Ihr Glas auf sie. Danken Sie ihnen für diese wunderbare Erfahrung, zu leben und zu lieben.

Abschließend verneigen Sie sich vor Himmel und Erde und den vier Elementen. Dann lösen Sie den Kreis auf und kehren zurück in den Alltag.

Kräuterkraft und Pflanzenschönheit

Der Holunder (Sambucus nigra) – Frau Holles Sitz

Der Holunder ist von alters her ein magischer Baum, der als der Sitz der germanischen Göttin Holla/Hel („Frau Holle“) betrachtet wurde. Um den Hollerbusch ranken sich viele Mythen und Legenden. Holunderholz durfte nicht geschnitten werden, weil es Unglück brachte, außer man bat den Busch mit rituellen Worten um sein Holz, indem man ihn mit „Frau Ellhorn“ ansprach. In manchen Gegenden zieht man noch heute den Hut, wenn man an einem Holunderbusch vorbeikommt. Denn er galt als Grenzhüter zwischen der hiesigen Welt und der Unterwelt und diente dem Schutz der Lebenden vor den Geistern ebenso wie der Kontaktaufnahme zu ihnen. Unter dem Holunderbusch am Haus wurde den Ahnen Milch geopfert, denn der Busch stand in Verbindung zu den Seelen der Toten ebenso wie zu deren „Hüterin“ und Göttin der Unterwelt, „Frau Hylle“ (Frau Holle).[xxxvii] Der Holunder schenkt uns Gesundheit und Widerstandskraft und erinnert uns immer daran, dass die helle und die dunkle Seite, die weißen Blüten ebenso wie die schwarzen Beeren, zusammengehören. Für das einfache Volk war der Holunder eine regelrechte Apotheke: Die Blüten als Tee verabreicht wirken schweiß- und harntreibend. Sie werden vor allem bei Fieber und Erkältung getrunken, wirken aber auch blutreinigend. Darüber hinaus enthalten sie viel Vitamin C und Mineralstoffe und stärken das Immunsystem. In Norddeutschland kocht man eine Suppe daraus, die „Fliedersuppe“. In Süddeutschland kennt man die „Hollerkücherl“, Holunderblütendolden, die in Bierteig getaucht und in Fett ausgebacken werden.

Sammeln Sie diese wunderbar duftenden Blüten mit Andacht und trocknen Sie sie im Schrank oder einer anderen dunklen und trockenen Ecke. Allein oder mit anderen Kräutern gemischt ergeben Sie einen köstlichen Tee, der Sie auch im Winter fit hält und stärkt.

Oder genießen Sie die Süße des Lebens mit einem köstlichen Holunderblütensirup. 12-15 Dolden Holunderblüten, ausgeschüttelt und von eventuellen Läusen gereinigt, werden zusammen mit 3 ungespritzten und in Scheiben geschnittenen Zitronen in ein großes, ca. 5 Liter fassendes Einmachglas gegeben. Dann werden 3 Liter frisches Wasser aufgekocht und 2 Kilo Zucker darin verrührt, bis sich der Zucker vollständig aufgelöst hat und eine klare Lösung entstanden ist. Man nimmt einen Becher dieser Lösung heraus, gibt noch 60 g Zitronensäure dazu und schüttet es zurück in die Zuckerlösung. Diese wird nun über die Blüten-Zitronenmasse geschüttet und muss 5 Tage ziehen. Danach wird die Flüssigkeit gefiltert, in saubere Flaschen abgefüllt und mit Gummideckel verschlossen. Verdünnt mit Wasser ist der Sirup den ganzen Sommer über eine köstliche Erfrischung.

Der Waldmeister (Asperula odorata) wird auch Herzblume, Maiblume oder Waldmutterkraut genannt. Wie es einer Mai-Pflanze gebührt, wirkt er stärkend auf das Herz und befreiend auf den Kopf. Er gehörte zu den „Maria-Bettstroh-Pflanzen", die früher der Gebärenden und der Wöchnerin in die Matratze gestreut wurden. Waldmeister beruhigt und löst Krämpfe. Neben seinem sinnlichen und wunderbaren Duft öffnet der Waldmeister vor allem Herz und Kopf, dass wir die Schwere hinter uns lassen und „abheben", um unsere Träume zu verwirklichen.

Die Pflanze wird am besten morgens gepflückt, dann duftet sie stärker. Im Duftsäckchen mit Lavendel oder als Büschel aufgehängt vertreibt Waldmeister die Motten und bringt süße Düfte in die Kleiderschränke.

Für den Tee wird er während der Blüte gesammelt. Getrocknet wirkt er gegen Schlaflosigkeit und Nervosität. Doch Vorsicht: In zu hoher Dosierung kann Waldmeister Kopfschmerzen verursachen.

Als Waldmeisterbowle ist das Kraut wie geschaffen, um genüsslich zu beschwingen. Schon 854 schrieb der Benediktinermönch

Wandalbertus: „Schüttle den perlenden Wein auf das Waldmeisterlein …“ Zwei Büschel des noch nicht blühenden Krauts schneiden und anwelken lassen, denn der Duft entfaltet sich erst im Welken. Dann die Büschel 2 Stunden in 3 Liter Weisswein und 50 g Zucker ziehen lassen. Ein Päckchen Vanillezucker dazu, und das Ganze mit einer Flasche Sekt aufgießen (für 4 Personen). Fertig ist ein wunderbares Getränk, das beschwingt und heiter macht und jedes Fest verschönert.

Aphrodisische Kräuter

Als Nahrungsmittel mit aphrodisischer, das heißt sexuell anregender Wirkung gilt der Spargel (wie schon an seiner Form zu erkennen), der ebenfalls im Mai seine Hoch-Zeit hat. Weitere anregende Stoffe sind so genannte „heiße“ Nahrungsmittel wie Meerrettich, Chilli und Ingwer. Kräuter zur Anregung sollen Schafgarbe, Basilikum und Petersilienwurzel sein. Empfohlen werden auch Vanille und Zimt, Bienenprodukte wie Honig und Met (Honigwein), außerdem natürlich Wein. Zu den erotisierenden Düften zählen Jasmin, Rose, Ylang-Ylang, Orangenblüten und Kardamom.[xxxviii]

Juni:
Zeit der Entfaltung und des inneren Wachstums

Licht sei um Dich her
Und erwärme Dein Herz,
Und der Fremde tritt näher
Und auch der Freund.
Irischer Segen

Die Kräfte der Natur im Juni

Im Juni entfaltet sich der Sommer tausendfach in jedem Blatt, jeder Blüte und jedem neuen Trieb. Das Wachstum hat alle Winkel ergriffen, alles, was erfolgreich gekeimt hat, entfaltet sich jetzt. Es ist die Zeit der Blüte und der ersten süßen Früchte. Die Linden blühen, die Erdbeeren reifen und viele Heilkräuter haben jetzt ihre intensivste Wirkkraft. Das Licht wächst jeden Tag ein Stück mehr, die Nacht wird immer kürzer. Um den 21. Juni ist der Tag am längsten. Die Nacht bricht nur für wenige Stunden herein, Licht und Sonne gibt es im Überfluss.

Für das Wachstum bedrohlich ist die so genannte „Schafskälte" zwischen dem 10. und 14. Juni, die den frisch geschorenen Schafen tödliche Erkältungen bringen kann. Im letzten Monatsdrittel folgt oft noch die „Johannisflut", sintflutartige Wolkenbrüche, häufig mit Gewitter und Hagel, die die Ernte vernichten können.

Im Allgemeinen wünscht sich der Bauer den Juni feucht und warm, dann ist eine gute Ernte sicher. Am 27. Juni, dem „Siebenschläfer", macht sich eine weitere Wetterregel fest. So wie das Wetter in den Tagen um den Siebenschläfer ist, weiß der Volksmund, so bleibt es den ganzen Sommer über, also die folgenden 7 Wochen.

Die Bauernregeln im Juni heißen:

Vor Johanni bitt um Regen, hernach kommt er ungelegen.

Wenn kalt und nass der Juni war, verdirbt er oft das ganze Jahr.

Früher nannte man den Juni „Johannismond", „Rosenmond" oder „Grasmond", weil nun die Heuernte beginnt. Der Name „Brachmanoth", „Brächet" oder „Brachmond" stammt aus der Zeit der Dreifelderwirtschaft. Im Juni wurde das dritte, das brachliegende Feld bearbeitet. Das Wort „Juni" stammt von der römischen Göttin Juno ab, der Himmelsherrin, die zugleich Göttin der Gestirne und Hüterin aller sozialen Bindungen in Sippe, Ehe und Familie ist.

Die energetische Qualität des Juni ist bestimmt von Licht und Helligkeit. Mythologisch siegt im Juni das Licht über die Finsternis, so wie im Dezember die Nacht über das Licht triumphiert. Juni ist eine Zeit der Freude, des Lachens und der Liebe zum Leben. Im Lichte der Sonne gilt es nun, alles Verborgene „ans Licht" zu bringen. Für alle lebenden Wesen ist es die Zeit zu wachsen und sich zu entfalten. Im Juni erreicht alles seinen Höhepunkt, den man genießen kann, um ihn danach wieder loszulassen.

Die Themen im Juni

Sich selbst entfalten

Angespornt durch das Wachstum, das sich um uns herum entfaltet, befassen auch wir uns im Juni mit unserem eigenen inneren Wachstum. Eine Pflanze trifft keine bewusste Entscheidung dafür, jedes Jahr ein Stück zu wachsen, sondern sie tut einfach das, was in ihr steckt. Ebenso wenig können wir verhindern, dass wir uns jeden Tag ein Stück weiter entfalten in den Stärken und Schwächen, die in uns stecken. Nichts bleibt je gleich, alles ist immer im Fluss. Was wir jedoch bewusst unternehmen können, ist, unser Wachstum zu fördern und ideale Bedingungen zu schaffen, die uns ermöglichen, gezielt alles das zu entwickeln, was uns wichtig ist.

Der wichtigste Nährboden zur Entfaltung ist die Liebe zu sich selbst. Sich selbst zu lieben, bedeutet, sich so anzunehmen, wie man ist, mit allen Stärken und allen Schwächen. Es bedeutet, sich für nichts zu hassen oder zu verurteilen und zu wissen, dass Wachstum häufig nur dadurch möglich ist, dass wir Fehler machen. Fehler sind unsere eigentlichen Wegweiser.

Wer sich selbst wirklich liebt, für sich sorgt und sich wahr- und ernst nimmt, ist ein glücklicher Mensch. Wer für sich selbst sorgen kann, der kann auch mit offenem Herzen anderen geben, weil er selbst keinen Mangel mehr leidet. Eine gesunde und liebevolle Beziehung zu sich selbst führt keinesfalls zu Rücksichtslosigkeit, denn nur, wer selbst Mangel leidet in seinem Herzen, der muss anderen etwas wegnehmen. Ein froher Mensch, der innerlich ausgeglichen ist, akzeptiert die Bedürfnisse der anderen als gleichberechtigt. Er schöpft aus seinem inneren Reichtum und gibt ihn mit Freude an andere weiter.

Raum für Wachstum schaffen

Wer wachsen und seine Krone immer weiter entfalten will wie ein Baum, der braucht auch den entsprechenden Raum dafür. Gibt es in Ihrem Leben Bereiche, in denen Sie – zu Ihrem Bedauern – schon länger nicht mehr „gewachsen" sind? Verwenden Sie Ihre Kraft für alles das, was Ihnen wichtig ist? Entfalten sich Ihre Ideen, Ihre Gefühle, Ihre Talente nach und nach? Vielleicht ist der Juni eine gute Gelegenheit, sich Zeit für Dinge zu nehmen, die schon lange vernachlässigt wurden. Auch Bäume wachsen gleichmäßig nach allen Seiten, um im Gleichgewicht zu bleiben. Liebe, Alltag, Beruf, Hobbys, Körper, Geist und Seele, alles möchte in einem menschlichen Leben mitwachsen. Sie wünschen sich Raum, Zeit und Zuwendung, um Ihre Vielfalt in aller Schönheit zur Geltung zu bringen.

Verborgenes ans Licht bringen

Der helle Juni fordert dazu auf, einen kritischen Blick auf Lebensumstände zu werfen, die dem Wachstum nicht mehr dienlich sind – oder es womöglich behindern und einschränken. Ein Nährboden, der dem Pflänzchen die falsche oder zu wenig Nahrung zuführt, lässt es darben und verkümmern. Manchmal wagen wir es nicht, der Wahrheit ins Auge zu sehen und uns einzugestehen, dass uns Menschen oder Verhältnisse nicht gut tun. Denn wenn wir ehrlich wären, dann müssten wir uns vielleicht verändern. Wir fürchten uns davor, Vertrautes zu verlassen, selbst wenn es uns nicht entspricht, aus Angst vor dem, was danach kommen könnte. Doch damit stehen wir uns selbst im Weg. Es ist eine Geste der Liebe, sich die Wahrheit einzugestehen, selbst wenn Sie unangenehm ist. Schließlich können Sie sich mit Veränderungen genau die Zeit lassen, die Sie brauchen.

Mythen, Bräuche und göttliche Wesen

Die Sommersonnwende

Der Juni ist wie kein anderer Monat der Sonne geweiht. Die Sommersonnwende am 21. Juni steht im Mittelpunkt zahlreicher Feste und Bräuche. Der Termin wird teilweise auch am 24. Juni begangen, dem „Johannistag“, der sich von Johannes dem Täufer ableitet. Denkt man sich das Jahr als Kreis, dann liegen sich die Wintersonnwende am 21. (bzw. 24.) Dezember und die Sommersonnwende am 21. (bzw. 24.) Juni direkt gegenüber. Licht und Dunkelheit sind die beiden Hälften jenes Rades, dessen Bewegung das Leben selbst antreibt.

Der lichte und der dunkle Gott

Die helle und die dunkle Hälfte des Jahres finden in vielen Mythen ihren Ausdruck im Bild zweier ungleicher Brüder, zweier Könige oder Götter. Der eine ist hell und licht, der andere dunkel und düster. Wie die beiden Hälften des Jahres rivalisieren sie miteinander, um sich in der Regentschaft abzulösen. Der helle Gott der Sonne, nun auf dem Höhepunkt seiner Macht angelangt, stirbt von der Hand des dunklen den Opfertod und vollzieht damit das Schicksal alles Lebendigen nach, den Tod im Herbst und die Wiedergeburt zur Wintersonnwende aus dem Schoß einer lebensspendenden Göttin. Der Tod des einen Gottes verleiht dem anderen die Macht. Die Sonnwenden markieren den Umschwung der Energie.

Die germanische Mythologie kennt den Lichtgott Baldur, den schönsten und freundlichsten der Asen-Götter, der durch die Hand seines dunklen Bruders Hönur versehentlich den Tod findet. In der ägyptischen Mythologie ist es Osiris, der von seinem Bruder Seth getötet und zerstückelt wird. Die Göttin Isis setzt ihn wieder zusammen und macht ihn zum Gott der Unterwelt. Auch bei den Griechen gibt es Beispiele für die Opferung eines Gottes oder des Königs für eine Göttin.[xxxix] Die christliche Mythologie knüpft an diese uralte Tradition an, indem sie dem lichten Gott Christus ein eher unfreundliches Alter Ego entgegensetzt, den mürrischen Einsiedler und Täufer Johannes, den Wegbereiter Christi. Der Geburtstag des Täufers am 24. Juni liegt genau gegenüber Weihnachten und markiert so den Übergang in die dunklere Hälfte. „Er (Christus) muss wachsen, ich aber muss abnehmen“ steht in der Bibel.[xl] Das Leben des Täufers endet im Opfertod für eine Frau, ebenso wie das Leben des lichten Christus im Opfertod für die Menschheit ihr Ende findet.

Sonnenräder und Freudenfeuer

Im Mittelpunkt der Mittsommerbräuche steht die Kraft des Feuers. Große Johannisfeuer oder brennende Räder, die in der Nacht von

Hügel und Bergen gerollt werden, gibt es noch heute von Norddeutschland bis zu den Alpen. Ebenso wie zur Wintersonnwende wurden auch hier früher die heiligen „Notfeuer" entzündet, indem Holz auf Holz gerieben wurde. Ein Sprung über das Feuer sollte Glück bringen und von schlechten Energien reinigen. Ein Feuerscheit, die Kohlen aus dem Feuer oder die Asche daraus nahm man mit nach Hause, denn sie galten als Schutz vor allem Übel und Segen für das häusliche „Feuer".[xli]

Johanniskräuter

Besonders wichtig zur Mittsommerzeit ist das Sammeln von Kräutern, die an Johannis ihre größte Wirkung entfalten, vor allem wenn Johannis auf einen Vollmond fällt. Ein Gürtel aus Johanniskraut, Beifuss, Eisenkraut und Rittersporn wurde geflochten und den Frauen um die Hüfte gelegt. Verbrannte der Gürtel in der Nacht mit dem Holz, so verbrannten Unglück und Unfruchtbarkeit gleich mit.

Noch heute werden in der Johannisnacht in vielen Gegenden Johannissträuße gepflückt, denen eine besondere Schutz- und Heilwirkung nachgesagt wird. Die Sträuße bestehen aus neun verschiedenen Kräutern, die von Region zu Region etwas variieren. Wer durch Rittersporn ins Johannisfeuer blickt, so meinte man, sei vor Augenschmerzen geschützt. Haselzweige wurden vor dem Sonnenaufgang am 21. Juni gegen böse Geister und Unwetter auf dem Hof aufgestellt.[xlii]

Die Unterirdischen

Der Sommer galt früher auch als eine Zeit, in der sich jene Wesen den Menschen zeigten, die sonst als die „Unterirdischen" dem menschlichen Auge verborgen blieben. Viele Sagen und Legenden erzählen von Zwergen, von hilfreichen Geistern wie dem Volk der Huldren, der Heinzelmännlein oder den Wald- und Buschweiblein, die menschliche Wohnungen aufsuchten, um den Irdischen bei ihrer schweren

Arbeit zu helfen und sie mit ihrem Segen zu unterstützen. In der magischen Johannisnacht öffnen sich die Berge, so heißt es in den Sagen, in die sich einst die alten Götter und Geister zurückgezogen haben. Ein armer Bauernsohn oder ein Hirte findet den Weg hinein zu den Schätzen oder trifft eine schöne, weißgekleidete Frau, die ihm Reichtum und Glück schenkt, wenn er den nötigen Respekt und einen Sinn für das Wichtige im Leben nicht vergisst. In einer Sage aus Holzminden tat sich einst der Köterberg auf und eine schöne Jungfrau reichte einem Schäfer eine Wurzel, mit der er ins Innere des Berges gelangen konnte. Dort traf er nicht nur die beiden spinnenden Schwestern der Jungfer, sondern auch auf Körbe voll riesiger Schätze, von denen er sich nehmen durfte, so viel er wollte. Beim Gehen ermahnten ihn die Jungfrauen, „das Beste" nicht zu vergessen. Er verließ die Frauen, ohne an die Wurzel zu denken, so dass ihm der Weg zurück zu den Schätzen versperrt blieb.[xliii]

Die Glück, Liebe und Zufriedenheit schenkende weiße Frau begegnete uns im April bereits. In zahlreichen Sagen und Geschichten von den Alpen bis zur Nordsee erscheint sie zum Beispiel als „Frau Huli aus Hasloch", „Frau Holle vom Hirschberg" oder als „weiße Frau Vrene", auch Verena genannt, die mit der „Frau Venus", der römischen Göttin der Liebe, in Verbindung gebracht wird und einst große Verehrung genossen haben muss. Berge, Brunnen und Steine tragen noch immer Verenas Namen. In Zurzach am Rhein wird die Heilige Verena verehrt, deren Segen man für Ehen, Nachkommenschaft und Heilung von Krankheiten erfleht. Wundersames wird vom Grab der Verena erzählt, wo die Menschen von der Geburt bis zum Tode Hilfe finden. Kurioserweise ist Verena trotz aller christlichen Jungfräulichkeit die Schutzherrin der Dirnen und spannt darin den Bogen zu ihrer heidnischen Vorgängerin, der großen Göttin der Liebe, die unter vielen Namen gerade zur Sommerzeit die Lust und Liebe in allen Formen den Menschen zum Geschenk machte.[xliv]

Flurumgänge

Das Segnen der Felder durch rituelle Umzüge ist ein sehr alter Brauch, weshalb es den Protestanten als heidnisches Relikt gilt. Pfingstprozessionen und Flurumgänge verbinden sich oft mit merkwürdigem Brauchtum, das an den alten Glauben erinnert. Da wird z. B. ein „Sonnenkönig", ein „Feuerkönig" oder ein „Laubmann" geschmückt und über die Flure getragen oder ein roter Hahn, das Symbol des Feuers, geschlachtet.

In manchen Gegenden werden am Abend vor Johannis Teiche, Flüsse, Quellen und Brunnen gereinigt, gesegnet und mit Blumen und Bändern geschmückt. So berichtet der Dichter Petrarca 1337 von einem Erlebnis in Köln, wo Scharen von Frauen am Abend des 23. Juni, wunderschön mit Kränzen und Kräutern geschmückt, in den Rhein stiegen, um Unglück und Elend abzuwaschen.[xlv] Mehr zu den Wasserkulten erfahren wir im Juli.

Meditationen, Rituale und Feste

Übung zur Selbstliebe

Nehmen Sie sich im Juni einmal ganz liebevoll selbst an. Wenn Sie morgens den Tag beginnen, umarmen Sie sich und seien Sie aufmerksam für alles, was Sie gerade beschäftigt. Haben Sie Mitleid mit sich, wenn Sie traurig sind oder Unangenehmes erlebt haben. Loben Sie sich für alles, was Sie gut gemacht haben oder einfach für Ihren Mut, jeden Tag dem Leben und seinen Herausforderungen entgegenzutreten. Spüren Sie tagsüber immer wieder in sich hinein, was Sie gerade brauchen, um sich richtig gut zu fühlen. Und genau das tun Sie dann, mit Freude und Genuss. Gelegentlich ist das nicht sofort möglich, weil andere Verpflichtungen rufen. Dann übergehen Sie Ihre Bedürfnisse trotzdem nicht, sondern schließen Sie einen Kompromiss mit sich und gestehen Sie sich eine angemessene

Entschädigung zu. Im Juni sorgen Sie für sich und nehmen sich und Ihre Bedürfnisse wahr und ernst. Sie dürfen sich einmal selbst das Wichtigste sein.

Meditation der Entfaltung

Nehmen Sie sich an einem schönen Junitag ein wenig Zeit für eine kleine Innenschau in Sachen Entfaltung. Treten Sie möglichst unbekleidet hinaus in die Mittagssonne und lassen Sie sich ein bis fünf Minuten ganz bewusst von der Sonne bescheinen. Spüren Sie die starke Kraft des Lichtes und stellen Sie sich vor, wie die Zellen Ihres Körpers dankbar das Licht aufnehmen. Begeben Sie sich dann in den Schatten unter einen Baum, stellen Sie sich bequem hin und bewegen Sie sich so lange, bis die Muskeln von Kopf bis Fuß gelockert sind und Sie sich wohl fühlen in Ihrer Haut. Konzentrieren Sie sich nun ganz darauf, hier und jetzt anwesend zu sein und lassen Sie sich von keinen anderen Gedanken ablenken. Wieder beziehen Sie sich auf die Erdungsmeditation vom März, die Sie vielleicht vorsorglich noch einmal durchlesen. Spüren Sie die Erde unter Ihren Füßen und die intensive Energie des Wachstums um Sie herum. Atmen Sie tief in den Bauch ein und lassen Sie Ihre Wurzeln aus den Fußsohlen in den Grund wachsen und in das heiße Magma der Erde eintauchen. Ziehen Sie die rote Kraft der Erde herauf und füllen Sie Ihren Körper damit aus, von den Füßen über das Becken bis zum Scheitel, wo die Energie wieder aus Ihnen hinausfließt und sich in Form von dicken Ästen bis hinauf zur Sonne streckt. Ihre Äste nehmen das Sonnenlicht auf, das in Ihren Körper fließt, vom Scheitel bis hinunter in Ihre Fußsohlen und durch die Wurzeln wieder hinein in die Erde. Sie sind jetzt ein Baum, verbunden mit dem Oben und dem Unten.

Bleiben Sie nun noch einen Moment in diesem Gefühl, ein großer und starker Baum zu sein. Nehmen Sie diesmal ganz bewusst wahr, wie sich Ihre Äste im Laufe der Jahre ausgebreitet haben in alle Himmelsrichtungen, wie viel Sie schon erreicht haben in Ihrem bisherigen Leben und wie sich Ihre ganze Existenz in jedem Jahr ein Stück weiter entfaltet hat. Aber noch immer dehnen sich Ihre Äste weiter aus und wollen wachsen. Strecken Sie sich richtig aus, Sie haben die Kraft und den richtigen Zeitpunkt gewählt, um sich zu entfalten, ohne dabei das Gleichgewicht zu verlieren. In perfekter Balance dürfen Sie in allen Bereichen wachsen, die Ihnen am Herzen liegen und genau in dem Tempo, das Ihnen gemäß ist. Lassen Sie aus Ihren Ästen Blüten wachsen, grüne Blätter und neue Zweige. Ziehen Sie die Kraft aus der Erde und von der Sonne, nehmen Sie sich Platz und registrieren Sie es einfach, dass Sie größer werden und Ihre mächtige Krone weiter entfalten. Vielleicht sehen Sie Bilder in Ihrem Inneren, die Ihnen andeuten, wo das Wachstum vernachlässigt wurde. Vielleicht spüren Sie, wo die Versorgung mit Energie noch nicht recht gelingt. Dann lassen Sie die Energie von unten und oben ganz gezielt in diese Bereiche fließen, indem Sie sich einen Strom Licht vorstellen, der alle Blockaden fortschwemmt. Genießen Sie es, ein großes und starkes Lebewesen zu sein, eingebunden in das große Netz der Natur. Genießen Sie Ihre eigene Schönheit, Sie sind Teil des Ganzen und haben das Recht, so zu sein, wie Sie sind. Beenden Sie die Meditation, indem Sie Ihre Hände auf die Erde legen und die überschüssige Energie an die Erde zurückgeben.

Ritual und Fest zur Sommersonnwende

An den Sonnwenden erreicht die Natur einen Höhepunkt, den man auch gebührend feiern sollte. Hier empfiehlt es sich, den Tag oder die Nacht gemeinsam mit Freunden zu begehen. Wählen Sie den 21., den 24. oder das jeweilige Wochenende davor oder danach für ein Sonnwendritual. Wenn das Wetter schön ist, macht es großen Spaß, einmal eine Nacht im Freien zu verbringen und den Sonnenaufgang des längsten Tages im Jahr zu erleben. Gehen Sie dazu auf einen Hügel oder an einen Ort, an dem Sie im Osten freie Sicht haben. Versorgen Sie sich mit ausreichend Decken und Nahrung.

Sonnwend-Ritual

Da die Sonnwende eine magische Zeit ist, sind auch Rituale in dieser Zeit sehr wirksam. Nehmen Sie sich, wenn möglich, den Tag und den Abend frei. Dann haben Sie Zeit, die Natur und ihre Qualität zu spüren und zu erleben und sind für das Ritual gut vorbereitet. Tagsüber bereiten Sie das Ritual vor und abends führen Sie es dann durch. Selbst wenn es bewölkt sein sollte, geht es doch darum, die Sonne und das Licht zu feiern.

Vorbereitung am Tage:

Bereiten Sie als Erstes einen Sonnenaltar vor. Legen Sie mit Steinen das Rad der Sonne. Es besteht aus einem Kreis, der von vier Linien in acht Teile geteilt wird (eine senkrechte Linie für die Sonnwenden, eine waagrechte für die Tagundnachtgleichen und jeweils eine dazwischen, so dass jedes Viertel noch einmal geteilt wird). Dieses achtspeichige Rad ist ein uraltes Sonnensymbol, das in vielen Kulturen verwendet wird. Stellen Sie in die Mitte eine große Kerze. Schmücken Sie nun den Altar mit allem, was Ihnen zum Thema „Licht" passend erscheint, rote Steine, gelbe Tücher, Fotos von Sonnenaufgängen oder Naturgegenstände, die um Sie her zu finden sind. Pflücken Sie einen Strauß Blumen und verwenden Sie warme und bunte Farben. Denken Sie auch an die Symbole für die vier Elemente, die Sie um das Rad herum anordnen. Im Norden die Erde, im Osten die Luft, im Süden das Feuer und im Westen das Wasser oder so, wie es Ihnen passend erscheint.

Dann binden Sie sich eine Blumenkrone. Spazieren Sie über eine Wiese und betrachten Sie die Kräuter und Blumen um Sie herum. Welche sprechen Sie jetzt im Moment besonders an? Sammeln Sie, was Ihnen gefällt, was Sie „anspricht" mit allen Sinnen. Optimal wäre natürlich, wenn Sie Johanniskräuter finden oder mitbringen könnten, da deren energetische Qualität die Wirksamkeit der „Krone" erhöht. Danken Sie den Blumen für deren Energie und ihr Leben, das Sie pflücken durften. Vielleicht möchten Sie etwas zurückgeben, ein Haar, einen Schluck Wasser oder ein Räucherstäbchen, das Sie abbrennen. Lassen Sie sich Zeit mit allem und verrichten Sie jede Handlung bewusst und konzentriert. Wenn Sie genügend Blumen und Kräuter beisammen haben, dann flechten Sie einen Blumenkranz oder einen Blumengürtel daraus. Sollten Sie nicht wissen, wie Sie die Blumen aneinander binden, dann verwenden Sie eine mitgebrachte Schnur oder einen Bindfaden und binden Sie alle Blüten aneinander. Dabei flüstern Sie jeder Blume, die Sie einflechten, eine Eigenschaft zu, die Sie sich wünschen oder die Sie an sich selbst wertschätzen. „Kreativität", „Lebensfreude", „Gesundheit", „Durchsetzungskraft", „die Fähigkeit, durchzuhalten, wenn etwas schwierig wird", „die Fähigkeit, aufzuhören, wenn etwas genug ist". Lassen Sie sich etwas einfallen, Sie dürfen sich auch gern wiederholen. Legen Sie die Krone bis zum Ritual auf den Altar.

Als Nächstes bauen Sie ein Tor, durch das Sie später im Ritual die absteigende Hälfte des Jahres betreten. Es kann einfach aus zwei Stöcken bestehen, die schräg in die Erde gesteckt werden, dass sie sich oben berühren. Es kann aber auch ein mit Pflanzen und Tüchern geschmückter Bogen sein, den Sie aus frischen Weidenruten biegen. Verwenden Sie, was Sie in Ihrer Umgebung finden, und lassen Sie Ihrer Lust am Bauen und Schmücken freien Lauf. Bringen Sie das Tor südlich von der Stelle an, an der Sie nun das Feuer errichten.

Für das Feuer haben Sie entweder Holz mitgebracht oder Sie sammeln es jetzt. Legen Sie einige Stöcke für das Ritual beiseite, Eichenstäbe wären besonders schön, da die Eiche dem Gott des Feuers, der Sonne und der Blitze heilig ist. Beachten Sie beim Bau der Feuerstelle alle Sicherheitsvorkehrungen, da Ihre Umgebung sehr trocken sein kann, und sorgen Sie für eine Möglichkeit, das Feuer schnell zu löschen.

Das Ritual am Abend:

Warten Sie, bis es dunkel geworden ist, dann entzünden Sie das Feuer. Legen Sie für alle Beteiligten einen Blumenkranz an das Tor und die Eichenstäbe oder anderen Holzstücke um das Feuer herum.

Ziehen Sie gehend einen großen Kreis um alles, den Altar, das Feuer, das Tor und alle Anwesenden. Schreiten Sie den Kreis drei Mal ab und stellen Sie sich vor, wie bei jedem Schritt ein Licht aus Ihren Füßen strömt, das nach oben wächst und den Ritualplatz von der

Welt des Alltäglichen abtrennt. Jetzt haben Sie einen heiligen Ort erschaffen. Verneigen Sie sich einmal in jede Himmelsrichtung, Osten, Süden, Westen und Norden und noch einmal zum Feuer. Sie sind jetzt „zwischen den Welten", was Sie hier tun, das hat Auswirkungen auf Ihr Leben.

Knien Sie nun nieder und berühren Sie mit der Stirn die Erde. Stellen Sie sich vor, dass die Kraft der Erde durch Ihre Stirn in Sie einfließt und Sie ganz erfüllt. Dann wenden Sie sich dem Feuer zu und begrüßen die Kräfte dieses Rituals. „Im Licht finden wir die Dunkelheit und im Dunkeln das Licht. Wir feiern heute die Kraft des Lichtes und des Feuers. Wir begrüßen die Lebenskraft, die alles zur Entfaltung bringt. Wir ehren die Sonne, die ihren höchsten Stand erreicht hat und die Dunkelheit zurückweichen ließ. Seid gegrüßt, göttliche Kräfte des Sommers, des Lebens, der Freude."

Das Feuer

Singen oder trommeln Sie und tanzen Sie dreimal um das Feuer. Jetzt ist es Zeit, die erste Hälfte des Jahres zu verlassen. Kommen Sie alle zur Ruhe und denken Sie zurück, was seit der Wintersonnwende alles geschehen ist. Denken Sie an den Winter und die Zeit des Aufbruchs und des Neuanfangs. Vieles lief vielleicht anders, als Sie es sich gewünscht haben, manches übertraf sogar Ihre Erwartungen. Was lassen Sie nun zurück, bevor Sie in die zweite Jahreshälfte treten? Gibt es etwas, das Sie gelernt haben und nun hierlassen können? Gibt es noch Ungelöstes, das im Feuer Verwandlung erleben kann? Nehmen Sie reihum die Eichenstäbe zur Hand und sprechen Sie laut aus, was Sie von der ersten Jahreshälfte zurücklassen wollen. Werfen Sie es mit dem Holz ins Feuer.

Der Übergang

Danach treten Sie einzeln vor das Tor und betreten die zweite Hälfte des Jahres. Stellen Sie sich vor das Tor und setzen Sie sich den Blumenkranz auf oder binden Sie ihn sich um die Hüfte. Bevor Sie durch das Tor gehen, sprechen Sie noch einen Dank aus. „Ich danke für alles, was mir in der Zeit der aufsteigenden Sonne begegnet und widerfahren ist. Jetzt bin ich bereit, in die zweite Hälfte hinüberzutreten. Ich bekränze mich mit all dem, was ich bin und was ich noch werde. Ich gehe meinen Weg mutig, aufrecht und mit Freude." Dann treten Sie durch das Tor auf die andere Seite. Sie haben eine wichtige Schwelle überschritten. Wenn Sie zu mehreren sind, begrüßen Sie einander auf der anderen Seite.

Das Versprechen

Stellen Sie sich dann noch einmal an das schon etwas heruntergebrannte Feuer. Jetzt ist es Zeit, ein Versprechen abzugeben, an sich selbst und an das Leben. Was können Sie sich für die zweite Hälfte des Jahres versprechen? Was können Sie selbst tun, um im Gefühl der Lebensfreude zu bleiben? Um zu wachsen und sich Ihren eigenen Raum zu nehmen? Sich nicht mehr einschränken zu lassen in einer bestimmten Angelegenheit?

Versprechen Sie nur, was Sie auch halten können. Eine einzige Sache reicht. Versprechen Sie es laut, Zeugen Ihres Schwurs sind Ihre Freunde oder die Götter, Geister und Kräfte, die Sie in den Kreis gerufen haben. Nehmen Sie sich ernst. „Ich werde jeden Tag einmal darauf achten, mir etwas Gutes zu tun." „Ich werde meinen Körper annehmen und ehren." Fassen Sie einen konkreten Vorsatz, was Sie zukünftig ändern können, wo Sie sich anders verhalten können, um bei sich zu bleiben und Ihrer Lebensfreude Genüge zu tun. Sprechen Sie es laut aus und springen Sie dann, möglichst begleitet vom bekräftigenden Geschrei der anderen, über das Feuer. Es nimmt Ihr Versprechen mit und lädt es mit Energie auf.

Danken Sie noch einmal den gerufenen Kräften des Lichtes und der Sonne und bitten Sie sie um den Segen für alle in der kommenden Jahreshälfte. Verneigen Sie sich wieder zu den Himmelrichtungen, diesmal „rückwärts": Zum Feuer, zum Norden, Westen, Süden und Osten. Schreiten Sie dann den Kreis in die entgegengesetzte Richtung ab, in der Sie ihn gezogen haben. Damit kehren Sie zurück in die Welt des Alltags. Willkommen.

Hochzeiten oder Rituale der Bindung sind im Juni wunderbar zu feiern. Wollen Sie einem geliebten Menschen ein Versprechen geben? Dann machen Sie es zur Zeit des Juni-Vollmondes. Entzünden Sie ein Feuer oder stellen Sie einen Kreis von Kerzen um Sie herum auf. Stellen Sie sich in die Mitte des Kreises und rufen Sie Zeugen Ihres Versprechens auf. Entweder Sie laden Freunde ein, an der Zeremonie teilzunehmen, oder Sie bitten die göttlichen Kräfte, Ihre Zeugen zu sein. „Wir sind hierhergekommen, um einander hier und heute ein Versprechen zu geben. Wir bitten die göttlichen Kräfte, die die Liebe unter den Menschen stärken und behüten, darum, Zeugen dieses Versprechens zu sein."

Stellen Sie einen Kelch oder ein schönes Glas mit Rotwein oder rotem Saft zwischen sich. Dann hebt jeder von Ihnen das Glas hoch und spricht: Liebe ..., lieber ..., ich möchte dir jetzt an diesem Tag sagen, wie viel du mir bedeutest." Sprechen Sie aus, was Sie an Ihrem Gegenüber besonders wertschätzen und warum Ihnen diese Person wichtig ist. Dann versprechen Sie ihm oder ihr etwas, das Sie von ganzem Herzen geben können. „Ich verspreche dir, die nächsten sieben Jahre mein Leben mit dir zu teilen, dich so zu nehmen, wie du bist und dich zu unterstützen, wo ich kann." „Ich verspreche dir, dich zu lieben mit all meiner Kraft und an deiner Seite zu stehen, wenn du mich brauchst und dir mit ganzem Herzen zu vertrauen." „Ich verspreche dir, ein echter Freund/eine echte Freundin zu sein." Dann heben Sie den Kelch hoch, gießen ein wenig Wein als Opfer auf die Erde und trinken einen Schluck auf Ihr Versprechen. Dann ist der oder die andere dran. Abschließend gießen Sie den Rest des Weines oder Saftes auf die Erde und schließen die Zeremonie mit den Worten: „Was versprochen wurde, soll nicht vergessen werden. Liebe, Verständnis und Freundschaft sind mit uns." Danken Sie Ihren Zeugen und lösen Sie den Kreis auf. Ein Fest mit Freunden oder Familie ist ein würdiger Abschluss der Zeremonie.

Kräuterkraft und Pflanzenschönheit

Im Juni interessieren uns besonders jene Kräuter, die die Kraft der Sonne bündeln und verstärken. Im Juni und Juli ist die Hauptsammelzeit für die Kräuter, an denen Sie sich bis in den Winter hinein erfreuen können.

Sonne zum Pflücken – Das Johanniskraut (Hypericum perforatum), auch Hartheu oder Teufelsflucht genannt, steht im Zentrum der Junikräuter. Wie kaum ein anderes bündelt Johanniskraut die Kraft der Sonne in sich und steht durch sein lichtes Wesen mit allen guten Geistern im Bunde. Seine fünf Blütenblätter symbolisieren die guten Kräfte der Göttin, die auch im Fünfstern, dem Pentagramm der Druiden, ihren Ausdruck fand. Für die Christen waren es die fünf Wundmale Christi, die das Kraut heilig machten. Wird Johanniskraut in der Hand zerrieben, sondert es einen roten Saft ab, gegen das Licht gehalten scheinen die Blätter wie durchstochen. Für die Christen vertiefte dies die Todes- und Blutsymbolik, für die Germanen und Kelten war dies das Zeichen, dass das Johanniskraut ein Mittel gegen Wunden und Stichverletzungen ist.

Als Träger der Sonne wirkt das Johanniskraut in erster Linie stärkend und antidepressiv. Regelmäßig genommen wirkt es gegen Melancholie und Depressionen, indem es Sonne in das Gemüt speist. Als Nerven und Wundheilmittel wird es ebenso empfohlen wie bei geistiger Erschöpfung und Blutarmut. Wunden, mit Johanniskraut behandelt, heilen schneller. Magisch soll Johanniskraut gegen böse Geister ebenso wie gegen Gewitter wirken. Eine Sage überliefert den alten Spruch: „Ist denn keine alte Fraue, die kann pflücken Hartenaue (Johanniskraut), dass sich das Gewitter staue?"[xlvi] Das deutet darauf hin, dass das Johanniskraut auch für Wetterzauber gebraucht wurde.

Johanniskraut gibt es in der Apotheke zu kaufen, es kann aber auch selbst geerntet und getrocknet werden. Es wächst, wie nicht anders zu erwarten, an sonnigen Plätzen, wo es im Morgentau bis in den August hinein geerntet werden sollte. Das ganze Kraut wird geschnitten, zu Sträußen gebunden und kopfüber getrocknet. Man kann es als Tee trinken, was vor allem im dunklen Winter hilft, das trübe Wetter zu ertragen. Vorsicht ist jedoch bei regelmäßigem Konsum geboten: Johanniskraut erhöht die Lichtempfindlichkeit der Haut. Bei intensiven Sonnenbädern muss man dies berücksichtigen.

Johanniskrautöl hat sich besonders als Wundheilmittel gegen Sonnenbrand und leichte Brandverletzungen bewährt. Dabei werden die Blüten in einem dunklen Gefäß vollständig mit Olivenöl bedeckt und 3 Wochen an die Sonne gestellt. Dann wird es abgeseiht und in dunkle Gläser umgefüllt.

Baum der Gerechtigkeit – die Linde (Tilia grandifolia)

Auch die Linde ist ein alter heiliger Baum, der Baum der Liebe und der Gerechtigkeit, dessen Heilkraft auch heute noch geschätzt wird. Der intensive Duft ihrer bis zu 60.000 süß schmeckenden Blüten ist betörend, und ihre Blätter haben die Form kleiner Herzen. Welcher Gottheit sonst hätte man die Linde weihen können als Freya, der Göttin der Liebe und des Glücks? Die Linde verbreitet innige Mütterlichkeit, so heißt es, und während der Blütezeit wirkt der Baum wie eine einzige Umarmung von Bienen und Blüten.

Die Linde ist oft heute noch Mittelpunkt vieler Dörfer. „Unter den Linden pflegen wir zu singen, trinken und tanzen und fröhlich zu sein", schrieb Martin Luther, „denn die Linde ist uns ein Friede- und Freudebaum." Auch das „Judicum sub tilia", das „Gericht unter der Linde", ist in vielen alten Urkunden belegt, da man davon ausging, dass die heilige Linde die Wahrheit ans Licht bringen würde.

Sammeln Sie die Blüten für einen Tee, ca. 3-4 Tage nach dem Erblühen, sie trocknen schnell und riechen köstlich. Klassisch wird die Lindenblüte zum Schwitzen bei Erkältungen getrunken, sie enthält das Feuer der Sonne. Außer als Schwitztee ist er jedoch auch für den ganzen Körper gut, für Magen, Galle, Darm, Herzklopfen, Verschleimung der Lunge, Rheuma und Gicht. Der hohe Gehalt an ätherischen Ölen, Mangan, Schleim- und Gerbstoffen verspricht Heilung von innen und außen.[xlvii]

Ein Sud aus Lindenblüten für die Badewanne beruhigt und gleicht aus. Dazu nehmen Sie ein oder zwei Hände voll Blüten und Blätter, kochen sie zehn Minuten aus und fügen den Absud dem Badewasser hinzu. Auch für Kinder sehr geeignet.

Erdbeeren-Schönheitsmaske

Wenn im Juni die Erdbeeren reif sind und Sie sich eine schöne Portion davon mit Schlagsahne gönnen, dann reservieren Sie drei dicke Beeren und zwei Teelöffel Schlagsahne für Ihre Haut. Zerdrücken Sie die Erdbeeren mit einer Gabel, fügen Sie die Sahne und einen kleinen Löffel Honig dazu und verrühren Sie alles zu einer dicken Paste. Die streichen Sie dann auf das gereinigte Gesicht und lassen es 20 Minuten einwirken. Abgewaschen wird das Ganze mit einem in lauwarmer Milch getränkten Wattebausch. Die Maske wirkt nährend, erfrischend und glättend und verleiht Ihrer Haut einen rosigen Teint.

Juli: Zeit der Vernetzung und des äußeren Wachstums

Juli
Klingt im Wind ein Wiegenlied,
Sonne warm hernieder sieht,
Seine Ähren senkt das Korn.
Rote Beete schwillt am Dorn.
Schwer von Segen ist die Flur.
Junge Frau – was sinnst du nur?
Theodor Storm

Die Kräfte der Natur im Juli

Im Juli wirken in der Natur alle Kräfte zusammen. Das komplexe Netz des Lebens mit seinen milliardenfachen Zusammenhängen, Wechselwirkungen und Verbindungen wird sichtbar, wenn sich Pflanzen- und Tierwelt perfekt ergänzen. Jedes Wesen geht den eigenen Weg und zusammen weben sie ein komplexes Muster, in dem alles mit allem zusammenhängt. Der Juli ist darum der Monat der Verbindungen und Verzauberungen.

Gleißendes Licht blendet uns in den Hochsommertagen des Julis, der nun, wie der August, im besten Fall noch einmal richtige Hitze bringt. Die „Hundstage" heißen nicht nur wegen der heißen Temperaturen so, bei der selbst die Hunde in ein kühles Eckchen kriechen. Der Name leitet sich aus der Astrologie ab, denn am 23. Juli wird der Hundsstern Sirius am Maul des „Großen Hundes" sichtbar, wo er am 23. August wieder entschwindet. Diese Tage entscheiden meist über die Qualität der Ernte, denn nur, wenn sie warm und trocken sind, lassen sich die Feld- und Gartenfrüchte gut einbringen. Der würzige Geruch frisch geschnittenen Grases, der Kamille und der anderen wilden Kräuter erfüllt die Luft, wenn bis zum Ende des Monats die Heuernte eingefahren wird und die Ernte der Feldfrüchte beginnt. Der Regen ist dann ein unbeliebter Gast, denn das Korn soll reifen und den Urlaub will man genießen.

Bauernregeln im Juli:

Wenn's nicht donnert und blitzt, wenn der Schnitter nicht schwitzt, und der Regen dauert lang, wird's dem Bauern bang.

Hundstage hell und klar, zeigen an ein gutes Jahr.

Der Römer Julius Cäsar benannte den Juli nach sich selbst. Julo ist jedoch auch ein Beiname der Göttin Ceres, der römischen Göttin des Kornes und der fruchtbaren Ernte. Letzteres entspricht dem Juli eher, der früher bei uns Heumonat oder Heuet genannt wurde.

Die energetische Qualität des Juli ist Verbindung und Kommunikation. Der Juli ist die Zeit des Austausches von Informationen zwischen allem, was lebt. Die Lebewesen stehen in einer Wechselwirkung zueinander, nehmen Informationen voneinander auf und geben sie weiter, um sich als Gesamtheit zu entfalten. Selten ist die große Verwobenheit allen Lebens mit den Elementen und miteinander stärker spürbar als in dieser intensiven Zeit von Wachstum und Erfüllung.

Die Themen des Juli

Im Juni erlaubten wir uns, als Persönlichkeit nach außen zu wachsen und uns in der Welt und der Gesellschaft, die uns umgibt, zu entfalten. Die Lektion des Juli lautet: Die eigene Macht annehmen und das Leben aktiv gestalten.

Eingebunden-Sein wahrnehmen

Bleiben wir bei dem Bild des Baumes, das wir für unsere Entfaltung gewählt haben, dann merken wir schnell, dass Wachstum und Raum für uns selbst an äußere Grenzen stoßen. Andere teilen mit uns den selben Raum und die selben Ressourcen und setzen uns dadurch Grenzen. Treten wir jedoch einen Schritt zurück und betrachten den Wald von außen, so stellen wir fest, dass der einzelne Baum eingebunden ist in einen Gesamtorganismus aus Pflanzen und Tieren, in ein Netzwerk, in dem jedes Einzelne die Aufgabe übernimmt, die seinen Fähigkeiten entspricht. In diesem Sinn ist auch die menschliche Gemeinschaft wie ein Wald. Das Individuum ist eingebunden in eine Gemeinschaft, in der alle aufeinander angewiesen sind und übernimmt, je größer und stärker es wird, immer mehr Aufgaben darin. Je mehr es wächst, desto größer wird seine Verantwortung.

Den eigenen Weg gehen

Es ist also nicht nur unser Recht, sondern sogar unsere Pflicht zu wachsen, groß, stark und mächtig zu werden, um unsere Aufgabe im Gesamtgefüge einnehmen zu können. Setzen wir unsere Wünsche und Sehnsüchte in Taten um, dann tun wir, was uns entspricht: Wir aktivieren unser „Programm". Als handelnde und gestaltende Wesen bringen wir uns ein mit unseren Gefühlen, Ideen und Fähigkeiten und ver-wirklichen uns in einer Welt, die auf alle Ideen angewiesen ist, und die Raum bietet für jeden Lebensweg, für jede Vision, die das Gesamtgefüge nicht aus den Augen verliert.

Im Einklang mit dem, was uns umgibt, mit Familie, Gesellschaft und Natur entfalten wir unsere Potenziale nach und nach und nehmen uns die Freiheit, unsere ganz persönlichen Fußstapfen zu hinterlassen, die so individuell sind wie unsere Gene.

Sich dem Netz anvertrauen

Vertrauen hat etwas mit „sich trauen" zu tun, mit „Mut haben" und „etwas wagen". Im Januar begannen wir damit, uns erstmals den alten Rhythmen anzuvertrauen. Jetzt, ein halbes Jahr später, erkennen wir, dass jeder Teil im großen Netz des Lebens gar nicht anders kann, als sich auf andere Teile einzulassen. Vertrauen hat man nicht, weil man etwas sicher weiß. Es beginnt erst, wenn wir anerkennen, dass im Leben nichts für immer sicher oder gewiss ist.

Im Netzwerk der gegenseitigen Verbindungen und Abhängigkeiten macht jede Erfahrung, die das Leben für uns bereithält, gute wie schlechte, einen Sinn und ist in irgendeiner Form notwendig für unser Wachstum. Alle unsere Erfahrungen sind die Etappen, die Wegmarken auf unserem Pfad. Darauf zu vertrauen bietet eine positive Perspektive auf das Leben. Kreativ und schöpferisch können wir unser Leben in die Hand nehmen und getrost unseren Weg so gehen, wie er uns gerade richtig erscheint. Das Netzwerk selbst wird uns eines Besseren belehren, wenn wir eine falsche Richtung eingeschlagen haben. Widrige Umstände oder schlechte Erfahrungen sind nichts als Lektionen, die uns den Weg weisen. Dann fällt es nicht mehr schwer, täglich den Sprung ins Ungewisse zu wagen, weil jeder Schritt unseres Weges wichtig und wertvoll ist.

Kommunizieren

Betrachten wir genauer, wie die Gemeinschaft eines Waldes oder einer Wiese funktioniert, so finden wir sie durchdrungen vom Prinzip des Informationsaustausches. Die Blüten senden ihre Signale an die Insekten, die ihrerseits die Informationen an ihr Volk weitergeben. An den Wurzeln der Bäume regeln Pilze den Austausch von Nährstoffen zwischen den Bäumen, die wiederum der Tierwelt entsprechende Zeichen geben, was Wetter oder Nahrung betrifft. Alles scheint verknüpft zu sein in einem riesigen Gewebe, das durch ständigen Informationsaustausch in Fluss gehalten wird. Auch unser

Körper ist ein solches Netzwerk beständigen Informationsflusses. Nervenimpulse und Botenstoffe versorgen ständig alle Teile des Körpers mit den nötigen Informationen aus den jeweils anderen Bereichen. Nur so bleibt der gesamte Organismus im Gleichgewicht. Lernen wir daraus, dann können wir uns so wenig wie die Bäume im Wald rücksichtslos ausbreiten ohne „hinzuhören", welche Folgen es hat. Wie die anderen Lebewesen müssen wir in Kontakt bleiben mit allem, was uns umgibt und uns austauschen. Hören, was die anderen wollen, sagen, was man selbst möchte. Schädigt ein Einzelner das Ganze, dann schadet er sich selbst, denn ohne den gesamten Organismus sterben auch seine Teile.

Mythen, Bräuche und göttliche Wesen

Heiliges Wasser

Den gesamten Sommer hindurch, von Mai bis Juli, sind in ganz Deutschland Brunnen, Quellen und Höhlen häufige Schauplätze für Bräuche. An allen drei Orten erleben die Menschen eine besondere Verbindung zur „Anderswelt", zu jenem mythischen Ort, an dem die Seelen ihren Ursprung haben. Von den Kelten und Germanen weiß man, dass Wasser für sie ebenso heilig war wie viele Bäume oder bestimmte Steine. Wasser war nicht nur das „Blut" der Erde, das ihren Leib reinigte und mit Nahrung versorgte. Es hatte dank seiner besonderen Form eine spirituelle Bedeutung. Wasser existiert zwar, doch es hat keine eigene feste Gestalt. Es kann in jede Form hineinfließen, ohne sie jedoch auf Dauer beizubehalten. Dadurch wurde Wasser zum Sinnbild jenes ursprünglichen Stoffes, aus dem alles Leben geformt wird – für die begrenzte Zeit zwischen Geburt und Tod –, um dann zu seiner ursprünglichen Gestalt zurückzukehren. Brunnen, aus denen das Wasser urplötzlich hervorströmt, aus den unergründlichen Tiefen einer anderen Welt, galten als Übergänge zwischen dem „Hüben" und dem „Drüben" und waren deshalb heilig. Flüsse, Seen und Quellen waren Orte, an denen man dem Unbegreiflichen nahe war, jener Sphäre, die das Leben selbst hervorbrachte. Man band Bänder an die Bäume, die heilige Quellen säumten, man badete in „Kindleinbrunnen", wie dem Hollebrunnen auf dem Hohen Meisner, und Frauen warfen Blumensträuße hinein, um die Seelen der Kinder zu den künftigen Müttern zu locken. Wallfahrten zu heilkräftigen Quellen zeugen heute noch vom Brunnenbrauchtum. Im süddeutschen Sigmaringen werden z. B. frischgebackene Ehemänner beim so genannten „Bräuteln" in den Brunnen geworfen.

In der Vorstellung unserer Vorfahren wurde zudem jedes Gewässer von Wasserwesen bewohnt, die hilfreich oder schädlich in das Leben der Menschen eingreifen konnten. Sagen von Wasserfrauen und -männern, Nixen oder anderen mächtigen Wasserwesen gibt es aus ganz Deutschland. Sie kommen aus dem Wasser, neugierig und meist schön anzuschauen, und treten in Kontakt zu den Menschen, zu gegenseitigem Nutzen oder Schaden. Die Sagen der Jungfrauen vom Döngasee oder vom Mummelsee bei Seebach, der Elbjungfrau von Magdeburg, der schönen Melusine und der schönen Lau im „Blautopf" von Blaubeuren sind nur einige Beispiele für den Kontakt der Menschen mit den Wesen des Wassers.

Margarete

Ein wichtiger „Lostag" des Juli, geeignet für Orakel aller Art, ist der 20. Juli, der Tag der Heiligen Margarete, einer der ältesten christlichen Heiligen. Als eine der drei Heiligen Jungfrauen wurde sie im Januar schon einmal erwähnt. Sie gilt als Schützerin der Frauen, vor allem bei Geburten und in Sachen Fruchtbarkeit, und tritt als „erste Schnitterin" auf. Das Bild der „Schnitterin" oder in anderen Regionen des „Sensenmannes" bezeichnet jene todbringende Kraft, die in Verbindung zum Schicksal selbst steht und den Lebensfaden durchtrennt. In der Margarete vermischt sich der lebensspendende Aspekt mit der Todesgöttin, ein typisches Attribut der „Heiligen Drei“. Zur Verbindung von lebensspendender und -nehmender Kraft bei Margarete passt auch, dass sie am 20. Juli die „Fliegen loslässt“, wie es im Volksmund heißt. Fliegen galten früher als Träger der Seelen Verstorbener, die sich in geflügelter Form zum Ort ihrer nächsten Bestimmung aufmachten, oft zu den heiligen Bergen und Höhlen. Die Attribute der Margarete sind neben der Krone und dem Stab auch der Drache. Den Drachen, der alle vier Elemente in sich verbindet, den „Lindwurm“ oder die Schlange kennen wir aus dem März als Symbol der ursprünglichen Erdkräfte. In der heiligen Margarete blieb die alte Verbindung der Jungfrau zum Drachen erhalten, wenn auch in veränderter Form.

Brauchtum gibt es im sonnigen und lebensfrohen Juli in Form von vielen traditionellen Festen: Schützenfeste, Kinderfeste, Stadt- und Fischerfeste, Ritterschauspiele, mittelalterliche „Tänzelfeste“ und Schäferläufe.

Meditationen, Rituale und Feste

Juli-Meditation zur Verbundenheit

Diese kurze Meditation soll Ihnen helfen, die Verbundenheit mit dem großen Netz zu spüren. Nehmen Sie sich zehn Minuten Zeit, wenn Sie spazieren gehen und sich draußen in der Natur aufhalten. Stellen Sie sich ins Gras, die Beine hüftbreit auseinander, und gehen Sie leicht in die Knie, so dass Sie bequem und sicher stehen. Konzentrieren Sie sich nun erst auf sich selbst, spüren Sie, wie es Ihnen geht und lassen Sie alle störenden Gedanken einfach los. Werfen Sie noch einen Blick in Ihre Umgebung, nehmen Sie wahr, wer um Sie herum wächst und lebt, Tiere und Pflanzen. Unter Ihnen erstreckt sich die riesige Erde, die über Ihnen eine schützende Atmosphäre ausgebreitet hält. Alles dazwischen, das Wetter, die

Winde, die Meere und alle Lebewesen, sind wie mit unsichtbaren Fäden aneinander gebunden. Und diese Fäden reichen noch hinaus aus der schützenden Erde und erstrecken sich bis zu den Gestirnen. Jedes Wesen, das mit Ihnen diesen Ort teilt, ist Individuum und doch zugleich ein Teil des großen Gewebes, das alles verbindet und erhält. Sprechen Sie nun folgenden Text so oft aus, bis Sie die Verbindung gut spüren können.

„Ich bin verbunden mit allem Sein,
Mit Schwester Mond
Und ihren Schatten,
Mit Mutter Nacht,
Sonne und Sternen,
Mit Bruder Tag,
Großmutter Erde,
Mit allen Tieren und allen Pflanzen,
So bin ich ich
Und Teil des Ganzen."[xlviii]

Die geschlechtliche Zuordnung können Sie natürlich auch anders wählen und Großvater Himmel und Vater Sonne ebenso mit aufnehmen wie Ihre Familie und Ihre Freunde. Erinnern Sie sich im Alltag immer wieder daran, dass Sie dazugehören, mit aller Verantwortung und aller Geborgenheit.

Verbündete suchen – einen Medizinbeutel füllen

Nachdem der Juli besonders für Kommunikation geeignet ist, suchen wir uns in dieser Zeit Verbündete, die uns auf unserem Weg unterstützen. Von den nordamerikanischen „Indianern" ist der „Medizinbeutel" bereits vielen Menschen bekannt. Er ist ein Symbol für die Hilfe, die ein Mensch aus der spirituellen Welt erhält.

Liegt eine besondere Aufgabe vor Ihnen oder fällt Ihnen der Alltag vielleicht zurzeit schwer? Dann kann Sie ein Medizinbeutel in Kontakt mit zusätzlichen Kraftquellen bringen.

Als Erstes stellen Sie einen Beutel her. Schneiden Sie ein Stück Leder oder festen Stoff in Form eines Kreises mit mindestens 10 bis

15 cm Durchmesser aus. In den Rand des Kreises bohren Sie in regelmäßigen Abständen Löcher, durch die Sie dann eine Schnur fädeln. Wenn Sie die Schnur zusammenziehen, haben Sie Ihren Beutel.

Nun geht es darum, den Beutel mit Gegenständen zu füllen, die Ihre Verbindung zu hilfreichen Wesen oder Kräften symbolisieren. Das können Kräuter sein, die für Sie gerade hilfreich sind, kleine Steine von besonderen Orten, Knochen von Tieren oder kleine Kristalle. Vielleicht besitzen Sie schon einige Gegenstände, denen Sie eine besondere Bedeutung beimessen, dann verwenden Sie diese. Wenn nicht, machen Sie sich auf die Suche.

Halten Sie sich einen schönen Tag für einen besonderen Spaziergang frei. Beginnen Sie ihn mit der Erdungsübung vom März und bitten Sie anschließend jene unsichtbaren Helfer, die jeden Menschen begleiten, Ihnen auf Ihrem Weg Inspiration und Zeichen zu geben. Dann spazieren Sie mit offenem Ohr und Auge und vor allem mit offenem Herzen durch die Natur. Vielleicht fällt Ihnen plötzlich ein Stein auf, der am Wegrand liegt, dann möchte er mitgenommen werden. Oder eine schöne Blüte zieht Sie in ihren Bann, dann hat sie vielleicht eine Botschaft für Sie, die Sie später entschlüsseln können. Pflücken und trocknen Sie sie zu Hause. Gegenstände von Tieren sind von besonderer Bedeutung. Knochen, Haare, Schuppen, Federn tragen die Energie ihrer Besitzer, die Ihnen Unterstützung geben wollen, wenn sie Ihnen auf Ihrem Spaziergang „über den Weg laufen“. Vögel schenken die Fähigkeit abzuheben, Bienen bringen Geborgenheit und Versorgung, Füchse Schlauheit, Rehe Schnelligkeit und Gemeinschaft. Ein Zahn oder ein Dorn bringt Wehrhaftigkeit für schwache Zeiten, ein Stein aus einem Fluss bringt Bewegung in festgefahrene Situationen. Bleiben Sie offen und hören Sie mehr auf Ihr Herz als auf Ihren Kopf, dann finden Sie die Botschaft, die nur für Sie in den Dingen steckt.

Wenn Sie Ihre Gegenstände gefunden haben, dann werden sie in einer keinen Zeremonie in den Medizinbeutel gepackt. Aktivieren Sie die vier Elemente: Entzünden Sie eine Kerze und stellen einen Stein, eine Feder und ein Glas Wasser dazu. Brennen Sie ein

Räucherstäbchen an und legen Sie alle Gegenstände offen neben den Beutel. Nun sagen Sie: „Alle Kräfte, die mich auf meinem Weg unterstützen, nehme ich jetzt mit Dank im Herzen an." Verschließen Sie den Beutel, nachdem Sie Ihre Symbole hineingelegt haben, und öffnen Sie ihn nicht mehr. Tragen Sie ihn für einen bestimmten Zeitraum, neun, 30 oder 90 Tage, wenn möglich immer bei sich. So verbinden Sie sich auf einer tiefen Ebene mit neuen Energien.

Sich einbinden – ein Wasser-Ritual

Knüpfen wir an die Tradition unserer Vorfahren an und verbinden uns im Juli in einem Ritual mit der speziellen Energie des Wassers. Dazu suchen wir zuerst das passende Gewässer aus.

Quellen sind Orte des Übergangs. Dort feiern Sie, wenn Sie etwas Neues in dieser Welt begrüßen möchten. Flüsse verkörpern Bewegung. Dort feiern Sie am besten, wenn Sie etwas zum Fließen, „in Fluss" bringen wollen, was zu viel Stillstand erlebt oder wenn Sie sich auf die Kraft geduldiger Beharrlichkeit beziehen wollen, die bekanntlich auch den härtesten Stein aushöhlt. Seen und in noch stärkerem Maß das Meer sind Orte der Stille und der Tiefe. Sie repräsentieren den Urgrund, dem wir entstammen, die „stillen Wasser", in deren Tiefe vieles zu finden ist. Wollen Sie Ihr Inneres ergründen, sich den Gezeiten des Lebens anvertrauen? Dann suchen Sie sich einen See oder gehen Sie ans Meer für das Ritual.

Haben Sie das passende – oder einfach nur das naheliegendste – Nass gefunden, dann packen Sie etwas zum Trinken, Handtücher, Kerzen, bunte Bänder und Räucherstäbchen ein. Das Ritual können Sie zwar am Tage ebenso zelebrieren wie in der Nacht, doch in den Nächten ist die Energie des Wassers anders und seine Magie wird spürbarer, daher eignet sich der Juli-Vollmondabend sehr für dieses Ritual. Fahren Sie allein oder mit Freunden an eine schöne Stelle an einem Fluss oder See, an der Sie hineinsteigen können und die möglichst von Bäumen gesäumt ist. Entzünden Sie die Kerzen, ziehen Sie wie immer einen kleinen Kreis um sich, der Sie vom Alltag trennt, und verneigen Sie sich in alle Himmelsrichtungen. Nun nehmen Sie Kontakt auf zur Erde unter Ihren Füßen und dem Himmel über Ihnen. Vielleicht möchten Sie die Erdungsübung aus dem März oder aus dem Juni-Ritual machen. Spüren Sie Ihre Verbindung zu allem, was Sie umgibt, und nehmen Sie ganz bewusst das Wasser wahr. Hören Sie das Plätschern oder Rauschen, das vom Rhythmus Ihres eigenen Blutes beantwortet wird.

Dann laden Sie die Energien ein, die Sie im Ritual haben wollen. „Kräfte des Wassers, Kräfte der Bewegung und der Tiefe, Kräfte der Reinigung, der Erneuerung und der Versorgung, wir sind hierher gekommen, um uns mit euch zu verbinden und von euch zu lernen. Wesen des Wassers, begleitet uns bei dieser Zeremonie."

Dann entkleiden Sie sich und stellen sich an den Rand des Gewässers. Spüren Sie die Luft auf Ihrer Haut, riechen Sie die Düfte der Nacht und des Wassers. Nehmen Sie sich einen Augenblick, um Ihren Körper und Ihr Leben in genau diesem Moment zu genießen. Dann sprechen Sie: „Ich steige jetzt in dieses Wasser, wie ich einst aus dem Wasser gekommen bin. Den unbekannten Tiefen, die mich und alles Leben auf der Erde versorgen, vertraue ich mich an. Mit diesem Schritt öffne ich mich für alle Erfahrungen, die zu mir kommen, und nehme alle Gefühle an, die dazugehören." Dann steigen Sie in das Wasser hinein. Ein See wird erträglich sein, aber bei einem Fluss ist das Wasser wahrscheinlich eiskalt, Sie dürfen dem mit lautem Kreischen und Schreien begegnen. Halten Sie noch einen Moment im Wasser durch und sagen Sie: „Die Wasser der Welt segnen mich und mein Leben." Dann tauchen Sie kurz ganz unter. Jetzt dürfen Sie dem Wasser entsteigen und sich abtrocknen. An einer Quelle werden Sie nirgends hineinsteigen können, dann trinken Sie daraus und waschen Sie sich die Augen.

Wenn Sie sich abgetrocknet und eventuell angezogen haben, dann nehmen Sie die bunten Bänder zur Hand und suchen sich einen schönen Baum oder Strauch, der mit dem Wasser in Verbindung steht. Grüßen Sie ihn. Knüpfen Sie danach das erste Band an einen Zweig und sprechen Sie dazu: „Ich knüpfe meinen Dank in dieses Band, meinen Dank an das Wasser und alle Wesen, die es beherbergt." Dann dürfen Sie noch drei Wünsche an die Bäume binden. Vielleicht möchten Sie die Gelegenheit nutzen, um diesmal für andere einen Wunsch zu äußern. Knüpfen Sie die Wünsche an die Bäume mit den Worten „Der Baum flüstert euch dem Wind zu, das Wasser trägt euch fort. Wünsche, werdet wahr an diesem Ort."

Abschließend holen Sie Ihr Getränk hervor und vergießen zum Dank etwas vor dem Baum. Dann trinken Sie auf das Wasser – oder vom Wasser, wenn es sauber ist. „Wie innen so außen. Möge mir das Wasser Erneuerung und Veränderung bescheren und meinen Weg sanft bahnen."

Beschließen Sie das Ritual, indem Sie sich in die Himmelsrichtungen verneigen und den Kreis öffnen, den Sie gezogen haben.

Ein Macht-annehmen-Ritual

Fällt es Ihnen schwer, Ihren eigenen Weg auch nach außen zu vertreten? Dann fördern Sie sich selbst mit einer kleinen Zeremonie. Wählen Sie einen regnerischen Sommertag oder den Tag nach einem Regenguss, wenn der Boden aufgeweicht und schlammig ist. Suchen Sie sich eine matschige Stelle aus, die trocken genug ist, um einen Fußabdruck zu halten, und entzünden Sie eine kleine Kerze. Ziehen Sie die Schuhe aus und spüren Sie die Verbindung zur Erde. Stampfen Sie ein paar Mal auf, bis Sie sich geerdet fühlen. Dann sagen Sie laut: „Ich bin auf dieser Erde, um meinen eigenen Weg zu gehen. Die Erde trägt mich, der Himmel schützt mich. Nichts hält mich mehr, Hindernisse überquere ich. Ich beginne JETZT meinen Weg und hinterlasse MEINE Spuren." Wenn Sie sich bereit fühlen, dann nehmen Sie die Kerze in die Hand und gehen los, Schritt für Schritt. Setzen Sie jeden Schritt bewusst auf den Boden. Fühlen Sie die gute, feuchte Erde und den Matsch unter Ihren Füßen und genießen Sie es, wenn der Schlamm zwischen Ihren Zehen hervorquillt. Sie dürfen wie ein Kind spritzen, hüpfen und Schmutz machen. Aber bleiben Sie nicht stehen. Gehen Sie bis zum Ende der Strecke. Dann blicken Sie zurück und akzeptieren die Fußabdrücke, die Sie hinterlassen haben. Egal, wie sie aussehen, es sind Ihre und Sie können stolz sein auf jeden Zentimeter, den Sie hinterlassen.

Blasen Sie die Kerze wieder aus und denken Sie immer wieder an dieses Gefühl, von unten getragen und von oben beschützt zu sein und genau das zu tun, was Sie sich vorgenommen haben.

Kräuterkraft und Pflanzenschönheit

Im Juli ist nach wie vor intensive Kräuterzeit. In der Natur duftet es überall nach Kräutern. So genannte „Frauenkräuter", die entweder besonders geeignet für Frauen sind oder der Maria als Nachfolgerin früherer Ernte- und Fruchtbarkeitsgöttinnen geweiht sind, haben bis Ende August Hochkonjunktur.

Der Mantel einer Göttin – Frauenmantel (Alchemilla vulgaris).

Der Frauenmantel gehört zu den magischen Frauenkräutern. Die mittelalterlichen Alchimisten nutzten den Tau, der sich in den Frauenmantelblättern fängt, als Bestandteil bei der Herstellung des berühmten Steins der Weisen. Dem Tau, der auch „Himmelswasser" genannt wurde, sagte man heilende und magische Fähigkeiten nach, weil er als „geläutert" galt. Die heilkundigen germanischen Frauen schätzten den Frauenmantel als Heilkraut, das der Freya bzw. später der Venus gewidmet war. In christlicher Zeit wurde daraus der schützende Mantel Mariens, „Unserer lieb Frauen Mantel" genannt.

Frauenmantel wirkt heilend und stärkend, vor allem auf den weiblichen Schoß. Schwangeren wird vor der Niederkunft und in der Stillzeit eine Frauenmantel-Teekur empfohlen. Erkrankungen der Eierstöcke, unregelmäßige Menstruation oder klimakterische Beschwerden können mit Frauenmantel gelindert werden. Auch eine zusammenziehende und reinigende Wirkung auf die Haut wird dem Frauenmantel nachgesagt. Der Saft aus frisch gepressten Kräutern hilft bei Akne. Ansonsten werden Frauenmantelblätter und -blüten gesammelt, getrocknet und als Tee getrunken.

Die Pflanze der Macht – der Beifuss (Artemisia vulgaris)

Der Beifuss nahm einst eine zentrale Rolle als Heilpflanze ein, kommt heute jedoch allenfalls noch als Gewürz am Gänsebraten zum Zuge. Artemisia vulgaris, das Kraut der Artemis, wurde seit der Antike als „Mutter aller Pflanzen" verehrt, der allerhöchste Heilkraft zugesprochen wurde. In einem angelsächsischen Kräutersegen wird Beifuss das „älteste der Kräuter" genannt, mit Macht „gegen drei und dreißig", gegen „Gift und Ansteckung" und „gegen das Übel, das über das Land dahinfährt".[xlix] An der Sonnwend gepflückt, sollte Beifuss die Kraft und Macht eines Menschen verstärken. In Süddeutschland wurde das Vieh zum Schutz vor Krankheit und Zauber mit Beifuss geräuchert. Als Büschel aufgehängt fand es Verwendung als Schutz gegen Dämonen.

Als Heilkraut wurde der Beifuss entsprechend vielfältig eingesetzt. Seine Grundqualität gilt als „warm und trocken" und daher wärmespendend. Er wurde zur Erleichterung von Geburtswehen und Förderung der Geburt verwendet, zur Regulierung der Menstruation und zur allgemeinen Förderung der Fruchtbarkeit. Seine wärmende und abstrahlende Wirkung soll der Bei-Fuß bei längeren Fußmärschen zeigen, wenn er an das Bein gebunden, in den Schuh gelegt oder als Fußbad genossen wird. Alles Unterkühlte soll durch den Beifuss Erwärmung finden, die gichtkranken Finger ebenso wie die liebesmüden Männer oder Frauen. Seine Bitterstoffe fördern nicht nur die Verdauung nach fettem Essen, sie regen die Magentätigkeit generell an und regulieren Ernährungsstörungen. In die Schränke gelegt soll Beifuss Motten vertreiben und im Kopfkissen den Schlaf vor allem bei Kindern fördern.

Wie alle wärmenden Kräuter wächst der Beifuss besonders gut auf kargen Böden. Man trocknet das blühende Kraut und macht Tee daraus. Das Beifuss-Fußbad wärmt kalte Füße und hilft gegen Unterleibsstörungen, Verkrampfungen und Kopfschmerzen. 2 Handvoll Kraut werden dafür mit 3 Liter Wasser kalt und bei geschlossenem Topf angesetzt, aufgekocht und 5 Minuten gesiedet. Das Wasser wird eventuell mit weiterem heißem Wasser aufgefüllt, bis die Füße damit bedeckt werden können.

Gelb leuchtender Himmelsbrand – die Königskerze (Verbascum thapisforme).

Sie ragt buchstäblich heraus aus der Masse der unscheinbaren Heilkräuter, weil sie hoch aufgerichtet bis zu zwei Meter groß werden kann. Die gelben Blüten, umgeben von einer Blattrosette, wurden schon von Hildegard von Bingen gegen ein „trauriges Herz" verordnet. In Öl, Harz oder Pech getaucht wurde die Pflanze auch zur Beleuchtung verwendet. Selbst als mittelalterliches Verhütungsmittel wurde sie erwähnt. Doch die eigentliche magische Bedeutung der Königskerze scheint mit Wetterzauber zusammenzuhängen. Eine Pflanze neben dem Hof sollte den Blitz ablenken. Ihre Verbindung zu einer Göttin trägt die Königskerze noch bei Maria, die sie zum Segen verwendet haben soll. „Unsere liebe Frau geht über Land, hat den Himmelbrand in der Hand" lautet ein alter Spruch.[1] Auch bei der Kräuterweihe im August hat die Königskerze einen zentralen Platz.

Was die Heilwirkung betrifft, gehört die Königskerze zu den Brustkräutern, die bei allen Erkrankungen der Atemwege eingesetzt werden (hierzu gehören auch Huflattich, Eibisch, Lungenkraut, Malve, Thymian, Wegerich u. a.). Heilend sind von der Königskerze die Blüten, die bei schönem Wetter geerntet werden sollen, weil sie sonst leicht schimmeln oder schwarz werden. Getrocknet und als Tee aufgegossen sind sie hilfreich bei Husten und Katarrh.

Der Rosmarinwein – Belebung für müde Geister

Der intensiv duftende Rosmarin (Rosmarinus offizinalis) wächst eigentlich im Mittelmeerraum und findet sich bei uns vornehmlich in Blumentöpfen. Er ist ein Allround-Stärkungsmittel für müde und abgespannte Zeiten. In Wasser aufgekocht fügt man ihn dem Badewasser zu, das vom Kreislauf bis zur Verdauung alles belebt und deshalb morgens genossen werden sollte. Oder man stellt einen Rosmarin-Stärkungswein her. Dazu nehme man eine gute Flasche Rotwein und gieße sie in ein abschließbares Gefäß. Hinzu füge man 2-3 Äste von einem Rosmarinstrauch. Die Mischung lässt man zwei Wochen ziehen. Ein kleines Gläschen davon reicht, um müde Geister zu beleben.

August:
Zeit der Ernte und der Verantwortung

Der August
Nun hebt das Jahr die Sense hoch
Und mäht die Sommertage wie ein Bauer.
Wer sät, muss mähen.
Und wer mäht muss säen.
Nichts bleibt, mein Herz.
Und alles ist von Dauer.
...
Erich Kästner

Die Kräfte der Natur im August

Im August kann die Sonne noch einmal richtig heiß werden. Während die Natur in allen Farben erstrahlt, strebt die Pflanzenwelt der Vollendung ihrer Aufgaben entgegen. Was im Einzelnen, im Samenkorn angelegt war, vollendet sich nun. Was gesät wurde und zu voller Größe herangewachsen ist, gelangt nun zur Reife. Noch einmal demonstriert die Erde ihre gewaltige Schaffenskraft. Die Pflanzen mobilisieren alle ihre Kräfte, die nun in ihre Früchte fließen. Die Zeit der Fülle und der Erfüllung ist angebrochen. Wenn die Hitze das Getreide und die Früchte zur Reife gebracht hat, werden diese geerntet und verarbeitet. Fruchtbarkeit erfüllt die Natur.

Am Ende des Monats kündigt sich jedoch fast unmerklich der Abschied vom Sommer an. Der Morgen bringt kühlere Temperaturen und auch abends wird es schon wieder schnell kälter. Ab „Bartholomä", dem 24. August, verließen früher die Störche das Land. Die Birken und andere Bäume, die im Frühling als erste das neu erwachende Leben ankündigten, zeigen nun bereits erste gelbe Blätter und bereiten vor, was sich bald überall zeigen wird. Umso wichtiger ist es, noch einmal Sonne zu tanken, die Wärme zu genießen und die Erinnerung daran zu speichern für kältere Zeiten.

Bauernregeln im August:
Trockner August ist des Bauern Lust.
Was der August nicht kocht, kann der September nicht braten.
Der Tau ist dem August so not, wie jedermann sein täglich Brot.

Der August wurde früher Aranmanoth, Ernting, Sichelmond oder Erntemond genannt, denn spätestens jetzt wird das Korn geerntet. Benannt ist der August selbst nach dem römischen Kaiser Oktavian, dem Neffen Julius Cäsars, der sich den Beinamen „Augustus" gab. Im August, der zuvor Sixtilius, „der Sechste" hieß, errang der Kaiser bedeutende militärische Siege. Deshalb änderte er zu seinen eigenen Ehren den alten Monatsnamen um. Früher hatte der „Augustus" nur 30 Tage. Um Cäsars Juli mit 31 Tagen ebenbürtig zu sein, fügte Kaiser Augustus „seinem" Monat einen Tag vom Februar hinzu.

Die energetische Qualität des August ist Reife und Vollendung. Nicht mehr Blüte, Wachstum und Entfaltung stehen im Mittelpunkt, sondern deren Früchte werden sichtbar. Alle Kraft fließt in jene Teile der Pflanze, die einst übrig bleiben werden, wenn sie selbst bereits den Weg zurück zu ihrem Ursprung gegangen ist. Liebevoll, mit Licht, Hitze und Geduld, wird das Heranreifen der Früchte begleitet. Süß und nahrhaft dienen die Früchte der Fortpflanzung der Pflanze ebenso wie der Nahrung für andere.

Die Themen im August

Die Fülle wahrnehmen

Wer die vollhängenden Bäume und Sträucher und die goldgelben Felder in den Erntemonaten August und September betrachtet, bekommt eine Ahnung davon, wie reich die Natur ist, wie viel Überfluss sie schenkt und wie viel verschwenderische Fülle in ihr angelegt ist. Es ist genug für alle da – und noch viel mehr. Auch unser eigenes Leben ist reich. Nicht nur materieller Reichtum ist uns gegeben – im Vergleich zu den meisten Menschen auf dieser Erde leben wir in unglaublichem Wohlstand. Gerade der Reichtum, der sich nicht in klingender Münze aufwiegen lässt, nährt uns in tiefer innerer Seele mehr, als es jede Neuerwerbung könnte. Freundschaft, Lächeln, Fröhlichkeit, Spaß und Liebe gehören ebenso zur Fülle des Lebens wie Tränen, Zweifel und Ärger. Süße wie bittere Früchte hängen alle an einem Baum.

Nehmen wir den Reichtum wahr, der uns umgibt. Und genießen wir ihn in jedem Augenblick, denn wir haben, wie jedes Wesen, Fülle verdient.

Reife braucht Zeit

Die Energie des August bestärkt uns darin, Bestehendes zur Reife zu bringen und uns mit dem zu befassen, was wir als die Früchte unseres Wirkens an unsere Umwelt weitergeben wollen, und uns nicht immer in etwas Neues zu flüchten, bevor das Alte zur Vollendung gelangt ist. Unsere Früchte sind das Ergebnis dessen, was wir tun, fühlen und denken. Sie sind der sichtbare Ausdruck unseres gelebten Lebens und Handelns.

Natürlich wird nicht jede Blüte zur Frucht und nicht jede unreife Frucht reift zur vollen, süßen Pracht heran. Der August eignet sich deshalb sehr gut dafür, die eigenen Projekte und Ziele auf ihre Früchte und deren Reifegrad zu prüfen. Energie, Kraft, Gedanken, Zeit, all das sind knappe Ressourcen und wollen nicht vergeudet werden. Was ist es wert, zur Reife und zur Vollendung gebracht zu werden? Welche Projekte, Taten oder Ziele blühten zwar schön, lassen aber erahnen, dass es sich nicht lohnt – oder gar schadet, sie weiter zu verfolgen? Eine Pflanze legt in die Reifung ihrer Früchte noch einmal alle Kraft, die sie hat. Für Wachstum hat sie nun keine Energie mehr übrig. Nicht in die Quantität, sondern in die Qualität des Bestehenden fließen die verwandelnden Kräfte des August.

Für die eigenen Früchte Verantwortung übernehmen

Es gibt Früchte unseres Handelns, auf die wir zu Recht stolz sind. Sie sind ein wertvoller Beitrag für das große Gewebe der Welt, für die Familie, für die Gesellschaft oder die Natur. Früchte der Liebe, der Geduld, der Beharrlichkeit, Früchte intensiver Arbeit und großen Einsatzes. Manche Früchte sind jedoch bitter und giftig. Falsche Worte, die – einmal ausgesprochen – ihren zerstörerischen Weg gehen, Verletzung, die wir zufügen, absichtlich oder auch versehentlich, Missverständnisse mit all ihren hässlichen Folgen. Alle Früchte sind jedoch unsere eigenen, niemand anders ist für sie verantwortlich. Ob es uns gefällt oder nicht, es sind die Folgen unseres eigenen Seins und Handelns. Wir und nur wir allein sind für sie verantwortlich.

Also nehmen wir unsere Früchte und ihre Folgen an, mit erhobenem Haupt, denn wir sind Menschen mit Stärken und Schwächen. Nehmen wir die Verantwortung an: Was wir hinausschicken in die Welt, das kommt immer irgendwann wieder zu uns zurück. Die Welt ist eine Kugel. Nur so können wir lernen, es künftig besser zu machen.

Mythen, Bräuche und göttliche Wesen

Der Sonnengott und das heilige Korn

Mythen, Bräuche und Götter des August stehen ganz im Zeichen der Heu- und Getreideernte.

Bei den Kelten hieß der August Lugdunum, denn ein wichtiges Fest wurde am 1. und 2. August gefeiert, das „Lugnasad-Fest". Lug war die keltische Verkörperung des leuchtenden und Segen bringenden Sonnengottes, der zwar im Juli noch stark und strahlend erschien, dessen Tod und Ende im August jedoch schon näherzurücken begann. Tailtiu oder Eriu, die Mutter Lugs, verkörperte die Erde, das Land, das er als Sonnenkönig regierte. Das Fest zu Ehren Lugs und Erius geht fast 3500 Jahre zurück.[li]

Wie die Sonne den Zyklus von Auf- und Abstieg durchlaufen muss, so verkörperte für unsere Vorfahren auch das Getreide einen Boten der ewigen Kreisläufe von Werden und Vergehen. Getreide und das daraus gebackene Brot waren früher das Hauptnahrungsmittel, das jedoch mehr war als körperliche Nahrung. Brotbacken galt als heilige Handlung, mit der sich viele Riten verbanden, und das Brot selbst erscheint noch in vielen Märchen als heil- und zauberkräftig, wenn es mit Muttermilch, mit Asche oder besonderem Wasser gebacken wurde. Brotbacken ist in manchen Sprachen verwandt mit dem Kinderkriegen. Beides ist ein Akt der Verwandlung, der im Inneren stattfindet. Da sich das Getreide für die Nahrung der Menschen „opfern" musste, stand es mythologisch in Verbindung zu jenen Göttern, die ihr Leben zum Wohle anderer gaben. Bei den Kelten und auch den Germanen existierte die Vorstellung, dass der König in direkter Verbindung zu den göttlichen Kräften, dem Sonnengott und auch dem Gott der Fruchtbarkeit stand. Verließ das Glück die Gemeinschaft, verdarb die Ernte oder häuften sich Krankheiten und Überfälle, so war der König gezwungen, sich für das Wohl der Gemeinschaft zu opfern. Die keltischen Feiern zu Ehren des Gottes Lug ehrten daher auch den herrschenden König ebenso wie das Brot.

Ein anderes Wort für den Feiertag lautet auch „Lammas", was sich von „loafmass" (Brotleib) ableitet. Das Brot, das an diesem Tag gebacken wurde, hatte besondere Kräfte und war ein Segen für alle, die es aßen. Brot wurde geopfert und damit den Göttern und Göttinnen des Getreides für ihr Opfer gedankt.

Korngeister

Im Germanischen war eine Göttin für das Getreide zuständig, die Göttin Sif, deren weizenblondes Haar in einer mythologischen Geschichte abgeschnitten und von den Zwergen, den Bewohnern der Unterwelt, durch neue Haare aus purem Gold ersetzt wurde. Getreide war das „Haar der Erdmutter", wertvoll wie Gold. In vielen Regionen ist es dann auch die „Kornmutter", die fruchtbare Erdgöttin, die vor langer Zeit die Menschen in der Kunst des Ackerbaus unterwies und damit bis heute Wachstum, Nahrung und Wohlergehen sichert. In Indien ist sie die Reismutter, in Amerika die Maismutter, die Roggenmuhme im alten Mitteleuropa. In einer mecklenburgischen Sage ist es „Fru Gaur", die den Roggensegen bringt. Ihr wurde die letzte, manchmal auch die erste Garbe der Ernte geweiht, die oft von einer Braut oder einem Mädchen geerntet werden musste. Man band sie zu einer Figur zusammen und ließ sie stehen als Zeichen der Dankbarkeit oder man nahm sie mit heim, um sie glückbringend im Haus aufzuhängen oder ein besonderes Brot daraus zu backen.

Die Persönlichkeiten der Korngeister waren jedoch wankelmütig, wie auch die Ernte unterschiedlich ausfiel. So konnte die freundliche Kornmutter auch zum Korndämon werden, der das Korn an den Halmen verschimmeln ließ. Gut und Böse wurden von den alten Göttern gleichermaßen verkörpert.

Der „Frauendreißiger"

Ähnlich wie der Mai ist auch der August noch einmal ein starker „Frauenmonat", in dem Maria als Nachfolgerin der alten Göttin im Mittelpunkt zahlreicher Bräuche steht. Als Höhepunkt findet vor allem in südlichen Gegenden Deutschlands und Tirols noch heute am

15. August, dem christlichen „Mariä Himmelfahrt", die „Kräuterweihe" statt, die auch „Unserer Frauen Würzweih" oder „Hoher Frauentag" heißt und auf germanische Kräuter-Erntebräuche zurückgeht. Da Heilkräuter, die Tod und Heilung gleichermaßen bringen, früher große Verehrung genossen, war dieser Tag etwas ganz Besonderes. 12, 24, 77 oder sogar 99 verschiedene Kräuterarten, die alle mit Maria bzw. den vorchristlichen Göttinnen in Verbindung standen, wurden am Tag der Kräuterweihe vor Sonnenaufgang gesammelt und zu einem „Krautbusch" zusammengebunden, der in der Kirche geweiht wurde. Später kochte man Heiltee aus den Kräutern, mischte sie dem kranken Vieh ins Futter oder gab es den Toten zum Schutz auf die letzte Reise mit.[lii]

Am 15. August beginnt der so genannte „Frauendreißiger", die Hauptsammelzeit der Kräuter und Wurzeln, der am 8. September endet. In dieser Zeit, so glaubte man früher, hätten alle Kräuter und Pflanzen dreifache Wirkkraft. Auch eine Kröte, eine „Dreisgenkröte" wurde teilweise mitgeweiht, getötet, gedörrt und als Amulett gegen vielerlei Unbill verwendet.[liii]

Wer einen eigenen Heilstrauß pflücken möchte, verwendet 9 Kräuter aus folgendem Sortiment: Alant, Arnika, Baldrian, Beifuß, Bibernell, Eisenkraut, Frauenmantel, Goldrute, Holunderblätter, Huflattich, Immergrün, Johanniskraut, Kamille, Klee, Königskerze, Liebstöckel, Maßliebchen, Odermennig, Pfefferminze, Rainfarn, Raute, Schafgarbe, Salbei, Speik, Tausendgüldenkraut, Thymian, Wacholder, Wegwarte, Wermut und Wiesenkopf, Widertot (Frauenhaar). Den Mittelpunkt des Kräuterstraußes muss jedoch eine große Königskerze bilden, die wir schon vom Juli kennen.

Meditationen, Rituale und Feste

Meditation zum Reifen der Früchte

Im August hat man oft etwas mehr Zeit für sich, viele Leute sind im Urlaub, die Geschäfte laufen ruhiger. Eine gute Gelegenheit, einmal innezuhalten und die Früchte des eigenen Handelns zu überprüfen. Nehmen Sie sich eine halbe Stunde Muße, begeben Sie sich wenn möglich ins Freie oder suchen Sie sich einen gemütlichen und aufgeräumten Ort, an dem Sie nichts ablenkt. Sie arbeiten wieder mit der Baummeditation vom März. Stellen Sie sich barfuß auf die Erde, die Beine hüftbreit auseinander und die Knie leicht gebeugt, so dass Sie gut und sicher stehen. Lockern Sie ihre Muskeln in den Schultern und der Hüfte, ziehen Sie die Schultern hoch und lassen Sie sie wieder fallen, kreisen Sie langsam mit den Hüften, bis Sie ihren ganzen Körper gut und angenehm spüren. Schließen Sie dann die Augen und stellen Sie sich vor, dass alle „Lasten", die Sie tragen, alle Sorgen, Verspannungen, „Be-Lastungen" von ihrem Kopf auf die Schultern fallen, von ihren Schultern auf die Hüften, von den Hüften auf die Füße und von dort in die Erde rutschen. Jetzt konzentrieren Sie sich darauf, ganz im Jetzt und Hier anwesend zu sein, in diesem Augenblick, an diesem Ort.

Lassen Sie nun, wie sonst auch, aus den Füßen Wurzeln ins Erdinnere wachsen und ziehen Sie mit dem Einatmen die rote Kraft der Erde durch Ihre Wurzeln in den Körper hinein. Fühlen Sie, wie jedes Körperteil weich und warm wird, bis die Erdkraft aus Ihrem Scheitel wieder als Äste nach oben in den Himmel wächst und dort, im unendlichen Raum, das Licht der Gestirne aufnimmt und in den Körper zurückfließen lässt, Sie ausfüllt, bis es durch die Wurzeln im Erdinneren ankommt. Wieder sind Sie ein Baum, der Himmel und Erde verbindet. Ihre Wurzeln nähren Sie, Ihr Stamm ist stark und trägt Sie. Sie haben sich zum Himmel gestreckt und Ihre starken Äste wie eine Krone über sich ausgebreitet. Sie haben sich Raum genommen und erlaubt, die Aspekte Ihrer Persönlichkeit wie strahlende Blüten zu entfalten. Stellen Sie sich nun vor, wie einige Ihrer

Blüten abfallen und kleine grüne, unreife Früchte enthüllen, die von Ihren Ästen getragen werden. Verwandlung ist jetzt notwendig. Sinken Sie in Ihrer Konzentration noch ein wenig tiefer und blicken Sie auf das Leben, das Sie gerade führen und die Dinge, die Ihnen wirklich am Herzen liegen. Vielleicht können nicht alle zur Reife gelangen, weil es zu viele sind. Dann erlauben Sie sich wahrzunehmen, was wirklich von Bedeutung ist, denn Ihre Früchte sind es, die Sie als Gaben in die Welt schicken. Entscheiden Sie, welche Früchte bereit sind, zur Vollkommenheit zu gelangen, um dann losgelassen zu werden. Bestimmen Sie, für welche Früchte es sich lohnt, Ihre Kraft zur Verwandlung einzusetzen. Atmen Sie nun die Kräfte von oben und unten noch einmal bewusst in sich hinein und lassen sie durch die Äste in die Früchte fließen. Der Strom der Kraft und der Liebe fließt durch Sie und aus Ihnen hinaus in Ihre Früchte, die plötzlich zu wachsen beginnen. Welche Früchte Ihnen am besten schmecken, Äpfel, Birnen, Pflaumen oder Erdbeeren, an Ihrem Baum kann alles wachsen, alles wird groß und voll, nimmt Farbe an und wird von Sekunde zu Sekunde süßer und reifer. Genießen Sie Ihre Früchte, die nun prall und reif an Ihnen hängen, bereit zu fallen und Ihren eigenen Weg zu gehen. Bekräftigen Sie abschließend innerlich: „Ich nehme alle meine Früchte in Liebe an, die süßen und die bitteren, und bin stolz auf sie."

Öffnen Sie nun die Augen, lassen Sie die überschüssige Energie in die Erde zurückfließen und nehmen Sie sich noch einige Minuten, um zu reflektieren, was Sie in Ihrem Alltag ändern könnten, damit Ihre Früchte zur Reife gelangen.

Ritual zum Rufen der Fülle

Wenn es in Ihrem Leben einen Mangel gibt in irgendeinem Bereich, dann tun Sie gut daran, sich einmal ausführlich mit dem Thema „Fülle" zu beschäftigen. Den einen mangelt es an Geld, am richtigen Partner oder an genug Kunden, den anderen mangelt es an Zeit, an Intensität oder Lebensfreude. Fülle ist jedoch etwas, das uns allen zusteht. Wir selbst sind es, die uns die Fülle nicht zugestehen. Deshalb ist der August ein guter Zeitpunkt, die Fülle mit einem Ritual in unser Leben zu rufen.

Das Fülle-Ritual gründet in der Annahme, dass alles, was uns im Leben begegnet oder passiert, mit uns selbst zu tun hat, weil wir selbst es sind, die unser Leben erschaffen. Wenn wir also einen Mangel erleben, dann hat auch dies seine Ursachen in uns selbst, und nur dort finden wir auch die Lösung des Problems.

Gestalten Sie zuerst einen Altar, der mit Ihrem Mangel- bzw. Fülleproblem zu tun hat. Fehlt es Ihnen im Leben an Geld, dann legen Sie Scheine und Münzen auf den Altar und schmücken denselben prachtvoll mit Gold und Silber. Ist es Liebe, die fehlt, dann legen Sie Herzen auf den rosa oder rot geschmückten Tisch, Karten, die mit Liebe zu tun haben, romantische Gegenstände, was Ihnen einfällt. Fehlen Ihrem Büro Kunden, nehmen Sie ein Bild einer Menschenmenge. Beschränken Sie sich auf EIN Mangelproblem. Stellen Sie Symbole für die vier Elemente auf den Altar und besorgen Sie mehrere Bögen Papier, einen Stift und eine Möglichkeit, Ihr Papier zu verbrennen, also eine Kerze und einen feuerfesten Behälter mit etwas Sand darin. Außerdem benötigen Sie eine zusätzliche dicke Kerze in einer Farbe Ihrer Wahl und ein Messer, um etwas hineinzuritzen.

Ziehen Sie dann einen Schutzkreis um sich und den Altar. Nehmen Sie die vier Elemente bewusst wahr und verbeugen Sie sich einmal in jede Himmelsrichtung. Dann suchen Sie Verbündete der Fülle. Da sind z. B. die Göttinnen Habondia, Fulla und Demeter mit dem Füllhorn oder die fruchtbaren Korngötter. Rufen Sie die Kraft des Überflusses, die die Natur selbst in sich trägt.

Wenden Sie sich dann sich selbst zu. Atmen Sie tief und kommen Sie innerlich zur Ruhe. Konzentrieren Sie sich auf das Jetzt und Hier und lassen Sie sich nun nicht mehr ablenken.

Nun machen Sie sich den Mangel in Ihrem Leben bewusst. Fühlen Sie ihn und seine Folgen. Wie fühlt es sich an, kein Geld zu haben, keine Liebe, keine Zeit, keine Kunden? Was löst es in Ihnen aus? Traurigkeit, Angst, Sorge, das Gefühl der Wertlosigkeit. Schreiben Sie Stichworte dazu auf das erste Blatt Papier.

Im zweiten Schritt überlegen Sie, wo der äußere Mangel in Ihrem Inneren eine Entsprechung hat. Bestimmte Gedanken, Gefühle und unbewusste Leitsätze ziehen den Mangel an. Ein Satz lautet zum Beispiel: „Es gibt nicht genug davon". Welches Gefühl ruft dieser Satz in Ihnen hervor. Kennen Sie das? Dass es nicht genug für alle gibt? Dass man mit den anderen kämpfen muss, um nicht leer auszugehen? Diese Anspannung, dieses Auf-der-Hut-sein-Müssen? Schreiben Sie auf den zweiten Zettel, woher Sie es kennen, wo Sie es vielleicht sogar erlebt haben.

Ein anderer Mangel-Satz lautet: „Ich bin es nicht wert." Sprechen Sie es laut aus: „Ich bin es nicht wert, im Geld zu schwimmen, sorglos und in Fülle zu leben und zu schwelgen. Für Reichtum muss man hart arbeiten" Oder: „Ich bin es nicht wert, geliebt zu sein, in Liebe zu baden und von ihr eingehüllt und beschützt zu sein. Ich muss mir Liebe verdienen." „Ich bin es nicht wert, Zeit für mich zu haben. Ich bin nur wertvoll, wenn ich etwas leiste." Spüren Sie einen Widerhall in Ihrem Inneren? Schreiben Sie alle Gefühle und Gedanken dazu auf den dritten Zettel.

Vielleicht ist Ihnen jetzt bewusst, warum in Ihrem Leben Mangel herrscht und wie weit Sie ihn selbst anziehen. Nun tun Sie einen ersten Schritt, die inneren Mangel-Einstellungen loszulassen.

Nehmen Sie einen Zettel nach dem anderen und lassen Sie alle darauf notierten Gefühle und Gedanken gezielt los. Entzünden Sie mit der Kerze das erste Blatt Papier und lassen es in der Schale verbrennen. Die quälenden Sorgen, die Einsamkeit, alles übergeben Sie dem Feuer der Verwandlung und sagen: „Ich nehme euch an, Ihr habt zu meinem Leben gehört, doch jetzt brauche ich euch nicht mehr". Dann verbrennen Sie den zweiten Zettel mit den Worten: „Ich habe mich geirrt. Von allem ist genug für mich und alle anderen da, die Natur selbst ist Überfluss und Fülle ohne Leistung und Stress." Dann lassen Sie das dritte Papier los. „Gefühl der Wertlosigkeit, ich gebe dich jetzt ab. Ich bin es wert, alles zu haben, was ich mir wünsche. Ich liebe mich selbst und nehme mich an, wie ich bin." Warten Sie, bis Ihre Zettel vollständig verbrannt sind.

Dann nehmen Sie die dicke Kerze und das vorbereitete Messer zur Hand. Visualisieren Sie nun, was Sie an Fülle anziehen wollen. Stellen Sie sich ganz genau vor, wie es sich anfühlt, viel Geld zu haben und unbeschwert leben zu können, geliebt zu sein oder eine Firma voller Kunden zu erleben. Sehen Sie sich selbst als lachend, glücklich, fröhlich und aktiv. Die stärkste Kraft, etwas zu rufen, ist die Liebe. Lieben Sie, was Sie rufen wollen. Sprechen Sie also laut die Fülle aus, die Sie lieben: „Ich liebe Geld, ich liebe Erfolg, ich liebe die Menschen. Ich liebe mich selbst und habe es verdient, reich, geborgen und geliebt zu sein". Versuchen Sie, die Liebe so intensiv wie möglich zu spüren, lassen Sie dabei das glitzernde Gold durch Ihre Finger gleiten oder das Foto mit den vielen Menschen. Erschaffen Sie ein Bild, bei dem Sie glücklich, lebendig und verliebt sind in das, was Sie sich wünschen und das Leben Ihnen alles das schenkt. Sie haben das Allerbeste verdient. Dann ritzen Sie in die Kerze: „Liebe zu mir selbst", darunter „Vertrauen ins Leben" und darunter: „Liebe zu ..."(was immer Sie sich wünschen).

Entzünden Sie die Kerze. Jetzt haben Sie einen Prozess der Verwandlung in Gang gesetzt. Beenden Sie Ihr Ritual, indem Sie sich bei den gerufenen Kräften bedanken, sich einmal in alle Himmelsrichtungen verbeugen und Ihren Kreis öffnen.

Von jetzt an sollten Sie regelmäßig diese Kerze anzünden. Wenn Sie brennt, erinnern Sie sich wieder daran, sich selbst zu lieben, und vertrauensvoll alle Sorgen und Ängste loszulassen. Holen Sie sich das Bild zurück, das Sie im Ritual erschaffen haben. Wenn Sie es 30 Tage hintereinander schaffen, jeden Tag zehn Minuten dieses Bild in Ihrem Inneren zu verankern, dann haben Sie Ihre inneren Mangelmuster umgepolt. Aber auch weniger Einsatz hat positive Folgen. Jeder Tag ist ein Gewinn für Sie. Sie werden sehen, die Fülle ist schon auf dem Weg.

Back-Ritual zur Verwandlung und Reife

Backen symbolisiert in ganz augenfälliger Weise den Vorgang der Verwandlung und der Reife. Verschiedene Zutaten werden vermischt, um dann im Ofen zu etwas Neuem zu werden. Zum richtigen Zeitpunkt, wenn das Neue geschaffen, aber noch nicht verbrannt ist, wird es aus dem Ofen genommen. Schon Marie im Märchen „Frau Holle“ musste zweimal ihre Fähigkeit unter Beweis stellen, den richtigen Zeitpunkt zu erkennen, an dem sowohl die Äpfel als auch das Brot „reif“ waren.

Ein rituelles Brotbacken stärkt deshalb unsere Fähigkeit, Dinge mit Liebe und Sorgfalt zu verwandeln. Auch Kuchenbacken kommt dafür in Frage, doch früher war es das Brot, das Stärke und Segen brachte. Im Anhang finden Sie ein Rezept für ein Sauerteig-Roggenbrot. Probieren Sie es erst einmal aus, bevor Sie ein Ritual daraus machen. Es ist relativ aufwändig und kann leicht misslingen. Sie können stattdessen auch einen Kuchen backen.

Für das rituelle Backen benutzen Sie die Zutaten als Symbole für etwas, das Sie in Ihrem eigenen Leben verwandeln oder einbringen wollen. Wollen Sie die Beziehung zu anderen Menschen verbessern, so steht das Mehl für die Liebe und das Wasser für die Geduld oder den gegenseitigen Respekt. Sie können auch „Gesundheit“, „Kraft“ und „Durchhaltevermögen“ vermengen, je nachdem, was Sie gerade brauchen. Legen Sie sich zuerst sorgfältig alle Zutaten zurecht, abgewogen oder abgemessen. Dann erden Sie sich kurz, konzentrieren sich auf sich selbst und machen sich bewusst, dass Sie nun etwas zur Verwandlung bringen. Dann nehmen Sie eine Zutat nach der nächsten zur Hand und verbinden Sie mit einer Eigenschaft. Sagen Sie zum Mehl: „Du bist gekeimt, gewachsen und gereift und schenkst uns jetzt deine Kraft. Schenke Gesundheit und lass alles, was im Ungleichgewicht ist, in Balance kommen.“ Was immer Sie backen, Sie können alle Zutaten mit bestimmten Eigenschaften versehen.

Nun vermengen Sie nach Vorschrift die Zutaten zu einem Teig. Wenn Sie wollen, können Sie einen Glücksbringer hineingeben, eine Glaskugel oder Ähnliches, der demjenigen, in dessen Essen er sich befindet, einen Wunsch erfüllt. Vermischen Sie alles liebevoll, kneten Sie, rühren Sie und sprechen Sie dazu ein Sprüchlein wie zum Beispiel: „Verwandelt wird alles Einerlei – bringt Neues in Liebe und Kraft herbei." Beim Brot braucht der Teig jetzt Zeit, um aufzugehen. Stellen Sie den Teig an einen ruhigen Ort in dem Bewusstsein, dass äußere Ruhe und Stille manchmal zu innerer Verwandlung nötig sind. Achten Sie auf den richtigen Zeitpunkt, wann Ihr Teig seine Metamorphose abgeschlossen hat. Bevor Sie ihn in den Ofen geben, sprechen Sie: „Alles, was vermengt wurde, was mit Geduld und Ruhe gereift ist, verwandelt sich jetzt im Feuer." Dann backen Sie das Brot oder den Kuchen und nehmen es zum richtigen Zeitpunkt heraus. Genießen Sie das frische, dampfende Brot, den süß duftenden Kuchen, riechen Sie daran und behandeln Sie es mit dem gebührenden Respekt. Schneiden Sie eine Scheibe davon als Opfer ab und essen Sie den Rest allein oder mit Freunden in dem Bewusstsein, dass Sie mit dem Essen nicht nur eine nahrhafte und gesunde Mahlzeit einnehmen, sondern Liebe und positive Energien. Ist Ihnen etwas misslungen? Dann lernen Sie daraus. Vielleicht fehlte es an der Geduld? Oder am Erkennen des richtigen Zeitpunktes? Nun wissen Sie, woran Sie künftig arbeiten können.

Kräuterkraft und Pflanzenschönheit

Endspurt beim Sammeln und Verarbeiten von Kräutern ist jetzt angesagt. Nutzen Sie den Augustvollmond, an dem die Pflanzenkräfte noch einmal intensiv sind.

Das Kraut des Achilles – Schafgarbe (Achillea millefolium L.)

Selbst in der Stadt findet sich die Schafgarbe mit ihren gefiederten Blättern und kleinen weißen Blüten, wenn irgendwo zwischen Baustellen ein Erdhügel stehen geblieben ist. Schafgarbe ist ein starkes Heilkraut. Mythologisch ist sie dem Achilles zugeordnet, jenem griechischen Held, der nur an der Ferse verwundbar war und genau dort auch getroffen wurde. Als Heilkraut wurde ihm von göttlicher Seite die Schafgarbe anempfohlen, die auch bei uns als Wundkraut und Blutstiller bekannt war. Alle Probleme rund um das Blut (von der Monatsblutung bis zum Nasenbluten) liegen im Heilbereich der Schafgarbe. Sie wirkt entzündungshemmend, antiseptisch, blutstillend, aber auch blutbildend, blutreinigend und anregend. Starke Wirkung entfaltet die Schafgarbe in der Verdauung, bei allem, was mit Magen und Darm zu tun hat. Man sagt dem Kraut nach, dass es vor allem Ausgleich bringe, also immer die Wirkung habe, die gerade gebraucht werde. Schafgarbe wird als aromatischer Tee getrunken oder frisch gestampft auf Wunden gelegt oder für Wundwaschungen verwendet. Bei unreiner Haut wird die Schafgarbe entweder frisch zerstampft als Kompresse auf das Gesicht gelegt oder in einen Topf mit kochendem Wasser geworfen und als Dampfbad verwendet.

Heidelbeeren (Vaccinium myrtillus)

Auch Schwarz- oder Blaubeeren genannt, schmecken nicht nur köstlich, sondern sind zudem äußerst gesund. Im Mittelalter wurden sie gegen Husten und Schwindsucht eingesetzt, heute ist es vor allem ihre verdauungsregulierende Eigenschaft, für die Heidelbeeren bekannt sind. Frisch oder als Sirup gepresst, sind sie nicht nur ein bewährtes Mittel gegen Durchfall, sie stärken den gesamten Organismus. Die Früchte sind reich an Vitaminen, Mineralstoffen und Fruchtsäuren und man vermutet, dass die blaue Farbe das Bakterienwachstum hemmt. Auch die Blätter finden in Tees Verwendung. Heidelbeeren zu pflücken ist ein großer Spaß, der jedoch durch die Bedrohung des Fuchsbandwurms etwas eingeschränkt ist. Frisch gepflückte Heidelbeeren zu essen ist sehr riskant, da der Wurm eine lebensgefährliche und unheilbare Krankheit auslöst. Das Einkochen zu Heidelbeermarmelade ist eine Alternative. Für eine besonders leckere Heidelbeermarmelade verwenden Sie 1 kg Beeren oder, als besondere Variante, 750 g Beeren und 250 ml Rotwein, dazu 500 g Gelierzucker, 1 Esslöffel Zitronensaft, 1 Päckchen Vanillezucker, 1

Nelke und 1 Zimtstange. Lassen Sie alles 3 Minuten kochen, schöpfen Sie dann den Schaum ab und entfernen Sie die Nelke und die Zimtstange. Alles in saubere Marmeladengläser füllen.

Als Vorsorge für die herbstliche Erkältung kann man im August bereits einen Hustenhonig herstellen. Man nehme einige Hände voll frisch gepflückten Spitz- oder Breitwegerichs (Plantago lanceolata L. oder Plantago major L.). Blätter und Blüten sind beide erwünscht, zu finden sind sie an den meisten Wegrändern, oft auch auf Wiesen, wobei hier auf ungedüngte Wiesen zu achten ist. Der Wegerich galt früher als Kraut der Unterwelt, das laut einem englischen Kräutersegen „allem Übel widersteht". Als Hustenmittel ist er längst allgemein anerkannt. Wer möchte, fügt dem Hustenhonig noch einige Büschel Thymian (Thymus vulgaris) hinzu. Die Kräuter werden gewaschen, abgetropft und sehr klein geschnitten. Man fügt nun ein Glas Honig dazu und erhitzt das Ganze 10 Minuten lang vorsichtig auf maximal 60° C, um die Vitamine zu schonen. Nun füllen Sie die fertige Masse in ausgekochte Gläser – fertig ist der Hustenhonig.

Wie geschaffen ist der August auch für eine finnische Schönheitsmaske. Nach dem Brotbackritual lassen Sie etwas vom Sauerteig für Ihr Gesicht übrig. Er soll nämlich wahre Wunder wirken. Streichen Sie den Teig zentimeterdick auf Ihr Gesicht und lassen Sie ihn dann mindestens 30 Minuten einwirken. Dann wird er mit heißem Wasser abgespült und das Gesicht mehrmals mit kaltem Wasser bespritzt. Trocknen Sie das Gesicht mit einem rauen Handtuch ab. Die Maske wirkt reinigend und glättend, belebt die Haut und macht auch trockene und spröde Haut wieder geschmeidig.

September: Zeit des Ausgleichs und des Dankes

Septembermorgen
Im Nebel ruhet noch die Welt,
Noch träumen Wald und Wiesen:
Bald siehst du, wenn der Schleier fällt,
Den blauen Himmel unverstellt,
Herbstkräftig die gedämpfte Welt
In warmem Golde fließen.
Eduard Mörike

Die Kräfte der Natur im September

Der mittelhochdeutsche Name Herbstmond und der altdeutsche Name Scheiding für den Monat September sagen es deutlich. Die Hitze des Hochsommers ist vorüber und mit schnellen Schritten naht der Abschied von der hellen Zeit. Während die Pflanzenwelt ihre Früchte nun allesamt großzügig an Tiere und Menschen verschenkt, beginnt sie gegen Ende des Monats ihren Rückzug. Auch in der Tierwelt ist die Aufbruchstimmung unübersehbar. Die Zugvögel sammeln sich, die heimischen Kleinsäuger fressen sich die Bäuche voll. Alles was die Natur jetzt reichhaltig bereit hält, wird mitgenommen. Jede warme Sonnenstunde wird ausgenutzt und die tierische Lebhaftigkeit an milden Abenden ist auffällig, als spürten sie schon das herannahende Ende der Fülle. Doch noch herrscht Überfluss. Früchte, Nüsse und Samenkörner – Mutter Erde zeigt uns, wie aus einem gekeimten Korn Tausende neuer entstanden sind und nicht Mangel, sondern Fülle für uns bereitet ist.

Die Sonne scheint jetzt jeden Tag ca. 3 Minuten weniger und verliert gleichzeitig an wärmender Kraft. Um den 21. oder 23. September, je nach Jahr, sind zur Tagundnachtgleiche wie im März Tag und Nacht genau 12 Stunden lang. Die Sonne zieht sich jetzt auf die Südhalbkugel zurück und leitet die Wende zur dunkleren Hälfte des Jahres ein.

Doch noch ist der Boden warm, und der „Altweibersommer" gegen Ende des Monats ist die letzte Schönwetterperiode. Sie kann bis in den Oktober anhalten. Das macht den September auch zum Monat der Wanderer. Typisch für den Altweibersommer sind die Spinnfäden in der Luft. Sie stammen von jungen Wolfsspinnen, die sich mit ihrer Hilfe durch die Luft tragen lassen. Seinen Namen erhielt der „Altweibersommer" von den spinnenden „alten Weibern", den Spinnerinnen des Schicksals, die nun, am Ende des Sommers, die Lebensfäden so vieler Tiere, Pflanzen und Menschen durchtrennen.

Bauernsprüche des September lauten:

Wenn im September viele Spinnen kriechen, sie einen harten Winter riechen.

Fällt das Laub zu bald, wird der Herbst nicht alt.

Am Septemberregen ist dem Bauern viel gelegen und kommt der Saat entgegen.

Früher wurde der September Witumanoth, Monat des Holzsammelns genannt, oder Scheiding, von althochdeutsch „skeidan", „schneiden", weil er die Trennung vom Sommer vollzieht. Weitere Namen waren Herbsting, Obstmond, Saumonat oder Fulmonet, der Speicher und Keller füllt. Der Name September leitet sich her von lateinisch septimus, dem siebten Monat nach römischer Rechnung.

Die energetische Qualität des September ist vom Gleichgewicht der Kräfte bestimmt. Wieder einmal stehen die Kräfte von Licht und

Dunkel in perfektem Ausgleich, und wieder stellen sie den Übergang dar, nach welchem eine Seite – die dunkle diesmal – überwiegen wird. Doch vorher scheint es, als würde die Natur noch einmal innehalten und all ihre Schönheit über die Welt ausgießen.

Die Themen des September

Gleichgewicht finden

Ausgleich ist das Grundprinzip jenes komplexen Systems der Natur, dem wir alle angehören. Stellen wir es uns als Netz von Energien vor, als ein lebendiges Gewebe, das sich in ständiger Bewegung befindet. Energien fließen nach ihren eigenen Gesetzmäßigkeiten. In diesem Wirbel von Kommen und Gehen, Geben und Nehmen, Werden und Vergehen ist das Zentrum stets ein Zustand der Ausgeglichenheit und der Ruhe. Der Ausgleich der Energien ist der Zustand der Balance und der Harmonie. Wenn gleich viel kommt wie geht, wenn gleich viel gegeben wird wie genommen, dann ist das System im Gleichgewicht. Das gilt für komplexe Ökosysteme ebenso wie für Sonnensysteme oder den Organismus unseres eigenen Körpers. Im Gleichgewicht sind Systeme heil und bereit, ihre Aufgabe zu erfüllen. Da jedoch alles in ständiger Bewegung ist, kommt es zu Ungleichgewichten, die immer wieder korrigiert werden. Ausgleich ist kein statischer Zustand. Stellen wir uns die Balance von Energien wie einen Fluss vor: Ständig fließt Wasser davon – und in gleichem Maß fließt es wieder nach –, der Fluss selbst ist im dynamischen Gleichgewicht. Der September ist eine gute Zeit, um sich mit dem Gleichgewicht der Kräfte im eigenen Leben zu befassen. Sind Nehmen und Geben gleich verteilt? Ungleichgewicht zieht Krankheiten nach sich. Lebenskraft, Wohlbefinden und Erfolg sind dann möglich, wenn Heilung geschieht, die das Zuviel oder Zuwenig wieder zum Ausgleich bringt.

Ausgleich und Gerechtigkeit

Das Prinzip des Ausgleichs hatte für unsere germanischen Vorfahren eine grundlegende Bedeutung. Der Zustand der ausgewogenen Kräfte galt ihnen als Grundprinzip, auf dem das großes Netz des Lebens, gewoben von den Schicksalsfrauen, beruhte. War ein Mensch, eine Familie, ein Clan im Zustand des Gleichgewichts, so war Wachstum und gutes Gedeihen aller Menschen, Tiere und Pflanzen möglich. Man befand sich im Zustand des „Heils". Wurde gegen das Gleichgewicht in der Gemeinschaft oder der Natur verstoßen, hatte dies für alle Beteiligten „Un-Heil" zur Folge. Gezielte Maßnahmen von Seiten des Verursachers waren nötig, um den Zustand des Gleichgewichts wieder herzustellen. Die Rechtsprechung galt darum als heil-ig, weil es wieder „Heil-ung" brachte. Gerechtigkeit, das eigene „Recht" einzufordern, kann Heilung und Gleichgewicht bringen, wenn nicht Rache, sondern Ausgleich das Ziel ist.

Annehmen und Danken

Im Angesicht der Fülle des Herbstes, die nährt und erhält, ist Dank ebenfalls ein Akt des Ausgleichs. Wer dankt, nimmt wahr, dass die Gaben, von denen wir leben, nicht selbstverständlich sind. Ohne die Früchte der Natur, der Erde, der Pflanzen, der Tiere und Mitmenschen wäre für uns kein Leben möglich. Für unsere Nahrung opfert sich ein anderes Leben. Jemand hat sein Fleisch, seine Wurzeln, seinen Leib oder Samen für uns geopfert, damit wir leben können. Auch ohne seelische Gaben, ohne Zuwendung und Liebe könnten wir nicht existieren. Wer dankt, erkennt an, dass wir voneinander abhängig sind, alle, die wir uns diese Erde als Lebensraum teilen. Im Dank nehmen wir die Abhängigkeit an, denn wir alle brauchen einander. Wir alle sind füreinander Begleiter auf unserem Weg. Annehmen zu können fällt vielen Menschen schwer, weil es in einen Zustand der „Schuld" bringt. Wer ein Geschenk annimmt, liefert sich dem anderen ein wenig aus. Unser Dank ist eine Art Gegengabe.

In den Worten: „Ich nehme dich an, ich nehme deine Gabe an, ich öffne mich für deine Energie und danke dir dafür" steckt eine heilende und ausgleichende Kraft.

Mythen, Bräuche und göttliche Wesen

Erntebräuche

Für unsere Vorfahren, die noch keine Mähdrescher zur Verfügung hatten, standen der August und der September im Zeichen der Ernte. Schwere körperliche Arbeit, Wetterglück und der Segen der Göttlichen war nötig, um sich durch eine reiche und unverdorbene Ernte einen guten Winter zu sichern. Entsprechend wurde die Ernte mit zahlreichen Zeremonien und Ritualen durchgeführt. In manchen Gegenden trug man zum Beispiel eine einheitliche „Ernte-Kleidung", die mit Blumen geschmückt wurde. Man verneigte sich allmorgendlich vor dem Feld und betete am Feldrand, bevor die Arbeit begann. Der letzte Garbenwagen der Getreideernte wurde mit Blumenkränzen geschmückt und in einer fröhlichen und ausgelassenen Zeremonie zum Hof gebracht. Es wurde gesungen, getanzt und gelacht, während die „Erntekönigin", ein kleines Mädchen oder eine junge Frau, der Gutsherrin den letzten Wagen mit einem Spruch überreichte, dem diese dann in überlieferten Reimen antwortete. Ein Fest krönte das Ende der Erntezeit.[liv]

Wenn die Zeit der Arbeit in Feld und Garten allerorts endete, begannen die Märkte, an denen die Waren verkauft wurden und wo gemeinsam gefeiert wurde. Waren-, Kram- und Gemüsemärkte, Bier- und Hopfenfeste, Tiermärkte, Pferderennen, Wettkämpfe und Jahrmärkte gibt es im ländlichen Brauchtum noch heute, wobei es heutzutage weniger Umschlags- als Vergnügungsmärkte sind, die sich teils großer Beliebtheit erfreuen, wie das Münchner Oktoberfest, das Ende September beginnt.

Magische Tage

Zwei Tage gegen Ende des September waren in früheren Zeiten von herausragender Bedeutung. Der 21. September, die Tagundnachtgleiche, im Kirchenkalender der Matthäustag, ist einer davon. Herrscht an diesem Tag schönes Wetter, so heißt es, bleibt es die folgenden vier Wochen schön. Ein Bad an diesem Tag vor Sonnenaufgang soll vor Krankheiten schützen. Es sind auch allerlei Los-Bräuche bekannt, bei denen man das Ableben von Bekannten und Verwandten zu ermitteln versuchte. Blätter wurden mit den Namen der Personen beschrieben und in einen Fluss geworfen. Wessen Blatt zuerst das Wasser berührte, der oder die würde auch zuerst sterben. Der Übergang zur dunklen Hälfte des Jahres wurde automatisch mit dem Tod gleichgesetzt, da nicht nur die Pflanzen- und Insektenwelt, sondern auch viele Menschen und Tiere im Herbst und Winter sterben.

Der zweite wichtige Tag im September war früher der 29. Ursprünglich war er der alte Thing-Tag der Germanen. Am Thing versammelten sich die Sippenoberhäupter, es wurde, passend zur Energie des Monats, Recht gesprochen und bestehende Konflikte wurden gelöst. Mit einem Opfer für die Götter sprach man den Dank aus und festigte so die Verbindung zur anderen Welt. Ursprünglich wurde der September des großen Opferfestes wegen bei den Angeln und Sachsen als „halegmonat", als heiliger Monat gefeiert. Karl der Große verlegte den heiligen Monat auf den Dezember, die Geburtsfeier Christi. Doch auch in christlicher Zeit galt der Tag als magisch. Er wurde gleich drei Erzengeln auf einmal geweiht: Michael, Gabriel und Rafael. Umzüge und Jahrmärkte begannen hier und zahlreiche Tabus begleiteten den Tag. Es durfte nicht gearbeitet werden, weil es hieß, die Seelen flögen durch die Luft und machten sich auf die Reise. Am Abend vor dem 29. wurden die ersten Kerzen entzündet, weil von nun an die Arbeit bei künstlichem Licht begann, das „Lichtarbeiten". Oft gab es eine „Lichtgans" oder einen „Lichtbraten" zum Essen. Die Martinsgans im November war ursprünglich eine

„Michaelsgans", die Ende September gebraten wurde. Man trinkt die „Michaelsminne", einen Trunk zu Ehren Michaels, wie einst bei den alten Opfermahlen die „Odinsminne". Der heilige Michael, oberster Erzengel und kampfgewaltiger Entsandter des christlichen Gottes, wurde bereits vom heiligen Bonifazius den zum Christentum bekehrten Heiden als Ersatz für den germanischen Gott Odin angeboten. Viele Odinheiligtümer wurden schon in der christlichen Frühzeit dem heiligen Michael geweiht. [lv]

Meditationen, Rituale und Feste

Eine Wallfahrt der Dankbarkeit machen

Der September und der Anfang des Oktober, wenn sie noch einige schöne Tage bringen, eignen sich besonders gut, um die Fülle und Schönheit der Natur noch einmal in vollen Zügen zu genießen und mit einem spirituellen Anliegen zu verbinden. Eine „Wallfahrt", eine Art spiritueller Wanderung, verbindet beides vorzüglich. Nehmen Sie sich, wenn möglich, drei Tage dafür Zeit, um Natur und innere Einkehr intensiv auszukosten. Wählen Sie als Ziel einen „heiligen Ort" aus, das kann eine Heilquelle, ein Berg, ein besonders alter Baum oder auch ein christlicher Wallfahrtsort sein. Viele christliche Heiligtümer wurden auf vorchristlichen Kultstätten erbaut, wie z. B. die Wallfahrtskirche zur schwarzen Madonna in Altötting in Bayern.[lvi] Die Verbindung zu den unsichtbaren Kräften, die wir „göttlich" nennen, ist dort stark und intensiv spürbar und wird getragen von unzähligen Generationen Gläubiger. Planen Sie einen schönen Weg zu Ihrem Ziel inklusive Übernachtungsmöglichkeiten, durch die bunten Wälder, die am Ende des September schon meist das Bild der Landschaft prägen. Steigen Sie bei dem schönen, aber nicht mehr zu heißen Wetter auf einen Berg und genießen Sie es, dem Himmel immer näher zu kommen.

Das Ziel Ihrer Wallfahrt ist es, eine Verbindung zu sich selbst und zu jenen göttlichen Kräften aufzunehmen, mit denen Sie sich verbunden fühlen und ihnen zu danken für das, was Ihnen geschenkt wurde. Verbringen Sie diese Wanderung nicht damit, ständig über Ihre Alltagssorgen nachzudenken oder stundenlang über Belangloses zu plappern. Nehmen Sie stattdessen Kontakt auf zur Natur, die Sie umgibt. Küssen Sie die Erde mit jedem Schritt Ihrer Füße, nehmen Sie sich selbst wahr, was in Ihnen vorgeht, und sprechen Sie einmal pro Stunde oder, wenn Ihnen das zu viel ist, dreimal am Tag ein Gebet. Ihre Wallfahrt wird ein sehr intensives Erlebnis werden. An jedem Tag Ihrer Wanderung nehmen Sie sich ca. eine Stunde Zeit für den Dank. Sie machen zuerst eine kleine Meditation der Dankbarkeit und malen dann ein Bild dazu, das direkt oder symbolisch Ihren Dank wiedergibt.

Kleine Dankes-Meditation

Suchen Sie sich ein schönes Plätzchen und lassen Sie sich nieder. Werden Sie innerlich ruhig und kommen Sie ganz in der Gegenwart an. Atmen Sie tief ein und aus und nehmen Sie, bevor Sie die Augen schließen, ganz bewusst den Ort wahr, an dem Sie sich gerade befinden. Konzentrieren Sie sich nun ganz auf sich selbst. Nichts anderes als der gegenwärtige Augenblick zählt jetzt. Nun „öffnen" Sie Ihr Herz, indem Sie sich vorstellen, wie Ihr Brustraum ganz groß und weit wird und durchlässig für alles Gute und Schöne. Stellen Sie sich vor, dass sich in Ihrem Herz ein großes Tor öffnet, in das weißes, strahlendes, göttliches Licht fließt.

Nun machen Sie sich bewusst, wie beschenkt Sie sind. Beschenkt mit Dingen, mit Menschen, mit Gaben. Es gibt so viel Gutes in Ihrem Leben. Danken Sie am ersten Tag für alle materiellen Dinge, über die Sie in diesem Jahr verfügen durften. Sie sind vielleicht gesund, haben ein Dach über dem Kopf, genug zu essen und Kleidung, die Sie wärmt, das ist etwas, das Millionen Menschen fehlt. Sie leben in Frieden an einem sicheren Ort, an dem Sie beschützt sind und sich nicht furchten müssen. Es könnte auch anders sein. Fühlen Sie die Dankbarkeit in Ihrem Herzen. Danken Sie allen Wesen, von denen Sie in diesem Jahr gelebt haben. Den Bäumen für den Sauerstoff und der

Erde dafür, dass sie uns alle trägt. Danken Sie Ihren Eltern für Ihr Leben und Ihren Geschäftspartnern für den Beistand. Sehen Sie einmal nur die Fülle und nicht den Mangel. Abschließend danken Sie den göttlichen Kräften für deren Unterstützung im materiellen Bereich. Malen Sie ein Bild von all dem, das Sie „besitzen", das Ihnen im Moment im materiellen Bereich wichtig ist. Sie können Gegenstände malen oder Symbole, es kommt dabei nicht auf den künstlerischen Wert der Bilder an, nur auf die Freude am Malen. Bewahren Sie das Bild auf.

Am zweiten Tag versenken Sie sich wieder und danken für alle Beziehungen zu anderen Menschen. Danken Sie für Freunde und Geliebte, auch wenn sie schon der Vergangenheit angehören. Danken Sie für die Liebe, die Zuwendung und die Unterstützung, die Sie in diesem Jahr erhalten haben. Man kann auch für die Herausforderungen danken, vor die manche Menschen uns stellen. Von Gegnern lernen wir vielleicht mehr als von Freunden. Beziehen Sie auch Alltägliches mit ein, wenn der Busfahrer Sie angelächelt hat und die Bedienung im Restaurant freundlich war. Halten Sie sich die Gabe innerlich vor Augen und spüren Sie, wie schön es ist, all dies zu erhalten. Malen Sie wieder ein Bild von dem, was Sie in Beziehungen in diesem Jahr erhalten haben.

Am dritten Tag danken Sie für die spirituelle Unterstützung in Ihrem Leben. Sie werden viele Gründe zur Dankbarkeit finden, denn Sie haben zwar in Ihrem Leben vieles in der Hand, vieles fällt Ihnen jedoch auch einfach nur zu. Machen Sie sich bewusst, wie viel neue Erfahrungen Sie in diesem Jahr sammeln durften. Danken Sie für den Schutz, der Ihnen gewährt wurde und die Zu-Fälle, die Ihnen geschickt wurden. Sie sind wieder ein Jahr weitergegangen auf der Spirale Ihres Lebens und hatten die Chance, sich auf Ihrem Weg ein Stück weiter zu entfalten und zu wachsen. Und dafür lohnt es sich zu danken. Malen Sie abschließend wieder ein Bild und nehmen Sie es mit.

Wenn Sie am dritten oder vierten Tag das Ziel Ihrer „Wallfahrt" erreichen, dann nehmen Sie sich Zeit für einen würdigen Abschluss. Waschen Sie sich die Augen, wenn Sie zu einer heiligen Quelle gewandert sind, um Ihre innere „Klarsicht" zu stärken. Kommen Sie innerlich zur Ruhe und beten Sie an dem Ort Ihrer Wallfahrt. Nehmen Sie bewusst Kontakt auf zu dem, was für Sie die göttliche Quelle darstellt. Dann suchen Sie sich einen Baum in der unmittelbaren Umgebung und hängen dort Ihre Bilder in die Zweige. Dies ist ein uralter Brauch, der sich an manchen Wallfahrtsorten bis heute findet. Gibt es keine Bäume, können Sie die Bilder auch vergraben. Während Sie das tun, sprechen Sie abschließend aus: „Ich nehme alle Gaben an, die mein Leben ermöglichen und die mein Leben bereichern und wertvoller machen. Ich danke von Herzen dafür und wünsche mir, dass alles Gute dreifach vergolten wird." Sie sind jetzt auf tiefe Weise verbunden mit den göttlichen Kräften. Schließen Sie noch einmal die Augen und fühlen Sie Ihr Herz, das von Licht erfüllt ist. Bevor Sie sich auf den Heimweg machen, stellen Sie sich vor, wie sich die Tore Ihres Herzens wieder schließen. Sie kehren zurück in Ihren Alltag und nehmen die Verbundenheit mit.

Ein Ernte-Dank-Ritual

Seit alters her feiern die Menschen das Erntedankfest als üppige Feier zur Krönung und zum Abschluss der Erntezeit. Das Fest kann allein gefeiert werden, zu mehreren ist es jedoch schöner. Suchen Sie einen Tag dafür aus, der zwischen dem 21., der Herbst-Tagundnachtgleiche, und dem 29. liegt. Das Ritual sollte unbedingt draußen in der Natur gefeiert werden. Sein Ziel ist es, den Kräften des Lebens und der Erde dafür zu danken, dass sie wieder einmal den Weg vom Samenkorn zum Wachstum, von der Blüte zur Frucht ermöglicht haben, die uns nun nährt und erhält.

Für das Erntedank-Ritual schmücken Sie zuerst einen schönen Herbst-Altar. Vielleicht mit bunten Blättern, auf jeden Fall jedoch mit Früchten und Nüssen, die die Natur jetzt so reichlich zu bieten hat. Alle Teilnehmerinnen und Teilnehmer tragen persönliche Gegenstände und Fundstücke aus der Natur zum Altar der Fülle bei und schmücken ihn gemeinsam. Vergessen Sie nicht, Symbole für die vier Elemente mit aufzustellen.

Für das Ritual selbst benötigen Sie außerdem frische Früchte der Saison, Äpfel, Birnen, Trauben oder Pflaumen, der Phantasie sind keine Grenzen gesetzt. Ein gemeinsames Essen krönt natürlich ein Erntedank-Ritual in besonderem Maße. Sorgen Sie miteinander dafür, dass dieses Mahl ein gelungenes Festessen wird. Gerichte aus Früchten und Nüssen passen ebenso gut wie frische Säfte und Quellwasser als Getränke.

Außerdem sollte in Altarnähe ein breites, aber nur etwa 10 cm tiefes Loch ausgehoben werden.

Beginnen Sie das Ritual, indem Sie diesmal mit allen Beteiligten zusammen einen Schutzkreis ziehen. Alle gehen im Kreis herum und erzeugen dabei Töne: jodeln, stampfen, rasseln, grunzen. Nach dreimaligem Umschreiten des Platzes, in dessen Mitte oder auf dessen Westseite sich der Altar und das Loch befinden, ist der Kreis geschlossen. Nun verneigen Sie sich wieder in alle Himmelsrichtungen und rufen danach die Energien des Herbstes in den Kreis, die Sie einladen wollen. Göttinnen und Götter der Ernte, die Kraft der Fülle und des Überflusses, was Ihnen einfällt. Nachdem alle gewünschten Energien eingeladen wurden, kommen alle innerlich zur Ruhe. Jede und jeder konzentriert sich auf die Gaben dieses Jahres, die geerntet wurden. Was haben Sie in diesem Frühjahr gesät? Ist es zur Reife und zur Ernte gelangt? Welche Wünsche wurden dieses Jahr erfüllt, welche Lektionen erteilt? Welche süßen, welche bitteren Früchte wurden geerntet? Nehmen Sie sich eine Zeit der Stille, um alles wahrzunehmen, für das Sie nun danken wollen.

Dann stellen Sie sich im Kreis um das Loch auf und nehmen die mitgebrachten Früchte in die Hand. Mit geöffneter Hand strecken Sie eine Frucht dem Himmel entgegen und sprechen dazu diese oder ähnliche Worte: „In dieser Frucht steckt die Kraft des Anfangs und des Wachstums, der Duft der Blüte, die Süße der Reife, der bittere Abschied in die Stille und die Macht des Neuanfangs. Mit dieser Frucht nehme ich alle Gaben dieses Jahres an und danke von ganzem Herzen dafür." Dann erzählt reihum jede Teilnehmerin und jeder Teilnehmer, was er oder sie in diesem Jahr erhalten hat und wofür gedankt werden soll. Nun essen Sie gemeinsam ihre Früchte, behalten aber die Kerne übrig. Versammeln Sie sich um das gegrabene Loch und stecken Sie reihum die Kerne in die Erde. Dabei wünschen Sie sich etwas für das nächste Jahr, in dem die Kerne dann aufgehen. Nun wird das Loch wieder zugeschüttet. Alle rasseln und singen, tanzen oder tönen zum Dank.

Wenn Sie möchten, können Sie nun auch noch ein Opfer bringen, etwas an andere verschenken oder ein Versprechen abgeben. Das Opfer sollte bewusst und von ganzem Herzen gegeben werden.

Abschließend wird das Essen gesegnet und geteilt. Essen Sie diesmal besonders bewusst die Gaben der Erde und genießen Sie die Gemeinschaft. Zum Schluss verabschieden Sie die gerufenen Kräfte gebührend und bitten um den Segen für die Früchte Ihrer weiteren Arbeit. Verneigen Sie sich zu den Himmelsrichtungen und heben Sie den Kreis wieder auf, mit Tönen, Rasseln und Springen in die entgegengesetzte Richtung. Schließen Sie mit den Worten: „Der Kreis ist nun offen, aber ungebrochen."

Ritual zum inneren Gleichgewicht

Möchten Sie sich mit dem Gleichgewicht der Kräfte in Ihrem eigenen Leben befassen, dann versuchen Sie es mit dem folgenden Ritual, bei dem die verschiedenen Anteile der eigenen Persönlichkeit in ein Gleichgewicht gebracht werden. Das Ritual ist ein Spiel, das Elemente aus der Psychologie enthält und umso wirksamer ist, je intensiver man sich damit beschäftigt. Spiele sind schon seit sehr langer Zeit Wege, um Menschen mit den göttlichen Kräften zu verbinden. Das Ziel des Rituals ist es, sich selbst in aller Vielfalt wahrzunehmen und die verschiedenen, oft widersprüchlichen Charaktereigenschaften in ein produktives Gleichgewicht zu bringen. Das kann sich generell auf eine Lebenssituation beziehen oder auf eine ganz bestimmte Fragestellung, bei der Sie sich nicht im Gleichgewicht fühlen. Eine Krise in der Beziehung, ein Problem mit Kollegen oder eine Entscheidung, bei der Sie sich nicht sicher sind.

Das Ritual bedarf einer gewissen Vorbereitungszeit. Setzen Sie sich zuerst einmal in einer ruhigen Stunde hin und schreiben Sie auf, welche Anteile Ihrer Persönlichkeit Ihnen einfallen. Es gibt starke Seiten an Ihnen. Welche sind das? Vielleicht entdecken Sie einen durchsetzungsfähigen, kämpferischen Anteil, den mutigen Krieger oder die Kriegerin in Ihnen. Es gibt einen klugen und wissenden Teil, es gibt kreative und verspielte, verständnisvolle und liebevolle Seiten an uns allen. Sicher fallen Ihnen auch „schwache" Seiten an Ihnen auf, ein kleiner Feigling vielleicht, ein ängstliches Kind, das leicht erschrickt und sich schnell zurückzieht, ein schwacher und bedürftiger Anteil, der Liebe und Anerkennung sucht. Vielleicht entdecken Sie missgünstige, aggressive oder kraftlose und traurige Seiten an sich. Sie haben, wie jeder Mensch, typisch männliche Eigenschaften und typisch weibliche und manche, die in keine der beiden Kategorien fallen. Manche wollen nehmen, erobern, herausfordern, manche wollen etwas geben und von anderen annehmen. Geben Sie nun allen Anteilen Ihrer Persönlichkeit, die Sie im Augenblick erkennen können oder die für Sie in Ihrer jetzigen Situation wichtig sind, einen Namen: die mutige Kriegerin, der missgünstige Neidhammel, der sinnliche Liebende, die ehrgeizige Machtfrau, der kleine Feigling, die fleißige Biene, der Faulpelz, der aggressive Wüterich, das Selbsthasserchen und der Ja-Sager. Begrüßen Sie nun alle Ihre Anteile offiziell in Ihrem Leben, denn sie gehören alle zu Ihnen. Nun suchen Sie für jeden Teil Ihrer Persönlichkeit ein Symbol. Wollen Sie das Ritual öfter durchführen, dann basteln Sie richtige Figuren oder suchen Sie sich Symbole aus der Natur. Beim ersten Ausprobieren reicht es, für jede Figur ein Symbol auf Papier oder Pappe zu zeichnen und dann auszuschneiden. Einen Pfeil für die Kriegerin, eine Faust für den Machtmenschen, eine Höhle für das Schutz suchende innere Kind, was immer Ihnen einfällt. Wenn Sie alle Symbole hergestellt haben, dann können Sie mit dem Ritual beginnen. Sie brauchen noch einen großen Karton oder ein Blatt Papier, DIN A2 in einer Farbe Ihrer Wahl, und einen Stift.

Setzen Sie sich an einen ruhigen Ort, entzünden Sie eine Kerze und kommen Sie innerlich zur Ruhe. Wenn Sie einen Altar haben, dann setzen Sie sich davor. Atmen Sie einige Male tief in den Bauch und konzentrieren Sie sich auf die Gegenwart. Bitten Sie innerlich die großen Energien und Kräfte, die sich immer wieder selbst in ein Gleichgewicht bringen, darum, Sie bei Ihrer folgenden Arbeit zu unterstützen.

Nun malen Sie einen großen Kreis auf das Blatt. Dieser Kreis sind Sie selbst. Malen Sie einen Stern und ein Rad darüber zur Erinnerung daran, dass Sie einst von den Sternen kamen und hier auf der Reise sind. Nun nehmen Sie jedes Symbol Ihrer eigenen inneren Anteile, begrüßen es und legen es in den Kreis. Wenn alle da sind, dann kann es losgehen. Versetzen Sie die Symbole so, wie sie sich im Augenblick in Ihrem Leben darstellen. Welche Anteile stehen gerade im Mittelpunkt? Sie kommen in die Mitte. Werden manche Teile von anderen verdeckt? An den Rand gedrängt? Legen oder stellen Sie Ihre Person so, wie Sie sie im Augenblick empfinden. Dann lassen Sie das Bild auf sich wirken, das vor Ihnen liegt. Was fällt Ihnen auf, welche Gefühle steigen in Ihnen auf? Gibt es Teile, die andere behindern? Haben manche Anteile zu viel Raum um sich und andere zu wenig? Wer verdrängt wen und wie wirkt sich das aus?

Nun kommt die Kraft des Gleichgewichtes ins Spiel. Schließen Sie für einen Moment die Augen und machen Sie sich bewusst, dass in Ihnen ein kreatives Kind wohnt, das spielerisch neue Lösungen für alte Probleme finden kann. Mischen Sie alle Figuren in Ihrem Kreis durcheinander und beginnen Sie von vorn. Legen Sie sie neu aus und zwar so, dass Sie sich gegenseitig unterstützen, sich nicht mehr behindern und ein gemeinsames Gleichgewicht bilden. Jede Schwäche hat auch eine gute Seite. Der Feigling bringt notwendige Vorsicht mit, der Faulpelz die Kraft zur Ruhe und Regeneration. Manche Schwächen sind vielleicht einfach nur am falschen Ort eingesetzt oder brauchen einen starken Partner. Das fleißige Bienchen braucht vielleicht eine Kriegerin an der Seite, um nicht mehr ausgenutzt zu werden. Manche Anteile sind vielleicht sogar am richtigen Ort, aber haben dort zu wenig Raum. Schieben Sie herum, probieren Sie aus, bis Sie das Gefühl haben, dass die Teile nun ein gutes Gleichgewicht ergeben. Wenn Sie fertig sind, dann dürfen Sie stolz auf sich sein. Sie haben Ihre inneren Kräfte in ein neues Gleichgewicht gebracht. Sie haben damit begonnen, die Muster Ihres Lebens neu zu weben. Bevor Sie die Kerze ausblasen, danken Sie den göttlichen Kräften für Ihre Unterstützung und bitten Sie sie, das gefundene Gleichgewicht auch in Ihrem alltäglichen Leben wirksam werden zu lassen. Das Bild, das Sie geschaffen haben, lassen Sie 9 Tage liegen, möglichst auf einem Altar, wenn Sie einen haben. Noch besser ist es, Sie kleben oder heften die Symbole fest und hängen sich das Bild an die Wand über Ihr Bett. Ihr Unterbewusstsein wird die Botschaft über das zu findende Gleichgewicht aufnehmen und Sie erinnern sich immer wieder daran, welche Anteile von Ihnen im Alltag einen neuen Platz suchen.

Kräuterkraft und Pflanzenschönheit

Goldgelbe Heilblüten – die Ringelblume (Calendula officinalis)

Ihre gelb-orangenen Blüten zieren die Gärten vom frühen Juni bis zum Ende des Herbstes und gehören dank ihrer strahlend leuchtenden Farben mythologisch zu den Blumen der „Sonnenbräute". In der germanischen Mythologie ist die Sonne weiblich, während der Mond als männlich verstanden wird. Die Ringelblume gilt als Sonnenblume, ist der Tagundnachtgleiche zugeordnet und war ursprünglich der germanischen Freya und später der christlichen Maria geweiht, wie ihr englischer Name „Marygold" verrät. Die Ringelblume ist die Blume der Wundheilung schlechthin. Sie wirkt desinfizierend, entzündungshemmend, schmerzstillend und regt die Wundheilung an bei allem, was der Haut an Üblem zustoßen kann. Sie können die Blätter trocknen und als Tee verwenden, da sie auch innerlich ihre entzündungshemmende und schmerzstillende Wirkung entfaltet. Der kalte Tee kann als Gesichtswasser oder Haarspülung verwendet werden, wenn die Haut trocken und spröde ist. Sie können die Blüten auch mit Olivenöl ansetzen, drei Wochen stehen lassen und als Massageöl verwenden. Besonders wirksam ist jedoch eine selbstgemachte Ringelblumensalbe.

Pflücken Sie im Herbst ein bis zwei Hände voll Blüten, Blätter und Stiele und zerkleinern Sie sie mit dem Messer. In der Apotheke erhalten Sie gereinigtes Schweinefett, das Sie in einem Topf erhitzen und zusammen mit den Ringelblumen 10 Minuten köcheln lassen. Alles bleibt drei Tage stehen, wird dann noch einmal erhitzt und durch ein Tuch gedrückt. Fertig ist die Salbe, die in kleine Gefäße abgefüllt wird. Sie hilft bei allen Arten von Hautproblemen und Wunden und wird auch zum Ausheilen alter Wunden verwendet.

Äpfel

Die Boten der Anderswelt spielen in vielen Kulturen eine große Rolle. Bei den Kelten verbindet der Apfelbaum die Welt der Lebenden und der Toten. Die berühmte keltische Insel der „Anderswelt", Avalon, bedeutet übersetzt „Apfelinsel". Schneidet man den Apfel quer durch, bildet sein Gehäuse ein Fünfeck, ein Pentagramm, ein altes heiliges Zeichen der Großen Göttin. Die Germanen kennen die Göttin Iduna, die heilige Äpfel hütet, von denen die Götter täglich essen, um nicht zu altern.

Und tatsächlich ragt der Apfel auch für uns Menschen heraus aus der Vielzahl von Früchten als wahrer Schatz für die Gesundheit. „Ein Apfel am Tag hält den Doktor fern", weiß der Volksmund. Sein Gehalt an Vitaminen, Mineralstoffen, Spurenelementen und Kohlehydraten ist nicht nur sehr hoch, sondern in seiner Kombination für den menschlichen Körper außerordentlich gut verträglich. Mit Äpfeln lassen sich viele Krankheiten beheben. Sie wirken entgiftend und ausgleichend, entzündungshemmend und fördern die Blutgerinnung. Äpfel harmonisieren die Verdauung und beugen der Gefäßverstopfung und dem Herzinfarkt vor.

Allerdings soll der Apfel auch richtig gegessen werden. Er darf nicht zu kalt sein, muss mit Schale genossen (was einen biologisch angebauten Apfel voraussetzt) und lange und ausführlich gekaut werden. Außerdem wird empfohlen, nach 17.30 Uhr keine Äpfel mehr zu essen, da dies zu Stoffwechselstörungen führen kann. Gut verträglich ist der Apfel zudem als Mus, mit Zimt verkocht, oder als Apfelkuchen mit Schlagsahne.

Eine interessante Apfel-Variante ist der Apfellikör.

Man braucht dazu 20 Äpfel, den Saft von einer Zitrone, 0,7 Liter Wodka, 1 Teelöffel ganzen Koriandersamen, 350 g Zucker, 125 ml Wasser und eine Prise Zitronensäure. Die Äpfel werden geschält und das Fruchtfleisch wird fein gewürfelt. Jetzt werden Zitronensaft, Wodka und Koriander zugegeben und, unter gelegentlichem Rütteln und Schütteln, 2 Wochen stehen gelassen. Anschließend gibt man die Lösung, die aus Zucker, Wasser und Zitronensäure hergestellt wurde, zu und lässt alles wieder 2 Wochen ruhen. Zum Schluss wird alles gefiltert und in Flaschen abgefüllt.

Die späte Frau Holle – Holunderbeeren

Wie im Mai schon beschrieben, ist es jetzt an der Zeit, die Beeren von Frau Holles Strauch zu pflücken. Frau Holle trägt nun nicht mehr ihr zartes, weißes Frühlingsgewand, sondern zeigt sich als die dunkle Botin des Winters. Von den Beeren dürfen nur wenige roh gegessen werden, weil sie schwach giftig sind. Man kann sie jedoch wunderbar zu Marmelade verarbeiten, bevorzugt mit Birnen oder den Früchten des Weißdorn.

Medizinisch hilfreich bei den jetzt bald zu erwartenden Erkältungskrankheiten ist der Holunderbeerensaft, der kräftigend, hustenstillend und schweißtreibend wirkt. Dazu verwenden Sie 1 Kilo Beeren, eine halbe Vanillestange, den Saft einer Zitrone und 300 g Zucker. Die Beeren mit Wasser bedeckt in den Topf geben und mit der Vanille, dem Zitronensaft und dem Zucker ca. 20

Minuten auf niederer Temperatur köcheln lassen. Den Saft durch ein Sieb pressen, nochmal aufkochen und in saubere Flaschen füllen. Bei einer Erkältung heiß getrunken, wirkt der Saft auf den ganzen Körper. Zum Glühwein variieren lässt sich der Saft auch mit etwas Rotwein, Zimt und einer Nelke.

Auf die kommenden dunklen Tage bereiten Sie Ihre Haut durch eine nährende Gesichtsmaske vor, die Wind und Wetter besser ertragen lässt. Sie benötigen: 1 Teelöffel Honig, 1 Eiweiß und 50 g Gerstenmehl. Sie schlagen das Eiweiß zu Schnee und mischen den Honig und das Gerstenmehl darunter. Dann wird die Maske auf das Gesicht aufgetragen. Nach einer Einwirkzeit von ca. 20 Minuten wird die Maske mit warmem Wasser abgewaschen.

Oktober
Zeit des Abschieds und des Loslassens

Welkende Rosen

Möchten viele Seelen dies verstehen,
Möchten viele Liebende es lernen:
So melodisch zu verhallen,
So im Taumel auseinanderwehen,
So in rosiges Blätterspiel zerfallen,
Lächelnd sich vom Liebesmahl
entfernen,
So den eigenen Tod als Fest begehen,
So gelöst dem Leiblichen entsinken
Und in einem Kuss den Tod zu trinken.

Hermann Hesse

Die Kräfte der Natur im Oktober

Ein Hauch von Melancholie liegt jetzt in der Luft, im Monat des fallenden bunten Laubes und der heranrückenden Dunkelheit. Die Natur hüllt sich anfangs noch in die warmen, goldenen Farben des Herbstes, die man am liebsten festhalten würde in ihrer Schönheit. Dank des Altweibersommers stehen die Chancen auf schönes Wetter gut. Bezaubernd und strahlend ist der Abschied von der Fülle der Natur. Nur im Wein, der jetzt im Oktober den letzten Schliff erhält, oder im Most, dem vergorenen Apfelsaft, gelingt es uns, ein wenig von der Sonnenkraft zu bewahren.

Doch die ersten Vorboten des Winters sind unübersehbar. Die Kraft der Sonne erlahmt und die ersten dichten Nebel ziehen auf. Stehen Anfang des Monats die Bäume noch in buntem Blättergewand, so erleben wir im Verlauf des Monats das große Absterben. Die Pracht vergeht. Die Insektenwelt stirbt oder verkriecht sich so weit wie möglich in die Erde. Der Boden ist übersät von braunem, welkem Laub, und die Äste bleiben kahl, grau und trostlos zurück.

Jetzt müssen die Energiereserven überprüft werden. Für viele Tiere besteht nun die letzte Möglichkeit, für den Winter Nahrungsvorräte anzulegen und Winterquartiere zu errichten. Die Menschen pflanzen für das Frühjahr und beenden dann die Gartenarbeit. In früheren Zeiten wurde das Vieh geschlachtet, für das nicht genug Winterfutter vorhanden war. Die Zeit der Ruhe beginnt.

Die Bauernregeln im Oktober lauten:
Hält der Oktober das Laub, wirbelt zu Weihnachten Staub.
Schneit's im Oktober gleich, dann wird der Winter weich.
Im Oktober der Nebel viel, bringt im Winter der Flocken Spiel.

Die alten Namen des Oktober lauteten Gilbhart, von altdeutsch „vergilbtes Laub", Weinmond oder Reifmond wegen der ersten Nachtfröste. Schlachtmond oder Sterbemonat hieß der Oktober, weil früher ein kaltes und feuchtes Oktoberwetter eine deutliche Häufung an Sterbefällen nach sich zog. Der Name Oktober leitet sich vom lateinisch octo ab, er war der achte Monat nach altrömischer Zählung.

Die energetische Qualität des Oktober ist der allmähliche Abschied von der aktiven, nach außen gerichteten Energie. Die Kräfte des Wachstums ziehen sich zurück, von außen nach innen, durch den Stamm in die Wurzeln und hinein in die Erde. Und während das äußere Leben abstirbt, sucht die Lebenskraft einen neuen Ort in ihrer eigentlichen Heimat, der Erde, um dort die Rückbindung zu suchen, die Heilung und Erneuerung bringt. Sichtbar bleiben nur der Stamm und seine Äste zurück, reduziert auf das Wesentliche, das Zentrum, mit all seinen gewachsenen Verzweigungen. Die strahlenden Farben, mit denen sich die Natur verabschiedet, verweisen darauf, dass auch in der letzten Reife und im Abschied eine große Schönheit liegt.

Die Themen im Oktober

Rückblick und Wahrhaftigkeit

Wollen wir uns die Oktoberenergie zunutze machen, dann ziehen wir uns für eine Weile aus der gewohnten Welt der Äußerlichkeiten zurück und lassen einmal unsere Schutzhüllen und Masken, die wir nach außen tragen, wie das Herbstlaub fallen. Alles Gefällige, Schöne und Verzierende, alle Identitäten, mit denen wir uns selbst definieren, dürfen wir nun abstreifen und uns auf das besinnen, was eigentlich unseren Kern, unsere Persönlichkeit ausmacht, jenen „Stamm" unseres Daseins, der entstanden ist in einer individuellen Geschichte, mit allen Verwachsungen und Abweichungen von der Norm. Verstecken wir uns einmal nicht mehr, sondern zeigen wir uns so, wie wir sind, mit allen Ecken, Kanten und Irrtümern. Der Oktober ist die Zeit, sich seinen Lebenslügen zu stellen und der Wahrheit ins Gesicht zu sehen. Ein Rückblick bietet sich an, während sich die Natur verabschiedet und die Ernte des Jahres vor uns liegt. Was wurde aus den Visionen und Ideen, den Träumen und konkreten Projekten, die wir ins Leben rufen wollten? Wie viel konnten wir von dem umsetzen, was uns wirklich wichtig war? Haben wir uns ernst genug genommen und genug geliebt, um nach den eigenen Regeln und Träumen zu leben?

Ziehen wir Bilanz. Der Oktober lehrt die Fähigkeit der Unterscheidung in Brauchbares und Unbrauchbares. Bei aller Liebe im

Leben sind es doch die Grenzen und die nötigen Einschnitte, die Klarheit und Halt geben. Wer oder was hat Sie auf Ihrem Weg unterstützt, hat Sie gestärkt und genährt oder auch – im Negativen – als Stachel in Bewegung gesetzt? Wer oder was hat Ihnen gut getan? Das ist die Saat des nächsten Jahres.

Wer oder was hat Sie stattdessen behindert, hat Sie gebremst, abgelenkt und verunsichert, hat Ihnen Kraft geraubt und Sie geschwächt? Hier darf das geistige Schlachtmesser gezückt und es dürfen klare Grenzen gesetzt werden. Entscheiden wir, was wir wirklich brauchen und lassen alles andere beherzt los. Übernehmen wir die Verantwortung für unsere Energie.

Das große Hergeben

Wie wir uns im September mit dem Annehmen von Gaben beschäftigt haben, ist das Thema des Oktobers das Hergeben. Wollen wir in einem energetischen Gleichgewicht leben, dann sollten wir für alle Gaben, die das Leben für uns bereit hält, etwas Angemessenes zurückgeben. Wie in einem Fluss führt ein Stau der Energien dazu, dass entweder nichts mehr nachfließen kann oder eine Überschwemmung zur Katastrophe führt. In früheren Zeiten waren Opfer selbstverständlich. Wertvolles wurde den göttlichen Mächten zurückgegeben für deren Unterstützung. Selbst das Kostbarste, menschliches Leben, war als Opfer für das Heiligste gerade kostbar genug. Wie schwer dagegen fällt es uns manchmal, etwas herzugeben, das uns ans Herz gewachsen ist, und wie bereit sind wir, Materielles zu horten und anzuhäufen, ohne dafür etwas ins große Netz einzuspeisen. Hergeben, verschenken, opfern – so schmerzhaft es sich anhört, so sehr erleichtert es auch, loszulassen und buchstäblich unbeschwert zu sein.

Ende Oktober oder Anfang November, wenn das große Sterben in der Natur beginnt, fühlen viele Menschen eine große Trauer in sich. Der Tod, das letzte Tor des Lebens, rückt nah an uns heran und lässt sich nicht mehr aus dem Bewusstsein verdrängen. Wir werden mit der Frage konfrontiert, wie wir einst jenem letzten Loslassen dessen begegnen, was wir das „Ich“ nennen. Glücklicherweise erleben wir schon während unserer Lebzeiten viele kleine „Tode“. Wir üben den Abschied immer wieder – von Menschen, Ansichten, guten oder schlechten Zeiten – um als Meisterinnen und Meister des Loslassens im Kleinen irgendwann dem letzten großen Abschied zu begegnen. Da wir uns dem Tod nicht entziehen können, bleibt uns nur der tapfere Blick hinein ins Auge des Sturmes und die Bereitschaft, immer wieder gehen zu lassen, was wir festhalten. Nichts ist sicher und beständig, außer der Bewegung selbst.

Mythen, Bräuche und göttliche Wesen

Für die bäuerliche Bevölkerung begann früher der Winter im Oktober, offiziell am 16. Oktober, am Tag des Heiligen Gallus, einem Lostag, der von zahlreichen Ge- und Verboten bestimmt war. Kinder, die an diesem Tag geboren werden, hieß es früher, kämen mit magischen Fähigkeiten zur Welt.

Göttliche Kriegerinnen und Krieger

Passend zur Härte des herannahenden Winters, zur Schlacht- und zur Jagdzeit, bestimmen kriegerische Göttinnen und Götter den Oktober. Gerade die Kelten, die vor allem den südlichen Raum Deutschlands einst über einen langen Zeitraum besiedelten, kannten zahlreiche Kriegsgötter und vor allem -göttinnen, die deutlich erkennen ließen, dass Kampf und Stärke kein reines Privileg der Männer waren. Kriegsgötter wie Teutates, ein Stammesgott, der sein Volk kraftvoll zu schützten wusste, und Helden wie der unbesiegbare Cuchulain bevölkern die Mythen der Kelten. Die dunkle Morrigan, deren heilige Vögel, die Aas fressenden Krähen, als Boten des Todes gefürchtet waren, die finstere Macha und die alte, todbringende Badb verkörperten zwar tödliche Mächte, die jedoch nie als „böse", sondern als notwendiger Teil des Daseins erlebt wurden. Entstehen und Vergehen erhielten gemeinsam das Gleichgewicht der Kräfte. Die Germanen kannten neben den Kriegsgöttern Ziu/Tiu, Saxnot und Odin auch weibliche Kriegerinnen, die Walküren, die schützend oder zerstörend in Schlachten eingriffen und dabei von der Liebesgöttin Freya angeführt wurden. Der donnernde Thor beschützte mit seinem magischen Hammer die verletzliche Menschenwelt vor den Riesen, jenen ursprünglichen Gewalten der Elemente, die das menschliche Dasein ständig bedrohten.

Zu den mächtigen Göttern passt auch der Festtag der Heiligen Ursula am 21. Oktober. Ursula, eine christliche Märtyrerin, von der es hieß, sie habe 11.000 Gefährtinnen gehabt, geht zurück auf eine alte Bärengöttin namens Ursa. Schon die Antike kannte die Verehrung der Großen Bärin als den Inbegriff einer kämpferischen und zugleich liebevollen Göttin, die ihre Kinder schützt und behütet. Das Sternbild des „Großen Wagen" heißt noch immer im Lateinischen „Ursa major", Große Bärin.

Opferbräuche

Opfer fanden früher traditionell zwischen Ende September und Mitte November statt. Das christliche Erntedankfest ist ein Nachfolger jenes Herbst-Opferfestes der Germanen, das Blot (von „Blut", englisch „blood") genannt wurde und ursprünglich Ende September stattfand. Opfer für die göttliche Welt sind ein Bestandteil aller Religionen. Sie sind Ausdruck der Dankbarkeit, sie stellen das Gleichgewicht der Energien im großen Netz wieder her und sind ein Weg der direkten Kontaktaufnahme zu der jenseitigen Welt, aus der wir kommen und in die wir eines Tages wieder zurückkehren. Tier- oder Menschenopfer stellten das Verbindungsglied dar zwischen den Welten. Im Augenblick des Todes, so glaubte man, öffnete sich das Tor zwischen den Welten, und das Opfer wurde zum heiligen Mittler zwischen den Sphären, das dadurch selbst Göttlichkeit erlangte. Viele Menschenopfer, das wurde nachgewiesen, wurden freiwillig erbracht, als Dienst an der Gemeinschaft und als Weg zu eigener Göttlichkeit. Das Bild des Gottes, der zuvor Mensch war und dessen Opfer der Welt den Segen bringt, entstammt ebenfalls dieser Vorstellungswelt. Pferde galten den Germanen als besonders heilige Tiere und waren deshalb ein würdiges Opfer für die Götter, vor allem für den Opfergott Odin und dessen achtbeiniges Pferd namens Sleipnir. Das Opfertier wurde rituell getötet, Kopf und Fell als Zeichen für die göttliche Welt auf einen Stab gespießt, während das Fleisch gekocht und gegessen wurde. So hatte man Teil am Opfer und nahm dessen Heiligkeit in sich auf. Das Essen von Pferdefleisch war deshalb den Christen verboten und die nichtchristlichen Völker beschimpfte man noch lange Zeit als „Pferdefresser". Manche Märchen und Sagen erinnern an die alten Opferriten, wie zum Beispiel die Grimmsche „Gänsemagd", bei der ein Pferdekopf an der Wand aufgehängt wird, der spricht und Gutes tut. Es handelt sich hier offensichtlich um ein heiliges Tier, das geopfert und dadurch direkt mit dem Göttlichen verbunden wurde. Auch Gänse galten als heilige Opfertiere, als Weissagevögel, die dem germanischen Thor/Donar geweiht waren. Auch hier gibt es zahllose Märchenerzählungen von Gänsehirten und -hirtinnen, die mit magischen Gänsen ihr Glück fanden.

Meditationen, Rituale und Feste

Begrüßung der dunklen Hälfte des Jahres

Stellt sich auch bei Ihnen die typische Herbstdepression ein, wenn Ende Oktober die Blätter fallen? Dann versuchen Sie es einmal damit, die dunkle Hälfte des Jahres ganz bewusst und herzlich zu begrüßen.

Nehmen Sie sich etwa eine Stunde Zeit für dieses kleine Ritual. Der beste Zeitpunkt ist der Sonnenuntergang oder der dunkle Abend. Sie können in die Natur hinausgehen oder auch zu Hause am Fenster sitzen, wie es Ihnen angenehmer erscheint. Als Utensilien benötigen Sie lediglich ein paar Teelichte und ein Feuerzeug. Setzen Sie sich auf den Boden, kochen Sie sich eine leckere Tasse Tee und setzen Sie sich bequem hin.

Atmen Sie nun ein paar Mal tief durch und ziehen Sie geistig einen Kreis um sich, der Ihnen das Gefühl von Sicherheit und Geborgenheit schenkt. Kommen Sie dann innerlich zur Ruhe und lassen alle Sorgen und Gedanken los. Sie sind jetzt bereit, die Zeit des Lichtes und der Helligkeit zu verabschieden. Lassen Sie den Sommer noch einmal vor Ihrem inneren Auge Revue passieren. Erinnern Sie sich an die Wärme und das Licht bis spät in die Nacht. Dann verabschieden Sie alles, das Gute wie das Schlechte, auch wenn es Sie ein wenig wehmütig stimmt. „Ich verabschiede das Licht und die Sonne, ich verabschiede Stress und Hektik, ich verabschiede die Zeit der Aktivität und des Tätig-Seins." Lassen Sie es dann richtig dunkel werden in Ihrem Zimmer und bleiben Sie eine Weile im Finsteren sitzen. Atmen Sie tief und erlauben Sie sich, die Dunkelheit anzunehmen. „Ich begrüße die Zeit des Nach-innen-Gehens. Ich begrüße die Zeit der Kahlheit und der Konzentration auf das Wesentliche. Ich begrüße die Zeit des Glühweins und des gemütlichen Kerzenlichtes. Ich begrüße die Ruhe, ein gutes Buch zu lesen und Briefe zu schreiben ..." Was gibt es für Sie Schönes im Winter? Skifahren? Weihnachten? Begrüßen Sie es und freuen Sie sich darauf. Für jede Begrüßung entzünden Sie ein Teelicht. Bald sitzen Sie im Feuerschein wieder im Hellen. Abschließend fügen Sie, wenn Sie möchten, noch ein kleines Gebet hinzu. Bitten Sie alle Wesen Ihres Vertrauens um einen guten Winter, um Schutz, Liebe und Gesundheit. Nun öffnen Sie im Geist Ihren Kreis wieder.

Meditation zum Rückzug der Energien

Wie wir im Frühling und Sommer nach außen traten und uns erlaubten, zu wachsen und unsere Fähigkeiten in Taten zu entfalten, ziehen wir unsere Energien nun nach innen zurück, um unsere Kräfte zu erneuern.

Die Erdungsmeditation des März, in der wir uns im Sommer als Baum wachsend, blühend und reifend erlebten, dient uns nun wieder als Bild, um unsere Energien nach innen zu wenden. Suchen Sie sich an einem schönen Oktobertag einen Ort der Meditation in Sichtweite eines Baumes, dessen Blätter bereits fallen. Sorgen Sie für Ungestörtheit und lassen Sie zuerst einmal das Bild des Baumes auf sich wirken. Stellen Sie sich dann fest auf den Boden, die Beine hüftbreit gespreizt und mit leicht angewinkelten Knien, so dass Sie einen guten Stand haben. Atmen Sie einige Male tief in den Bauch, und lassen Sie mit dem nächsten Ausatmen wie immer aus Ihren Fußsohlen geistige Wurzeln nach unten wachsen, bis sie schließlich in das heiße Herz der Erde eintauchen. Atmen Sie die Erdkraft in alle Körperteile hinein und lassen Sie sie als energetische Äste aus Ihrem Scheitel zum Himmel hinaufwachsen. Nehmen Sie dort das Licht des Himmels auf und atmen es ebenfalls in Ihren Körper bis hinunter in die Wurzeln.

Bleiben Sie nun noch einen Moment bei diesem inneren Bild, nehmen Sie Ihre gewachsenen Äste, Blätter, Blüten und Früchte wahr. Nun wird das Licht der Sonne schwächer und Sie fühlen, wie von tief unten die Erde ihre Kinder zurückruft. Immer stärker wird der Sog der Energie, die von außen nach innen, von oben nach unten führt. Machen Sie sich jetzt bereit, loszulassen. Verabschieden Sie sich. Alle Kraft, die nach außen gerichtet war, ziehen Sie nun nach innen zurück. Stellen Sie sich vor, Sie ließen Ihre Blätter fallen, eines nach dem anderen. Mit jedem Blatt ziehen Sie Ihre Energie von einem Teil Ihres Lebens zurück. Wo immer Sie Kraft verwendet haben, am Arbeitsplatz, in Ihren zwischenmenschlichen Beziehungen oder im Alltag, mit dem Einatmen lassen Sie jeden Bereich wie ein Blatt fallen und Ihre Kraft kehrt von dort zu Ihnen zurück. Trauer kann Sie überkommen, Wehmut oder Angst. Akzeptieren Sie alle Gefühle, sie haben ihre Berechtigung, aber bleiben Sie dabei, Ihre Kraft in Ihren Stamm zurückzuziehen. Alles, was Ihnen Kraft gegeben und genommen hat, verlässt Sie nun. Sie sind jetzt ganz bei sich. Ihre Energie fließt in Ihr Becken, sammelt sich dort in einem roten Ball und ruht in Ihnen. Stille umgibt Sie. Atmen Sie weiter tief in den Bauch. Alle Stärke ruht in Ihnen, alles Erlebte kann nun verarbeitet und verwandelt werden. Sie sehen nun Ihr wahres Gesicht, ohne schmückendes Beiwerk, verletzlich, kraftvoll und lebendig. Sie sind in Ihrem Inneren sicher und geborgen, umhüllt von einer starken, widerstandsfähigen Rinde. Nehmen Sie das innere Bild der zurückgezogenen Energie und des geschützten Bei-sich-Seins mit in den Alltag und rufen Sie es sich immer dann vor Augen, wenn Sie Ihre Kraft für sich selbst verwenden wollen.

Ein Loslass- und Trennungsritual

Der Herbst allgemein ist ganz besonders geeignet dafür, Dinge oder Menschen aus dem Leben zu verabschieden, deren Ende gekommen ist. Das können alte Gewohnheiten ebenso sein wie eine Liebe, die zu Ende gegangen ist oder ein Schmerz, der Heilung gefunden hat. Achten Sie jedoch darauf, nur das zu verabschieden, was ein natürliches Ende gefunden hat. Manchmal neigen wir dazu, Dinge einfach loswerden zu wollen, weil sie uns unangenehm sind und wir sie deshalb aus unserem Leben entfernt sehen wollen. Das funktioniert jedoch nicht so einfach, weil die unangenehmen Seiten des Lebens ebenso wie die angenehmen nicht ohne Grund in unser Leben getreten sind. Zu Ende gegangen ist etwas, wenn wir seine Lektion gelernt haben und deshalb darauf verzichten können. Hängen noch intensive Gefühle daran, dann ist vielleicht der richtige Zeitpunkt noch nicht gekommen. Man kann es zwar verabschieden, doch muss man damit rechnen, dass dieser Abschied öfter wiederholt werden muss, bis er völlig gelingt.

Für dieses Ritual eignet sich besonders der abnehmende oder der Neumond. Führen Sie das Ritual im Freien durch, weil hier die Elemente präsenter sind. Sie brauchen für das Ritual Papier oder ein größeres Stück Pappe, einen Stift, eine Kerze mit Feuerzeug, eine feuerfeste Schale, etwas Mehl, eine Schale Wasser, eine Feder und einen Stein. Außerdem sollten Sie ein kleines Loch graben, in das Sie später die Asche versenken können.

Legen Sie alle Gegenstände in der Mitte des Ritualortes nieder. Wenn Sie bereit sind, dann errichten Sie mithilfe des Mehls einen Kreis um sich und alle Gegenstände. Kommen Sie nun innerlich zur Ruhe. Verneigen Sie sich in alle vier Himmelsrichtungen, beginnend im Osten, und richten Sie dann Ihre Gedanken auf die göttlichen Kräfte, denen Sie vertrauen. Bitten Sie um die Unterstützung der Elemente. Heben Sie die Schale mit Wasser und bitten Sie das Element Wasser um seine reinigende Kraft. Stellen Sie die Schale im Westen des Kreises ab. Entzünden Sie die Kerze und bitten das Element Feuer um die Kraft der Verwandlung. Stellen Sie die Kerze und die Feuerschale in den Süden des Kreises. Atmen Sie tief und ganz bewusst ein und bitten Sie die Luft um die Kraft der Inspiration. Legen Sie die Feder in den Osten. Dann nehmen Sie den Stein und bitten die Erde um die Kraft, aus Altem den Humus für Neues, Lebendiges zu schaffen. Legen Sie den Stein an die Kreis-Nordseite. Nun fordern Sie alle Kräfte der Verwandlung auf, Ihnen bei Ihrem Vorhaben beizustehen und zu einem guten Gelingen zu führen. Atmen Sie tief und konzentrieren sich nun ganz auf Ihr Anliegen.

Was ist es, das Sie aus Ihrem Leben verabschieden wollen? Stellen Sie es sich genau vor, lassen Sie es ganz lebendig werden vor Ihrem inneren Auge. Wenn es eine Beziehung ist, dann erinnern Sie sich ganz genau an den Menschen und Ihre Gefühle für ihn. Spüren Sie, wie alte Gewohnheiten oder alte Denkmuster an Ihnen haften, wie es sich anfühlt, gebunden zu sein. Fühlen Sie die guten und die schlechten Anteile daran. Schreiben oder malen Sie nun das, was Sie gehen lassen möchten, auf das Blatt Papier oder die Pappe. Sie können Symbole verwenden, ein Bild malen oder Ihre Gefühle und Gedanken mit Worten ausdrücken. Lassen Sie alle Gefühle zu, die in Ihnen aufsteigen, nehmen Sie sie einfach wahr und bleiben Sie einen Moment dabei.

Nun ist es an der Zeit, im zweiten Schritt die Verbindung zu lösen und das Alte gehen zu lassen. Sind Sie wirklich bereit, Abschied zu nehmen? Dann sammeln Sie Ihre Konzentration auf das Gefühl, loszulassen, mit allen Konsequenzen. Wenden Sie sich nun in die Himmelsrichtung Osten. „Ich lasse dich los, (nennen Sie Ihr Anliegen). Ich bin bereit, ohne dich zu leben. Ich habe alles gelernt, was ich lernen sollte." Holen Sie tief Luft und blasen Sie auf das Blatt Papier. „Alles was meinen Kopf und meinen Geist an dich bindet, gebe ich jetzt diesem Papier mit." Wenden Sie sich in Richtung Süden und blicken Sie in die Kerze. „Macht des Feuers, dir übergebe ich mein Anliegen zur Verwandlung. Alles, was gebunden ist, werde zu Asche." Entzünden Sie Ihr Papier in der feuerfesten Schale, und während es vollständig verbrennt, spüren Sie, wie die Verbindung dessen, was Sie loslassen, zu Ihnen abbricht. Wenden Sie sich dann mit der Schale voll Asche in den Westen (verbrennen Sie sich die Finger nicht, die Schale kann heiß werden). Heben Sie das Glas Wasser hoch und sprechen Sie: „Alles, was meine Gefühle an dich bindet, löse ich nun mit der Kraft des Wassers. Ich lasse dich in Liebe gehen und ohne Groll, denn einst warst du wichtig in meinem Leben. Ich erbitte den Segen für dich und für mich." Gießen Sie das Wasser in die Feuerschale. Wenden Sie sich dann mit der Schale voll Wasser und Asche in den Norden. Nehmen Sie den Stein zur Hand und sprechen Sie: „Kraft der Erde. Dir übergebe ich mein Anliegen (benennen Sie es noch einmal), das nun endgültig aus meinem Leben gegangen ist. Zu dir kehrt alles zurück." Verlassen Sie dann den Kreis und gehen Sie mit Ihrer Schale zu dem Loch in der Erde.

Geben Sie sich noch einen Moment der Stille. Können Sie fühlen, dass etwas Ihr Leben verlassen hat? Fühlen Sie auch für einen Moment die Leere, die entsteht, wenn etwas geht. Atmen Sie tief die Trennung in Ihren ganzen Körper hinein. Es ist vorbei. Die Energie, die das Alte an Sie gebunden hat, strömt zu Ihnen zurück. Sie sind ärmer und reicher als zuvor. Fühlen Sie sich traurig, verlassen oder auch erleichtert, dann ist es ein Zeichen dafür, dass die Lösung erfolgt.

Nun machen Sie sich bereit für den dritten Schritt der Verwandlung. Schütten Sie den Inhalt Ihrer Schale in das Erdloch. Sollten Sie dem Vergangenen noch negative Gefühle entgegenbringen, dann versenken Sie sie ebenfalls in der Erde. Sollten Sie sich von einem Menschen getrennt haben, wünschen Sie ihm oder ihr für den weiteren Lebensweg alles Gute, denn jeder Mensch tut nur das, was ihm zum betreffenden Zeitpunkt möglich ist. Bedecken Sie die Asche mit Erde und sprechen Sie: „Von den Elementen verwandelt, gebe ich nun die Asche des Vergangenen an jenen Ort, der uns alle wieder in sich aufnimmt. Möge daraus ein Nährboden entstehen, auf dem Neues wachsen und sich entfalten kann."

Dann danken Sie den Elementen und Ihren göttlichen Unterstützern und verneigen sich wieder in die Himmelsrichtungen. Lösen Sie den Kreis auf. Sie haben einen großen Schritt zur Loslösung getan.

Kräuterkraft und Pflanzenschönheit

Die Fülle des frischen Gemüses geht nun langsam zu Ende. Noch ist es Zeit für köstliche Pilzgerichte und Kürbissuppen. Quitten und späte Apfelsorten sind ebenfalls reif.

Die Hagebutte (Rosa canina)

Wer noch einmal Lust auf Sammeln und Selbermachen hat, kann sich im Oktober der Hagebutte widmen, die bei uns allerorten an Hecken und Gebüschen hängt. Sie ist eine der vitaminreichsten Früchte und daher wie geschaffen, um Erkältungen im Herbst und Winter zu überstehen. Vor allem der Vitamin-C-Gehalt ist hoch. Ein Esslöffel Hagebuttenmus deckt den Tagesbedarf eines Erwachsenen. Gerade bei Grippe, Fieber, allgemeiner Schwäche und Antriebslosigkeit ist die Hagebutte eine unentbehrliche Helferin. Außerdem wirkt sie harntreibend bei Nierenproblemen, kräftigt das Zahnfleisch und hilft bei Mundschleimhaut-Entzündungen[lvii].

Sammeln Sie die Hagebutten in größeren Mengen und entkernen Sie sie. Kinder benutzen die Kerne gern als Juckmittel, da sie mit hautreizenden Haaren bestückt sind. Die Schalen können getrocknet oder frisch zu Tee verarbeitet werden. 2 Teelöffel entkernte Hagebutten werden dazu mit 1/4 Liter kaltem Wasser ca. 10 Minuten gekocht.

Etwas herber, aber gut nach der fetten Martinsgans schmeckt auch ein Hagebutten-Schnaps.

Frische Hagebutten werden nach dem ersten Frost geerntet, entkernt und gesäubert. Dann übergießen Sie das klein geschnittene Fruchtfleisch mit einem Schnaps Ihrer Wahl. Unter gelegentlichem Schütteln lässt man das Getränk 6 Wochen stehen. Dann wird das Fruchtfleisch herausgefiltert und der Schnaps zu seiner Vollendung noch einmal 4-5 Monate gelagert, um abschließend ein letztes Mal gefiltert zu werden.

Der Kürbis (Cucurbita pepo)

Kürbisse in allen Größen, Farben und Formen sind ein Kennzeichen des Herbstes. Neben der Eigenschaft, dass sie sich wunderbar aushöhlen und zu leuchtenden Gruselköpfen verarbeiten lassen, verfügen Kürbisse aber auch über zahlreiche energiespendende Stoffe. Vor allem an Mineralstoffen und wichtigen Vitaminen sind sie reich. Auch die Kürbissamen sind sehr gesund, weisen einen hohen Anteil an ungesättigten Fettsäuren und B-Vitaminen auf und wurden seit alters her als Wurmmittel verwendet.[lviii] Im Tantra und Ayurveda kommen den Kernen sogar aphrodisische und rituelle Qualitäten zu.[lix]

Wer es etwas sinnlicher liebt, bereitet eine vorweihnachtliche Kürbis-Apfel-Wein-Marmelade zu. Dazu braucht man 1200 g Kürbis (netto), 800 g Apfel (netto), 500 ml Wein, am besten Riesling oder einen anderen Wein mit viel Säure, 50 g Ingwer, Orangenschale von einer Orange, Piment oder Nelken oder Zimt, gemahlen, und 1000 g Gelierzucker 2:1.

Kürbis und Apfel schälen und in ca. 2 mal 2 cm dicke Würfel schneiden. Den Ingwer ebenfalls schälen und fein würfeln. Alles mit dem Wein aufkochen und ca. 20 Minuten weich dünsten. Anschließend mit dem Stabmixer pürieren. Mit Piment oder Nelken abschmecken. Die Fruchtmasse mit dem Gelierzucker drei Minuten sprudelnd zu Marmelade kochen. Wer es nicht so „weihnachtlich" mag, kann die Gewürze auch weglassen.

Jetzt, wo der Herbst kommt, gönnen Sie Ihrer Haut auch noch eine Vitaminspritze mit einer Kartoffelbreimaske. Eine frisch gekochte große Pellkartoffel wird geschält, zerdrückt und mit etwas Milch und einem Eidotter zu Brei verrührt. Erhitzen Sie alles noch einmal im Wasserbad und tragen Sie es so heiß wie möglich auf die Gesichtshaut auf. Decken Sie Ihr Gesicht nun noch einmal kurz mit einem Handtuch zu, so dass die Wärme noch eine Weile erhalten bleibt. Nach 20 Minuten mit heißem Wasser abwaschen und eiskalt nachspülen, das macht die Haut zart und geschmeidig, glättet und nährt sie und lässt Sie künftige Kälte gut überstehen.

November: Zeit des Rückzugs zu den Wurzeln

Im Nebel

Seltsam, im Nebel zu wandern!
Einsam ist jeder Busch und Stein,
Kein Baum sieht den anderen,
Jeder ist allein.
Voll von Freunden war mir die Welt
Als noch mein Leben licht war.
Nun, da der Nebel fällt
Ist keiner mehr sichtbar.

Wahrlich keiner ist weise,
Der nicht das Dunkel kennt,
Das unentrinnbar und leise
Von allen ihn trennt.
...

Herrmann Hesse

Die Kräfte der Natur im November

Im November hat der Herbst sein buntes Farbenspiel beendet. Neblig und kalt herrscht nun ein ungemütliches Wetter draußen. Von den kahlen Bäumen, die im matten, nassgrauen Licht wie Spukgestalten aussehen, tropft der Nebel. Die Erde riecht nach Moder und Humus. Der Tod hat überall Einzug gehalten in der Tier- und Pflanzenwelt.

Anfang November stehen wir vor einer Wetterwende, die den Winter mit schnellen Schritten vorbereitet. Das typische Herbstwetter fängt jetzt erst richtig an. Die Herbststürme wehen über das Land und fegen auch die letzten Blätter von den Bäumen. Überflüssiges und Abgestorbenes tragen die Winde mit sich fort.

In den dichten Nebeln des November verschwimmen die klaren Konturen der Wirklichkeit. Fantasiegebilde gaukeln durch die Nebelfetzen, während die Welt ganz plötzlich hinter einer weißen Nebelwand enden kann. Fast unwirklich erscheint die Welt im Nebel. Die Grenzen der alltäglichen Welt werden durchlässiger. Andere Welten und andere Ebenen des Bewusstseins rücken nahe heran und gewinnen an Kontur. Im Schutz des Nebels, so hieß es früher, wagen sich jene Wesen hervor, die für uns sonst nicht sichtbar sind.

Bauernregeln im November:

Baumblüt' im November gar, noch nie ein gutes Zeichen war, denn blühen im November die Bäume aufs neu, wäret der Winter bis zum Mai, aber sind die Bäume im November schon kahl, dann macht der Winter keine Qual.

Nebelmond, Nebelung oder Windmonat weisen eindeutig auf die klimatischen Bedingungen des November hin. Auch „erster Wintermond“ oder „Totenmonat“ waren alte Bezeichnungen des November. Der Name des Monats leitet sich aus der römischen Zählung her, als der November der neunte (lat. novem) Monat des Jahres war.

Die energetische Qualität des November

Der Rückzug des Lebens aus der aktiven Zeit vollendet sich im November. Die Zeit des Loslassens erreicht ihren Höhepunkt. Die Energie des November steht ganz im Zeichen der Vergänglichkeit. Der Tod hat stattgefunden. Und wie immer bei den großen Übergängen von Geburt und Tod öffnet sich das Tor zu jener Welt, aus der das

Leben kommt und in die es nun wieder zurückkehrt. Nichts lenkt mehr ab von der Stille, die dem Ende folgt. Im November ruht das äußere Leben und der Blick richtet sich nach innen und nach „drüben". Die Bereitschaft wächst, Ungewöhnliches wahrzunehmen und die intuitiven Fähigkeiten zu entfalten.

Die Themen des November

Andere Wirklichkeiten wahrnehmen

Jeder Mensch kennt diese besonderen Augenblicke. Plötzlich flackert eine Erkenntnis auf, dass die sichtbare Welt nicht die einzige Realität sein könnte, die für uns Bedeutung hat, und es mehr zwischen Himmel und Erde gibt, als das Auge zu erkennen vermag. Meist verdrängen oder vergessen wir diese kurzen Momente schnell wieder oder verbergen sie hinter der Chiffre „Zufall", jenem magischen Mülleimerwort, das alles zudecken kann, was abweicht von dem, was wir als „normal" und „wirklich" definieren. Unser „gesunder Menschenverstand" weiß diese Erfahrungen einfach nicht einzuordnen. Doch in Zeiten, in denen die Sicherheit unseres wachen Verstandes geschwächt ist, im Halbschlaf, in einer Trance, im Traum oder im Fieber, wenn die Kontrolle unseres denkenden Bewusstseins geschwächt ist, in solchen Zeiten erfährt unser fester Glaube an das, was für uns alltägliche Wirklichkeit darstellt, eine Erschütterung. Beim Spaziergang allein im Wald, wenn die Finsternis ganz an uns heranrückt und uns der Nebel der gewohnten Welt entfremdet, stellt sich eine Ahnung davon ein, dass es nicht nur ein „hüben", sondern auch ein „drüben" gibt, eine Existenz außerhalb unserer materiellen Wirklichkeit. Der Weg dorthin, in allen Religionen eine Selbstverständlichkeit, ist in unserer aufgeklärten, rationalen Welt gründlich zugebaut. Wollen wir ihn beschreiten, dann betreten wir Räume, von denen unsere Logik keine Vorstellung entwickeln kann.

Die Brücke dorthin führt durch die Welt der Träume, der Fantasie, der Intuition und der Ahnung. Nicht Worte sind dabei das Transportmittel, sondern die Welt der Bilder und des Nicht-Fassbaren, die Welt der kindlichen Fantasie. Wenn das Denken zur Ruhe kommt, öffnen sich die anderen Sinne. Der November ist die Zeit, wahrzunehmen, dass diese Welt begrenzt ist und ihre Wurzeln im „Drüben" hat. Das Ende dieser Wirklichkeit ist der Beginn einer anderen.

Die Wurzeln der Ahnen

Der Toten zu gedenken fällt im November nicht schwer, denn die Energie des Vergänglichkeit liegt über dem Land. Eine Verbindung zu den verstorbenen Vorfahren aufzunehmen, ist wahrscheinlich die älteste Form von spiritueller Tätigkeit und führt zurück zum Anfang aller Religion. Fast alle Kulturen kennen und kannten eine Verehrung der Ahnen. Von den eigenen Eltern, Großeltern oder Vorfahren konnte man erwarten, dass sie ihr Wohlwollen, ihren Schutz und ihre Weisheit auch dann noch den Lebenden zur Verfügung stellten, wenn sie selbst schon diese Welt verlassen hatten. Die Götter und Göttinnen unserer Vorfahren waren vielleicht selbst ursprünglich Ahninnen und Ahnen, die sich die Unterstützung ihres Volkes zur Aufgabe gemacht hatten. Die russische Babuschka-Figur ist ein sehr schönes Symbol für die Verehrung der Ahnen: Es ist die Puppe in der Puppe, bis hin zur allerersten Puppe, der Urmutter, die auch die winzigste, entfernteste Figur noch umschließt.

Jeder Mensch trägt seine Ahnen in gewisser Weise in sich. Unser Körper wurde geformt vom Erbe der Ahnen. Die Gene bestimmen nicht nur über die Form jeder einzelnen Zelle unseres Leibes, sie legen auch fest, mit welchen Begabungen und Schwächen wir unser Leben beginnen. Vom Vater die Nase, von der Mutter das Haar und vom Urgroßvater die handwerkliche Begabung. Ob wir scharfe Augen oder eine angeborene Krankheit in uns tragen, bestimmen unsere Gene, die unseren eigentlichen Stammbaum in sich tragen. Sie sind gespeicherte Informationen, die sich von jedem einzelnen Menschen theoretisch zurückverfolgen ließen bis zum allerersten Menschen, sogar bis zur ersten lebenden Zelle. Durch alle menschlichen und tierischen Vorgänger bis zu seinen Anfängen liegt das Wissen unserer Art eingespeichert in die Doppelhelix unserer DNS, gesammelt in Millionen Jahren und ebenso vielen Lebensformen. In uns findet diese Information eine neue, sichtbare Manifestation. Bildlich gesprochen sind wir die äußersten Triebe eines riesigen Baumes.

Doch nicht nur unsere genetischen Voraussetzungen sind eine Gabe der Ahnen. In der Psychologie und Psychoanalyse wird der Familie und ihren Auswirkungen auf die Entwicklung und Entfaltung der einzelnen Menschen eine große Bedeutung beigemessen. In der Familie erleben wir den Start in dieses Leben. Viele unserer seelischen Verletzungen, die unser Handeln als Erwachsene bestimmen, haben ihren Ursprung in der Kindheit. Die Familie gibt uns den Rahmen vor, innerhalb dessen wir uns zu dem Menschen entfalten, der wir sind. Wir geben das Erlernte weiter an die nächste Generation, bewusst und unbewusst. Die Verletzungen aus unseren zerstörerischen Verhaltensmustern erreichen die nächste Generation ebenso wie die positiven Erfahrungen und Erkenntnisse, die wir weitertragen. Manche Familienschicksale wiederholen sich über Generationen in jeder Familie wieder.[lx] Wir sind eingebunden in die Geschichte unserer Herkunft, in Muster von Freud und Leid, die generationenlang weitergegeben wurden.

Das Erbe annehmen

Viele religiöse Traditionen behaupten, dass wir nicht nur körperlich und seelisch, sondern auch spirituell an das Schicksal unserer Familie gebunden sind. Indem wir bewusst Kontakt aufnehmen zu unseren Ahnen, treten wir in Verbindung zu einem Teil unseres Wesens, zu unserem Erbe. Die positiven Seiten des Erbes anzunehmen fällt dabei nicht schwer: Geld, Begabungen, Schönheit, Stärken, die weitergegeben wurden, wie zum Beispiel eine positive Haltung zum Leben oder die Liebe zur Natur, eine gute Hand im Umgang mit Geld oder ein gutes Zahlengedächtnis. Jeder kennt die Stärken seiner Vorfahren, die wir an ihnen und an uns selbst wertschätzen. Doch auch die negativen Seiten des Erbes wollen angenommen werden. Nicht umsonst verfluchte man schon in der Antike „die Kinder und Kindeskinder bis ins siebte Glied."[lxi] Pech und Elend verfolgte die Nachkommen, ohne dass die Einzelnen für die Fehler ihrer Vorfahren eine Schuld trugen. Ein „Familienfluch" lastet auf vielen Familien, ohne dass sie sich dessen bewusst sind, und lässt sie immer wieder die selben Unglücke erleiden. Den Schattenseiten unseres Erbes begegnen wir in den Eigenschaften, die wir schon an unseren Eltern nicht ausstehen konnten und trotzdem auch an uns gelegentlich wahrnehmen müssen. Als Deutsche sind wir auch als Gruppe über unsere Ahnen verstrickt in ein Muster der Verletzung und Schuld, gewoben von Vorfahren, die im letzten Jahrhundert zweimal entsetzliche Kriege und millionenfache Vernichtungen entfachten. Die Schattenseiten des Erbes sind die eigentlichen Aufgaben, die unsere Ahnen an uns weitergeben. Ihnen zu begegnen und sie anzunehmen sind die Herausforderungen für uns auf dem Weg zu Heilung und Lebendigkeit.

Mythen, Bräuche und göttliche Wesen

Die Ehrung der Ahnen

Der protestantische Totensonntag, gefeiert am letzten Sonntag vor dem Advent, und das katholische „Allerheiligen/Allerseelen" am 1. und 2. November sind die christlichen Varianten einer uralten Verehrung der Ahnen, die weit in unsere Geschichte zurückreichen. Das keltische Neujahrsfest Samhain am 1. November, an dem die Ernte mit den Ahnen geteilt wurde, war wahrscheinlich der direkte

Vorgänger des christlichen Totenfestes. Die Kelten gingen davon aus, dass in der Nacht vor dem 1. November der Schleier zwischen den Welten dünn wurde und die Seelen der Toten zu den Lebenden wechselten, um sie als liebevolle Gäste zu besuchen oder auch als wütende Geister heimzusuchen. In dieser Nacht, so glaubte man, verirrte sich manch ein Wanderer im Nebel und verlor sich im Reich der Feen oder Geister. Die christlichen Bräuche schließen sich an diese Vorstellung direkt an. Hier wird am Abend des 31. Oktober das Fegefeuer „ausgeräumt" und die verdammten Seelen ziehen frei umher. Noch heute wandern in manchen Gegenden viele Menschen am 1. November in Prozessionen auf den Friedhof, um mit Wachslichtern in der Hand die Toten an den Gräbern zu besuchen, wenn am Nachmittag das „Seelenläuten" beginnt. Die armen Seelen „steigen aus dem Fegefeuer zur Erde auf und ruhen für kurze Zeit von ihren Qualen aus. ... Die Lebenden sind darauf vorbereitet. Man setzt den Toten Speis und Trank vor und heizt in der Nacht tüchtig die Stube ein. Mit Butter oder Fett gefüllte Schälchen stehen bereit zur Linderung der im Fegefeuer erlittenen Brandwunden ... Seelenwecken und Seelenzöpfe werden von den Lebenden gegessen."[lxii] Im Allgäu legte man die „Seelenbrote" als Opfer für die Toten am Abend in die Stube und die Bedürftigen des Dorfes konnten sich daran satt essen. Je mehr gegessen wurde, desto mehr arme Seelen wurden aus dem Fegefeuer befreit. Um den Seelen den Weg zu den Verwandten zu weisen, höhlte man eine Steckrübe aus, in die man eine Kerze stellte.

Im amerikanischen Halloweenfest, das sich hierzulande immer größerer Beliebtheit erfreut, findet sich die selbe Symbolik wieder, eben in amerikanisierter Form, und lässt deutlich erkennen, dass Halloween ursprünglich von den keltischen Iren in die USA gelangte. Wenn als Gespenster verkleidete Kinder des Nachts durch die Straßen ziehen und Süßigkeiten erbetteln oder Streiche spielen, verkörpern sie, ohne sich dessen bewusst zu sein, eben jene Vorstellung von den Nutzen oder Schaden bringenden Geistern, die diese Nacht unsicher machen. Und auch der Kürbis, mit dem der Hufschmied Jack der Sage nach das Feuer aus der Hölle transportierte, um als Gespenst zu den Lebenden zurückzukehren, nachdem er sowohl am Himmelstor als auch in der Hölle abgewiesen worden war, entspricht den alten Bräuchen.

Der ausgehöhlte Kürbis mit dem Namen „Jack o' Lantern", Nachfolger der alten Steckrübe, erobert als neuer, alter Brauch die Häuser der Gegenwart.

Im November begannen früher auch zahlreiche Orakeltage. Die Zeit um den 1. November gehört ebenso dazu wie der 30. November. Die „Andreasnacht" galt als besonders magische Zeit. Es hieß, wer Glück habe, der treffe um Mitternacht an einem Kreuzweg den Teufel oder die alten Götter, die ihm den Zugang zu unterirdischen Schätzen verrieten.

Sterbe-Bräuche

Unsere Vorfahrinnen und Vorfahren erlebten Leben und Sterben aus einer anderen Perspektive als wir. Die Seele galt ihnen nicht als Möglichkeit, sondern als eine Tatsache, der man Rechnung trug. War ein Mensch gestorben, so galt es als Erstes dafür zu sorgen, dass die Seele auch wirklich ihren Weg aus der Welt der Lebenden hinausfand. Man öffnete die Fenster, nahm Dachziegel aus dem Dach oder stellte Kerzen und Essen auf das Fensterbrett, um der Seele den Weg zu weisen. Man ging davon aus, dass ein gerade erst Verstorbener seine Situation noch nicht richtig begriffen habe, und aus Verwirrung oder böser Absicht heraus den Lebenden als „Wiedergänger", als unerlöste Seele, Schaden zufügen konnte. Auch fürchtete man, dass die Seele andere mit „hinüber" ziehen könnte in den Tod. Man läutete daher sofort nach Eintritt des Todes die Totenglocke, hielt die Uhren an und verhängte die Spiegel. Neben dem Toten stellte man Wasser, Seife und ein Handtuch für das Seelenbad bereit, mit dem sich die

Seele reinigen sollte. War der Bauer eines Hofes verstorben, so teilte man dies dem Vieh, den Bienen, den Pflanzen und sogar dem Hausinventar mit, dass keiner ihm folgen möge. Auch mussten im Augenblick des Todes alle Hausangehörigen wach sein, um zu verhindern, dass jemand „mitgenommen" würde. Nach der dreitägigen Totenwache grub man mancherorts einen Tunnel unter der Tür durch oder brach gar ein Loch in die Hauswand, das man nach dem Hinaustragen der Leiche wieder zumauerte, um den Weg der Toten nicht mit dem der Lebenden zu kreuzen. Auf jeden Fall musste der Tote mit den Füßen zuerst das Haus verlassen und die Körperöffnungen, vor allem die Augen, wurden gut verschlossen, um dem Toten eine Rückbindung an die Lebenden zu erschweren. Man befürchtete, dass die Seele an der Tür- oder Fensterschwelle verharren könnte, denn die Schwelle galt als ein magischer Ort „zwischen den Orten". Zur Ehrung des Toten und als Garant für eine sichere Reise ins Jenseits drückt man noch heute der Leiche Geld für den Fährmann in die Hand. Das Totenmahl, im bayrischen „Leich" genannt, war schon bei den Germanen ein zentraler Teil der Begräbnisriten und ist bis heute üblich. Früher wurde dabei auch dem Toten ein Stuhl und ein Gedeck bereitgestellt.

Göttliche Herrscherinnen und Herrscher der Unterwelt

Tod und Unterwelt, Opfer und Rückzug sind auch zentrale Themen der herbstlichen Götterwelt der früheren europäischen Kulturen. Bei den Kelten stieg der Hirschgott Cerunnos in die Unterwelt hinab, um als Schamane und Wanderer zwischen den Welten zurückzukehren und symbolisch für die Natur Erneuerung und Wiedergeburt zu erleben. Im Heiligen Hubertus, dem Beschützer der Jagd und dem Helfer gegen Tollwut, dessen Feiertag auf den 3. November fällt, hat der Hirschgott seinen christlichen Nachfolger ebenso erhalten wie im Symbol des heiligen Hirsches mit dem Kreuz zwischen dem Geweih. Auch der germanische Odin opferte sich am

Baum des Lebens und erlangte Weisheit und das Wissen, das aus der Erfahrung des Todes entsteht. In der dunklen Zeit übernahm bei den Kelten die Göttin in ihrer Gestalt als Todesbotin, als weise, alte Frau die Macht. Sie brachte im Winter den Tod, wie sie im Frühjahr, als erneuerte jugendliche Göttin, das Leben wieder gebar. Bei den Kelten hieß die dunkle Göttin Cerridwen, die den heiligen Kessel des Lebens und des Todes rührte, bei den Griechen hieß sie Hekate, bei den Germanen war es die schwarz-weiße Hel, die den Toten ihre Heimstadt zuwies. Hel oder Helle wurde in späterer Zeit zur christlichen „Hölle". „Zur Helle fahren" war ein gängiger Ausdruck für Sterben, der jedoch ursprünglich nicht negativ gedacht war. Die germanische Hel steht wahrscheinlich in engem Zusammenhang zur „Holle", jener alten Göttin, die Leben und Sterben gleichermaßen begleitet. Zahlreiche Holle-Mythen im deutschsprachigen Raum weisen sie als freundliche Göttin aus, die den Menschen ebenso das Leben schenkt wie sie es ihnen wieder nimmt, wenn ihre Zeit gekommen ist. Ihr Garten trägt die heiligen Äpfel und das Brot des Lebens. Man gelangt beim Spinnen zu ihr, denn Spinnen und Weben waren ihr heilig. Wenn sie die Betten schüttelt, dann schneit es in der Welt, was sie als Herrscherin der dunklen Zeit kennzeichnet. Die holde Holle zeigt ihr gütiges Gesicht, wenn ihr Wagen Fruchtbarkeit über das Land bringt und aus ihrem See die kleinen Kinder kommen. Doch sie überschüttet ihre Schützlinge nicht nur mit Gold, sondern auch mit Pech, wenn jemand seine Lektion lernen muss. Furchteinflößend erscheint sie mit ihren langen Zähnen und ihrer Nase aus Eisen. Ihre Stirn ist von Sturmwolken umkränzt, und im Winter führt sie das Heer der Toten durch das Land. [lxiii]. Von der Holle gibt es direkte Parallelen zu Frau Gode, der niederbayerisch-österreichischen Frau Percht und zu den Huldren, dem Feenvolk der „Holden".

Die Göttinnen und Götter der Unterwelt sind zwiespältige Figuren. Einerseits gefürchtete, unbestechliche und aus Menschensicht unbarmherzige Überbringer des Todes, symbolisierten sie andererseits aber immer auch die Weisheit, die das Wandeln zwischen den Welten mit sich bringt. So grausam der Tod oder die Tödin erscheinen konnte, sie folgten immer zugleich den Gesetzen der Notwendigkeit.

Meditationen, Rituale und Feste

Der November beginnt mit zwei Meditationen, die etwas Übung in Sachen Geistreise erfordern. Sollten Sie wenig Erfahrung damit haben, dann brauchen Sie vielleicht mehrere Anläufe, bis es richtig klappt. Früher oder später funktionieren innere Reisen jedoch immer und sind eine wunderbare Möglichkeit, Informationen auf einer tieferen Bewusstseinsebene zu erhalten. Vielleicht hilft es Ihnen auch, die Reisen vorher auf Band zu sprechen, oder jemand anderes liest sie Ihnen vor. Achten Sie beim Vorlesen darauf, zwischen den einzelnen Etappen immer wieder genug stille Zeiten einzuplanen, in denen Sie Ihren eigenen Vorstellungen folgen können.

Ein Besuch bei Frau Holle

Sie machen nun eine Reise in die Unterwelt und nehmen Kontakt auf zu einer uralten Göttin. Wenn Sie möchten, lesen Sie sich zuvor das Grimmsche Märchen „Frau Holle“ durch und prägen sich dann den Verlauf dieser Meditation gut ein. Nehmen Sie sich für die Reise eine gute Stunde Zeit, in der Sie nicht gestört werden. Schaffen Sie sich eine gemütliche Umgebung, entzünden Sie ein paar Kerzen und legen Sie sich auf den Boden. Vielleicht brauchen Sie eine Unterlage, ein kleines Kissen und eine Decke zum Zudecken. Sie liegen auf dem Rücken, die Arme rechts und links neben dem Körper, und schließen die Augen. Nun kommen Sie zur Ruhe und atmen tief in den Bauch. Sie entspannen nach und nach Ihre Füße und Beine, das Becken, den Rücken, die Brust, die Schultern, die Arme und den Kopf. Stellen Sie sich vor, jedes Körperteil würde schwer wie ein Stein und sinke in den Boden, während sich mit dem Ausatmen alle Muskeln entspannen. Sie werden langsam müde, schlafen jedoch nicht ganz ein. Nichts ist jetzt mehr wichtig für Sie, als völlig zur Ruhe zu kommen. Steigen ablenkende Gedanken in Ihnen auf, dann konzentrieren Sie sich einfach wieder auf die Meditation. Nun sind Sie entspannt, Ihre Aufmerksamkeit richtet sich nach innen und Sie begeben sich auf eine Reise.

Stellen Sie sich vor, Sie stünden vor einem steinernen Brunnen, wie man ihn von früheren Zeiten her kennt. Sie werfen einen Blick hinunter in den Brunnenschacht und sehen den Boden nicht, der sich in tiefer Schwärze verliert. Setzen Sie sich im Geiste auf die Mauer und lassen Sie Ihre Beine nach innen baumeln. Fühlen Sie den kalten Stein unter Ihrem Po. Sind Sie bereit, sich jetzt fallen zu lassen? Alles loszulassen und zu springen? Geben Sie sich einen Ruck und rutschen Sie über den Brunnenrand in das Loch. Erstaunt bemerken Sie, dass Sie nicht wie erwartet fallen, sondern langsam in die Tiefe sinken, während die feuchten, gemauerten Wände des Schachtes sie in die Dunkelheit begleiten. Immer weiter sinken Sie hinunter und lassen mit jedem Meter alles um sich herum los. Irgendwann liegen Sie ganz plötzlich auf einer grünen, blühenden Wiese im Sonnenschein. Stehen Sie auf, gehen Sie umher, riechen Sie die Düfte der Blumen, hören Sie das Summen der Insekten und sehen Sie den strahlend blauen Himmel über Ihnen. Je intensiver Sie wahrnehmen, desto mehr kommen Sie dort an. Spüren Sie den Boden unter Ihren Füßen und die Sonne auf der Haut. Plötzlich sehen Sie auf einem nahen Hügel ein Haus stehen. Sie gehen näher hin und betrachten es sich genauer. Wie sieht es aus? Ist es ein großes Schloss oder vielleicht eine kleine Hütte? Treten Sie noch näher und erkennen Sie immer mehr Einzelheiten des Hauses. Wenn Sie vor der Tür stehen, halten Sie kurz inne. Sie hören eine Stimme, die Sie herein bittet, ein Flüstern oder ein Rufen Ihres Namens vielleicht. Öffnen Sie die Tür und treten Sie ein. Was sehen Sie? Was können Sie wahrnehmen? Räume? Gegenstände vielleicht? Auf der anderen Seite des Raumes befindet sich eine geöffnete Kellertür. Sie treten näher und hören wieder ein

Rufen. Die Unterwelt ruft nach Ihnen und Sie folgen der Stimme. Hinter der Tür führen Stufen hinunter. Schritt für Schritt gehen Sie der Dunkelheit entgegen. Am Ende der Stufen gelangen Sie in eine Höhle. Atmen Sie tief durch. Hier treffen Sie jetzt auf Frau Holle. Sie ist an diesem Ort seit dem Anbeginn der Zeit. Können Sie sie sehen? Vielleicht als eine verhüllte Gestalt? Vielleicht spüren Sie auch ihre Anwesenheit oder hören ihre Stimme, die zu Ihnen spricht. Lassen Sie sich ganz fallen. Seien Sie ganz anwesend. An diesem Ort finden Sie alle Antworten auf Ihre Fragen. Hören Sie, sehen Sie und fühlen Sie hin. Für jeden hat Frau Holle eine andere Gestalt. Bleiben Sie an diesem Ort, bis Sie alles erlebt und erfahren haben, was für Sie wichtig ist. Verabschieden Sie sich dann von Frau Holle und nehmen Sie mit, was Ihnen die Göttin gibt. Am anderen Ende der Höhle befindet sich ein hohes Tor. Sie stellen sich davor, die hohen Türen schwingen auf und Sie sind zurück in Ihrem Körper. Bewegen Sie Arme und Beine, öffnen Sie die Augen und klopfen Sie dann alle Körperteile einmal kurz mit der Hand ab, um wieder ganz in der Wirklichkeit anzukommen. Rufen Sie sich Ihre Erfahrungen mit Frau Holle noch einmal vor Augen und schreiben Sie sie bald auf. Wie in Träumen kann die Erinnerung daran schnell verblassen. Sie waren an einem uralten Ort und sind Ihren eigenen Weg gegangen. Das Haus, das Sie betraten, ist das Haus Ihrer Seele, wie es Ihnen gerade erscheint.

Eine Reise zu den Ahnen

Statt zu Frau Holle können Sie auch zu Ihren Ahninnen und Ahnen reisen, um mit ihnen und ihrem Wissen Kontakt aufzunehmen.

Sie beginnen die Meditation ebenso wie die Reise zu Frau Holle, fallen durch den Brunnen, laufen über die Wiese und betreten das Haus. Sie steigen die Treppen in die Unterwelt hinunter, in der es viele Gänge, Höhlen und Gewölbe gibt. Intuitiv suchen Sie sich einen Gang aus und folgen ihm, bis Sie in eine große Höhle gelangen. Sie setzen sich auf einen Felsen und bitten im Geist Ihre Ahninnen und Ahnen, Sie zu besuchen. Dann warten Sie ab, was geschieht. Atmen Sie ein paar Mal tief ein, bis Sie fühlen, Sie sind nun nicht mehr allein. Langsam rücken Ihre Ahninnen und Ahnen hinter Ihrem Rücken näher an Sie heran. Zahllose Seelen umgeben Sie. Sehen Sie sich um. Können Sie sie sehen? Fühlen? Erkennen Sie jemanden? Sie fühlen die Ahnen nun ganz nah bei sich. Manche halten Sie im Rücken mit unsichtbaren Fäden fest. Sie behindern Ihr Fortkommen. Andere geben Ihnen Kraft, Mut und Unterstützung, reichen Ihnen vielleicht sogar Geschenke. Nehmen Sie erst einmal nur wahr, was ist. Von welchen Ahnen werden Sie getragen, von welchen behindert? Nehmen Sie Kontakt auf zu ihnen. Wenn es möglich ist, sprechen Sie die Ahnen an und fragen sie, was Ihre Aufgaben sind und wie Sie sie lösen können. Sie sind nun verbunden mit jenem Baum, dessen äußerer Spross Sie sind. Schicken Sie liebevolle Gedanken und Gefühle zu Ihren Ahnen. Jeder hat sein Leben so gelebt, wie es für ihn oder sie möglich war. Verurteilen Sie nichts und nehmen sie an, was Ihnen gezeigt oder gesagt wird. Wenn Sie bereit sind für die Rückkehr, dann nehmen Sie Abschied. Ihre Ahninnen und Ahnen ziehen sich wieder hinter Ihrem Rücken zurück. Sie selbst nehmen nun wieder die Pforte wahr, durch deren Tore Sie nun in unsere Wirklichkeit zurückkehren. Strecken und recken Sie sich und kehren Sie vollständig in den Alltag zurück. Notieren Sie sich Ihre Erlebnisse, bevor sie in Vergessenheit geraten.

Ein Ahnenfest feiern

Der düstere November ist genau der richtige Monat, um für die Ahnen ein kleines Gedenk-Fest zu feiern. Als passender Zeitpunkt eignen sich der 31. Oktober ebenso wie die Tage danach oder der November-Vollmond. Sie können das Fest allein feiern, schöner ist es aber im Kreis von Freunden oder eben im Kreis der Familie. Auch für ein alljährliches Verwandten-Fest eignet sich diese Gelegenheit. Ahnen müssen jedoch nicht unbedingt körperlich verwandt sein. Auch historische Vorbilder, die uns Mut machen und Kraft geben, sind unsere geistigen Ahnen.

Nehmen Sie sich Zeit für die Vorbereitung des Festes. Kochen Sie Gerichte und reichen Sie Getränke, die Sie von Ihren Eltern oder

Großeltern kennen. Hirse und Haselnüsse gelten gemeinhin als Nahrung der Geister. Ein süßer Hirsebrei mit Honig oder ein Nusskuchen eignen sich also auf jeden Fall. Der obligatorische ausgehöhlte Kürbis vor der Haustüre oder auf dem Fensterbrett sollte ebenfalls nicht fehlen, um den Geistern der Ahnen den Weg zu Ihnen zu weisen. Decken Sie einen festlichen Tisch für alle, aber decken Sie für die Ahnen symbolisch ein Gedeck mit auf.

Schmücken Sie nun noch einen Ahnen-Altar mit Gegenständen und Fotos Ihrer verstorbenen Angehörigen. Der Altar ist der Ort der Verbindung. Spüren Sie dabei in sich hinein, wen Sie besonders berücksichtigen wollen. Mit der Erinnerung an die Ahnen verbindet sich oftmals auch viel Schmerz, der ebenfalls eine Berechtigung hat. Vielleicht gedenken Sie einmal derer, die in den Weltkriegen Furchtbares erleben mussten, Opfer wurden oder selbst Täter waren. Oder Sie nehmen Ihre Verbindung zu den Frauen in der Geschichte wahr, die als „Hexen“ gedemütigt, ihrer Macht beraubt und ermordet wurden. Schon die Erinnerung an sie und ihr Leid bringt Heilung auf vielen Ebenen. Stellen Sie Blumen und immergrüne Zweige auf den Altar, Kerzen, Brot und Wein.

Wenn Sie bereit sind, dann versammeln sich alle im Kreis. Jemand sollte offiziell das Fest eröffnen, indem er oder sie diese oder ähnliche Worte spricht: „Wir haben uns hier versammelt, um die Kette des Lebens zu ehren, der wir entsprungen sind. Wir sind verwoben in das Gewebe unserer Ahnen, das wir hier und heute annehmen.“

Wenn Sie möchten, können Sie nun eine gemeinsame Geistreise zu den Ahnen machen oder Sie beschränken sich darauf, der Ahnen zu gedenken. Zuerst verabschieden Sie diejenigen, die kürzlich verstorben sind, und geben Ihnen Ihre Liebe mit auf den weiteren Weg. Dann benennen Sie reihum die Ahnen, bekannte und unbekannte, derer Sie heute gedenken. Sie beginnen mit sich selbst und Ihren direkten Vorfahren. Das kann ruhig eine Weile dauern. Denken Sie auch an Ihre geistigen Vorfahren. „Ich, Sabine, Tochter von Barbara, Tochter von Kunigunde, Tochter der Sarah und des Christian rufe heute meine Großmutter Kunigunde, die mich mit ihrer Liebe begleitet hat. Ich rufe jene, die darum kämpfen mussten, ihre Familien zu ernähren. Ich rufe die Ahninnen und Ahnen, die ihr Leben auf den Schlachtfeldern, in den Konzentrationslagern und bei den Hexenverbrennungen verloren. Ich rufe die Ahnen, die Liebe und Lachen erlebten in ihrem Leben ..." Ob sie die mütterliche oder väterliche Linie aufzählen oder beides mischen, das dürfen Sie gern je nachdem variieren, wem Sie sich im Moment eher nahe fühlen.

Dann setzen Sie sich nieder zum rituellen Mahl. Essen Sie gemeinsam von den Gerichten Ihrer Ahnen und legen Sie von allem eine kleine Portion auf die reservierten Ahnen-Teller. Erzählen Sie sich beim Essen reihum Geschichten von den Ahnen, an die Sie sich erinnern können, von denen Sie gehört haben oder die ihnen im Moment wichtig sind. Was waren das für Menschen? Wie lebten sie? Was haben Sie von ihnen geerbt, im Guten wie im Schlechten? Was können Sie von ihnen lernen? Singen Sie sich gegenseitig Lieder vor, die Ihnen von den Ahnen mitgegeben wurden. Beschließen Sie das Fest am Altar. Stellen Sie sich in einem Kreis auf, schließen Sie die Augen und denken Sie noch einmal mit aller Liebe an Ihre Ahnen. Vergeben Sie ihnen für ihre Fehler und danken Sie ihnen für ihr Leben. „Wir haben heute mit euch gespeist, Männer und Frauen, die vor uns hier lebten. Wir nehmen unser Erbe an und machen das Beste aus dem, was wir an Gaben erhalten haben. Wir bitten um Euren Schutz und Eure Unterstützung für die Zeit, die wir hier sind. Wir, Eure Kinder und Kindeskinder, senden Euch unsere Liebe."

Löschen Sie die Kerzen auf dem Altar und gießen Sie abschließend den Ahnen noch ein Glas Wein ein. Wer die Vergangenheit annehmen kann, dem steht die Zukunft offen.

Kräuterkraft und Pflanzenschönheit

Als Pflanzen des Todes ehrten unsere Vorfahren im Herbst und Winter vor allem drei Pflanzen. Die Stechpalme (Ilex aquifolium) als Pflanze des göttlichen Opfers, den Efeu (Hedra belix) als Symbol der Schlange und der Erneuerung in göttlichen Tiefen und die Eibe (Taxus baccata) als den Todesbaum schlechthin. Todbringende Waffen wurden bereits in der Steinzeit aus Eibenholz geschnitzt und der Saft der Beeren und Eibenblätter ist noch giftiger als Fingerhut (Digitalis)[lxiv]. Als „Hexenbaum" hatte die Eibe einen zwiespältigen Ruf, doch sie galt als zaubermächtig. „Vor den Eiben kann kein Zauber bleiben" heißt ein altes Sprichwort. Der germanische Weltenbaum Yggdrasil, die Achse der Welten, die alles verbindet, war entgegen der weitläufig verbreiteten Annahme wahrscheinlich keine Esche, sondern eine Eibe.

Der Strauch der Haselnuss (Corylus avellana L.)

Haselnuss galt früher als Sinnbild des Schutzes. Haselhecken trennten die Alltags- von der Feenwelt und schufen zugleich eine stabile Verbindung zu den Jenseitigen, die Fruchtbarkeit und Fülle ebenso wie den Tod bringen konnten. Bei einem Nickerchen unter einem Haselstrauch konnte es leicht passieren, dass man auf der anderen Seite wieder aufwachte. Die Hasel ermöglichte den Kontakt zu Elementargeistern, hilfreichen Elfen und Zwergen. Die Sträucher sollten Blitzschläge und Unwetter abhalten und die Nüsse wurden den Toten als Nahrung mit in das Grab gegeben.[lxv] Zur Erstellung von Wünschelruten war die Hasel ebenso dienlich wie für die Anfertigung von magischen Zauberstäben. Beim Kochen verwendet, sollen Haselnüsse die Entwicklung medialer Fähigkeiten fördern und Weisheit bringen. Als Liebeszauber und Symbol der Fruchtbarkeit waren Haselnüsse früher ebenfalls geläufig. Die fromme Hildegard von Bingen war auf die Haselnuss nicht gut zu sprechen, denn sie galt als „Symbol der Wollust"[lxvi].

Durch ihren hohen Fettgehalt sind Haselnüsse enorm gesund. Sie sind gute Quellen für Vitamine und ihr hoher Eiweißgehalt wirkt sich nicht nur positiv auf Nervensystem und Gehirnleistung aus, sie beugen zudem Herz-Kreislauf-Erkrankungen vor.

Der Knoblauch

Der griechische Philosoph Pythagoras soll den Knoblauch als „König der Gewürze" beschrieben haben, und tatsächlich sprach man ihm durch alle Zeiten hindurch eine fast mythische Fähigkeit zu, den Körper zu erneuern und zu verjüngen.[lxvii]

Das folgende Rezept ist eine uralte chinesische Verjüngungskur mit Knoblauch, die aus der Zeit von 4000 bis 5000 v. Chr. stammt. Es wurde 1972 in Tibet gefunden und in viele Sprachen übersetzt. Seine Wirkung soll sehr überzeugend sein. Man löst im Organismus alle Fette und angesetzten Kalk auf, verbessert schnell den Stoffwechsel und die Blutadern werden elastischer. Beim Einhalten des Rezeptes soll der Organismus um ungefähr 16 Jahre verjüngt werden. Folgendermaßen gehen Sie vor: 350 g Knoblauch schälen, fein zerdrücken oder mixen und in ein Gefäß geben. Dieses wird mit 250 g (1/4 Liter) 90-prozentigem Alkohol übergossen. Das Gefäß wird fest verschlossen und 10 Tage an einem dunklen und kühlen Ort aufbewahrt. Danach wird alles durch ein festes Tuch gegossen und passiert. Nach 2-3 Tagen kann mit der Heilung begonnen werden und zwar genau wie in der Tabelle angegeben. Dieses Heilmittel sollte möglichst mit einem Glas Milch eingenommen werden und darf nur alle fünf Jahre durchgeführt werden.

Tag	Frühstück	Mittag	Abend	Tag	Frühstück	Mittag	Abend
1.	1 Tropfen	2 Tropfen	3 Tropfen	7.	12	11	10
2.	4	5	6	8.	9	8	7
3.	7	8	9	9.	6	5	4
4.	10	11	12	10.	3	2	1
5.	13	14	15	11.	15	25	25
6.	16	14	13				

Alle weiteren Tage 3 mal 25 Tropfen einnehmen, so lange bis alles verbraucht ist.

Dezember:
Zeit des Lichtes in der Dunkelheit

Dezember
Das Jahr ward alt. Hat dünnes Haar.
Ist gar nicht sehr gesund.
Kennt seinen letzten Tag, das Jahr.
Kennt gar die letzte Stund.

Ist viel geschehn. Ward viel versäumt.
Ruht beides unterm Schnee.
Weiß liegt die Welt, wie hingeträumt.
Und Wehmut tut halt weh.
...
Erich Kästner

Die Kräfte der Natur im Dezember

Nach dem nasskalten November beginnt spätestens jetzt im Dezember endgültig der Winter. Freudig werden die ersten Schneeflocken begrüßt, die wieder etwas mehr Licht und Schönheit in die kurzen Tage bringen. Doch obwohl sich alle nach Schnee sehnen, schmilzt die weiße Pracht oft genug schnell wieder dahin, kaum hat sie die kahle Natur in freundliches Weiß gehüllt. Die Meteorologen haben für den Zeitraum um Weihnachten festgestellt, dass häufig die Winde in westliche Richtung drehen und uns wärmeres Wetter zukommen lassen. Die weiße Weihnacht, die sich alle wünschen, ist deshalb statistisch gesehen unwahrscheinlich und findet nur alle sieben oder acht Jahre statt. Aus Sicht der Natur und des Wachstums ist aber ein früher Winter mit einer ordentlichen Schneedecke wünschenswert, um die Saat im nächsten Jahr gut gedeihen zu lassen. Doch selbst wenn die Schneepracht nicht allzu üppig ausfällt, der Dezember bringt Kälte, Eis, Schneeregen und vor allen Dingen Dunkelheit. Erst spät am Morgen wird es hell und schon am Nachmittag bricht die Nacht wieder an. Am 21. Dezember erreicht die Sonne ihren tiefsten Stand, der Tag dauert gerade noch acht Stunden. Die längste und dunkelste Nacht des Jahres markiert den Wendepunkt im Sonnenjahr, die Wintersonnwende. Von diesem Zeitpunkt an werden die Tage wieder länger, die Sonne beginnt ihre aufsteigende Bahn, selbst wenn es noch einige Zeit dauert, bis es spürbar wird.

Die Bauernregeln des Dezember lauten:
Eine gute Decke von Schnee, bringt das Winterkorn in die Höh.
Die Erde muss ein Betttuch haben, soll sie der Winterschlummer laben.

Der Name „Dezember" leitet sich vom lateinischen decem ab und bedeutet – nach alter römischer Zählung – der zehnte Monat. Der ursprüngliche Namensgeber des Dezember war die Wintersonnwende, an der das germanische Julfest stattfand. Julmond oder Jul wurde später zum Christmanoth oder Heiligmond. Der Dezember war auch ein „Schlachtmond", im Norddeutschen „Speckmaen" genannt, in dem teilweise noch Hausschlachtungen vorgenommen wurden.

Die energetische Qualität des Dezember steht ganz im Zeichen der Dunkelheit. Die Energie in der Natur ist zur Ruhe gekommen, sammelt sich und ordnet sich neu. Das Leben hat sich an den dunkelsten Ort im Bauch der Erde zurückgezogen, um dort auf die Erneuerung im Frühling zu warten. Stille legt sich über das Land, die Zeit der Trauer und des Loslassens ist vorüber. An der Wintersonnwende erreicht die Nacht ihre größte Ausdehnung, mythologisch gesehen besiegt die Dunkelheit das Licht. Doch zugleich wird im Innersten der größten Dunkelheit das Licht neu geboren.

Die Themen des Dezember

Sich selbst stärken

Der Dezember eignet sich sehr dafür, im Alltag einen Gang zurückzuschalten und wie die Natur um uns herum zur Ruhe zu kommen. Nehmen Sie sich Zeit für sich. Lesen Sie die Bücher, die Sie schon lange auf dem Nachttisch liegen haben und geben Sie sich Zeit für kreative Stunden. Malen, basteln oder töpfern Sie, tun Sie etwas Ruhiges, das Ihnen Spaß macht und Sie mit sich selbst in Kontakt bringt. Nicht umsonst ist der dunkle und stille Dezember eine Zeit der Besinnung, des Nachdenkens und Reflektierens über das eigene Leben. Meditationen, Rituale und Orakel sind ein Weg, um die dunkle Winterzeit positiv zu nutzen. Vermeiden Sie auf jeden Fall Stress, besonders vor Weihnachten, denn der wirkt sich besonders negativ aus. Ruhe wird jetzt energetisch stark unterstützt und gibt Ihnen gerade in dieser Zeit neue Kraft.

Die Dunkelheit annehmen

Die Dunkelheit erfasst uns im Dezember äußerlich ebenso wie innerlich. Folgen wir der Energie, so lassen wir zu, dass wir ganz eintauchen in die Finsternis. Was wir im Herbst mit dem Fallen der Blätter an Ehrlichkeit zu uns selbst und Wahrhaftigkeit im Umgang mit unseren Stärken und Schwächen aufgebaut haben, findet nun, in der Dunkelheit, eine neue Qualität. Obwohl die Abwesenheit von Licht für unsere Seele und unseren Körper genauso wichtig ist wie das Licht selbst, fürchten viele Menschen die Dunkelheit. Dank des elektrischen Lichtes erleben wir sie fast nie mehr unerwartet. Jede Finsternis kann ausgeleuchtet werden bis in den letzten Winkel. Die

Nacht, in der uns als Kinder die Furcht vor dem Grauenhaften erfasste, dem wir uns auf Gedeih und Verderb ausgeliefert fühlten, ist dadurch kontrollierbar geworden. Doch die geheimen, unaufgelösten Ängste in unserem Leben lassen sich auch im hellsten Licht nicht wirklich auflösen, sondern bestenfalls zurückdrängen in jene inneren Räume, die unser denkendes Bewusstsein gut verschlossen hält, solange wir wach und bei Verstand sind. Kaum ist das Licht erloschen und die Kontrolle des Denkens erlahmt, schon gewinnen sie wieder an Boden. Folgen wir der Dezemberenergie in die Nacht und widmen uns bewusst diesen inneren Räumen und ihren Schrecken. Ergreifen wir die Gelegenheit und sinken hinein in jene Welt, in der nicht nur die Ängste, sondern auch die Fantasie, die tiefen Gefühle und unsere größte innere Kraft wohnt und an deren tiefsten Grund unser individuelles Ich verbunden ist mit jenem umfassenden Sein, das alles in sich enthält. Wie im Märchen gelangen wir zu den unermesslichen Schätzen unserer eigenen Persönlichkeit erst dann, wenn wir auch vor den dunklen Höhlen nicht zurückschrecken, von denen wir wissen, dass unsere Ängste und Schwächen darin wie Ungeheuer lauern. Wer sich wie die Märchenhelden dem Schrecklichen stellt, kann es überwinden und die Schätze heben in der Schatzkammer eines freien Herzens, das sein Licht ebenso kennt wie seinen Schatten.

Der Hoffnung Raum geben

Die Wende kommt immer dann, wenn sie am dringendsten gebraucht wird. Schmilzt der Tag auf nur wenige Stunden dahin und die Nacht scheint allgegenwärtig, wendet sich das Blatt und am 22. Dezember ändert die Sonne ihre Richtung. Es geht wieder bergauf, wenn auch sehr allmählich. Der Dezember lehrt uns, dass auch die schlimmste Dunkelheit irgendwann ihr Ende findet, auch die schwerste Krise vorübergeht. Im Zentrum des Schattens wendet sich die Energie und das Neue wird geboren. Wer der Nacht ihren Sieg gibt, auf den wartet ein neuer Tag. Um heil und ganz zu sein, gestehen wir auch der Dunkelheit ihren Ort zu. Innerlich wie äußerlich gehört ihr die Hälfte des Kreises. In der Wiedergeburt der Sonne spiegelt sich nicht nur die Erfahrung, dass in der allerdunkelsten Zeit immer irgendwann die Hoffnung und das Licht geboren wird. Es schließt auch das Wissen ein, dass die Dunkelheit geboren wird, wenn das Licht am hellsten strahlt, zur Sommersonnwende am anderen Ende des Kreises. Beide Pole bedingen einander und haben ihren notwendigen Platz und ihre Berechtigung.

Mythen, Bräuche und göttliche Wesen

Die Geburt des Lichtes in der Nacht

Der Dezember steht für uns heute ganz im Zeichen von Weihnachten, der Geburtstagsfeier Christi, und ihrer Vorbereitungszeit im Advent (was sich von „adventus" – Ankunft ableitet). Die Feier zur Wiedergeburt des Lichtes wurde jedoch schon von den germanischen Stämmen gefeiert, für die das Julfest an der Wintersonnwende eines der wichtigsten Feste im Jahr war. An Jul („hiol" oder „jol" bedeutet „Rad") endete in der germanischen Mythologie das Jahr, denn das Rad des Jahres und der Sonne kam nun zum Stillstand und es war nicht sicher, ob es sich wieder drehen würde. Erst nach zwölf bzw. dreizehn Nächten ohne jede sichtbare Bewegung konnte man sicher sein, dass die Sonne und mit ihr der Kreis des Lebens wiedergeboren werden würde. Symbolisch für das Ende des Sonnenlichtes wurden an Jul alle Feuer gelöscht. In einer mühsamen Prozedur, in der ein Holzpflock mithilfe von Schnüren auf Holz so lange gerieben wurde, bis das Feuer neu entflammte, wurde das so genannte „Notfeuer" entzündet. Es stand in direkter Verbindung zu den Mächten des Schicksals, die nun in dieser magischen Zeit direkt erlebbar waren, und wurde als besonders „heilig" betrachtet. Ein Holzblock aus Buchen- oder Wacholderholz wurde in das frisch entfachte Feuer geworfen und dann – angekohlt oder als Asche – mit nach Hause genommen, um Glück, Segen und Schutz vor Blitzeinschlägen zu garantieren. Dieser „Julscheit", später „Christklüppel" genannt, ist bis in unsere Zeit nachweisbar.[lxviii] An Jul aß man Schwein und Gebäck in Eberform, zu Ehren des germanischen göttlichen Geschwisterpaares Frey und Freya. Auch die Weihnachtsgans ist ein der Freya heiliges Tier. Alle Fehden und Kriege mussten nun begraben werden, denn die heilige Zeit durfte nicht durch Kriege entweiht werden.

Durch die julianische Kalenderreform fiel die Wintersonnwende vom 21. Dezember, dem Tag mit der längsten Nacht, auf den 25. Dezember, der daraufhin ein wichtiger römischer Feiertag wurde. Der römische Mithras-Kult, ein in der Spätphase des heidnischen Rom zu Bedeutung gelangter Sonnen- und Soldatenkult, feierte an diesem Tag die Wiedergeburt des göttlichen Lichtes, des Sonnengottes Mithras. Der 25. Dezember wurde im 3. Jahrhundert nach Christus zum „dies natalis solis invicti", zum Geburts-Tag der unbesiegbaren Sonne ernannt, um die ausschweifenden Feierlichkeiten der Saturnalien, der Feiertage zu Ehren des Gottes Saturn, abzulösen. Nach der Christianisierung Roms unter Kaiser Konstantin wurde 381 n. Chr. der 25. Dezember auf dem Konzil von Konstantinopel zum offiziellen Geburtstag Christi erklärt. Es war eine religionspolitische Entscheidung und gängige Praxis, einen heidnischen Feiertag mit christlicher Symbolik neu zu besetzen. Ursprünglich wurde Christi Geburt am 6. Januar, dem Epiphanietag gefeiert. Die griechisch-orthodoxe Kirche feiert die Geburt Christi bis heute am 6. Januar.

Die Geburt eines göttlichen Kindes an Weihnachten folgt der heidnischen Tradition, die Wende zur hellen Zeit als Geburt eines Kindes, des Sonnenkindes, durch seine göttliche Mutter zu feiern. Viele Märchen künden noch von der Sonnenmutter, in deren Schoß sich die Sonne täglich ausruhen muss, um neue Kraft zu sammeln. Hinter dem Bild des neugeborenen Kindes steht das Bewusstsein, dass es die Nacht ist, die das Licht gebiert, sei es in der Dunkelheit der Erde oder sei es im Mutterleib. Im germanischen Brauchtum wurde am 24./25. Dezember die „Modraniht“, die „Mütternacht“ zu Ehren der lebenserhaltenden Kräfte der Urmütter gefeiert. Über die drei Mütter wird im Januar ausführlicher berichtet.

Die Zwölften

Wenn für unsere Vorfahrinnen und Vorfahren an Jul das Rad der Sonne aufhörte sich zu drehen, dann begann die Zeit „zwischen den Jahren“, die zwölf bzw. dreizehn Nächte, die noch heute die Zwölften oder im Süden Deutschlands die Raunächte genannt werden. Je nach Gegend wird der Beginn der Raunächte an der Wintersonnwende oder an Weihnachten gefeiert, das Ende fällt fast einheitlich auf den 6. Januar.

Die Übergangszeit, in der das Alte vergangen ist, das Neue aber noch nicht begonnen hat, galt als magisch. Vieles schien nun möglich, was sonst undenkbar war. Die Sphäre des Schicksals, in der die Wirklichkeit ihren Anfang nimmt, rückte ganz nahe an den Alltag heran und alles, was an der Schwelle zwischen den Jahren geschah, hatte vielfache Auswirkungen auf das Leben der Menschen, im Guten ebenso wie im Schlechten. In den Raunächten musste man sich daher in Acht nehmen, um die Weichen für das neue Jahr nicht falsch zu stellen. Da das Jahresrad stillstand, durfte sich auch kein anderes Rad drehen. Es durfte nicht gearbeitet, nicht gewaschen und vor allem nicht gesponnen werden, denn das Spinnrad stand in magischer Verbindung zu den göttlichen Spinnerinnen des Schicksals. Was hier gesponnen wurde, verwirklichte sich. Wer ein Hemd nähte, so hieß es, der nähte sein „Totenhemd“, wer Wäsche wusch, würde „den Totenhof bekleiden“.[lxix] Die Raunächte galten auch als Lostage, bei denen die Orakel ausgiebig befragt wurden. Was man in den zwölf bzw. dreizehn Nächten träumte, würde sich im entsprechenden Monat des folgenden Jahres, in den zwölf Sonnen- oder dreizehn

Mondmonaten verwirklichen. Einer christlichen Legende nach konnte man in der Christnacht die Sprache der Tiere verstehen. In manchen Regionen war es Brauch, in den Raunächten an Kreuzwegen Opfer zu bringen, um über das künftige Schicksal etwas zu erfahren. Viele Sagen erzählen Geschichten davon, wie sich die Orakel aus der Weihnachtszeit später erfüllten.

Das Wilde Heer

Wenn in den dunklen und kalten Raunächten der Wind besonders laut und wild durch die Straßen fegt, dann – so erzählen Sagen und Legenden aus allen Teilen Deutschlands – jagt das Wilde Heer durch die Welt. Unter der Führung des Gottes Wotan, dem „Woudan", dem „Wütenden", der als Sturmwind auf seinem achtbeinigen Ross Sleipnir durch die Winternächte zog, brauste ein riesiges Heer Geister, die Seelen der Verstorbenen, über das unfruchtbare Land hinweg. Die „Wilde Jagd geht um", so hieß es dann. Einer anderen, wahrscheinlich älteren Mythologie nach war es Frau Holle, die die Schar der Toten in einen ihrer heiligen Berge führte. In Süddeutschland und Teilen Österreichs heißt die Führerin der Wilden Jagd Frau Perchta, Percht oder Berta. Als Totengöttinnen begleiteten Holle und Perchta die Seelen der Verstorbenen an den ihnen bestimmten Ort.

Wintergöttinnen und -götter

Im dunklen Dezember, in dem das Licht verschwindet, sind die Licht- und Sonnengötter entsprechend wichtig. Göttliche Geburtstagskinder sind die schwedische Luzia, der germanische Baldur oder Freyr, der römische Mithras und der christliche Jesus. Männliche und weibliche Sonnengötter sind gleichermaßen vertreten, weil in der germanischen Mythologie die Sonne weiblich und der Mond männlich ist (wobei der Tag männlich und die Nacht wiederum weiblich erscheint), während es sich im romanisch-keltischen Raum genau umgekehrt verhält. In Schweden wird noch heute Luzia (die Lichtbringerin) verehrt, deren Fest ursprünglich am 21. Dezember gefeiert wurde, nach der gregorianischen Kalenderreform jedoch auf den 13. Dezember wanderte. In Schweden bekleiden sich am Morgen des 13. Dezember die Mädchen weiß und tragen eine weiße Kerze auf dem Kopf als Symbol für die erneuerte Schönheit der Sonnengöttin, die es zu erwarten gilt. In der christlichen Mythologie wurde Luzia zu einer Heiligen, die sich, der Legende nach, für ihren Glauben die Augen ausriss. Passenderweise wurde die Lichtgöttin so zu einer „Augenheiligen", die für das Augenlicht und die Erleuchtung zuständig ist. Neben der leuchtenden, strahlenden Luzia erscheint sie auch als die „schwarze Luzia", die in der Nacht vor dem 13. Dezember mit ihrem schrecklichen Gefolge umging und die mit Speise und Getränk auf dem Dach besänftigt werden musste. Hier steht sie in einer Reihe mit Frau Holle oder Frau Percht. Alle drei erscheinen als zwiespältige Mächte und verkörpern gleichermaßen einen Licht- und einen Dunkelheitsaspekt. Gerade die Sagen über Frau Percht (was „die Leuchtende", „die Strahlende" bedeutet) lassen sie teilweise als furchterregende und mächtige Gestalt erscheinen, die deutliche Züge einer alten Göttin trägt. Sie erlegt den Menschen Prüfungen auf, wenn sie eine Lektion von ihr benötigen. Erweisen sich die Betroffenen als beherzt und treu, belohnt sie sie meist mit Dreck, der sich erst zu Hause in Gold verwandelt. In einer Sage wird sie von einem neugierigen jungen Mädchen trotz des Verbotes bei ihrem nächtlichen Gespensterzug beobachtet. Wütend bläst die Percht ihr auf die Augen, so dass das Mädchen erblindet. Ein Jahr später, als das Mädchen geläutert und gebessert wieder vor ihr erscheint, bläst sie ihr erneut auf die Augen und „zündet die Lichtlein wieder an, die ich voriges Jahr ausblies", so heißt es in der Sage.[lxx] Die Augen- und Erleuchtungssymbolik ist hier wieder auffällig. Zu Ehren von Frau Percht werden noch heute im süddeutschen und Tiroler Raum während der Raunächte die so genannten „Perchtenläufe" abgehalten. Dieses mit viel heidnischer Symbolik versehene Brauchtum, in dem zottelige Fellwesen und furchterregende Masken eine Rolle spielen, ist ein Beispiel für wilde und archaische Rituale unseres Kulturkreises. In Österreich folgen die Perchtenläufe teilweise sehr alten Traditionen, deren Ziel es ist, durch genau überlieferte Figuren, wilde Tänze und Zeremonien den Höfen und Häusern für das neue Jahr den Segen zu bringen. Helle wie dunkle Kräfte streiten symbolisch um die Vormacht, wobei die wilden, zerstörerischen Kräfte am Ende nicht besiegt, sondern nur vorübergehend vertrieben werden. Gut und Böse sind in diesem Weltbild nichts absolut Feindliches, sondern zwei Seiten einer Medaille, die einander brauchen, um über die Prozesse von Schöpfung und Zerstörung das Rad des Lebens am Laufen zu halten.

Meditationen, Rituale und Feste

Der Kranz des Jahres

Auch für Nichtchristen ist der Adventskranz ein wunderbares Symbol des Lebens, das in der dunklen Zeit ein Symbol der Hoffnung darstellt, dass der Kreis des Lebens niemals enden wird, auch wenn es manchmal anders aussieht. Wenn sich nach dem großen Sterben alles Leben aus der Natur verabschiedet hat, symbolisieren die immergrünen Zweige die Verbundenheit mit den großen Kreisläufen, in denen äußere Krisen oft zu innerem Wachstum führen und der Abschied vom Alten die Voraussetzung für Erneuerung und Verwandlung ist. Diese Verbundenheit mit allem Leben ehren und vertiefen wir, indem wir einen Jahres- oder Elementekranz aufstellen und mit ihm arbeiten.

So gehen Sie vor: Zweige von Tannen, Fichten, Eiben oder Efeu und anderen immergrünen Sträuchern werden mit dünnem Draht um ein Kreisgestell aus Weiden geflochten. Weidenkranz, Draht und auch die Zweige erhält man im Baumarkt, wenn man Letztere nicht selbst schneiden möchte. Die Eiligen ohne Lust am Basteln können sich natürlich auch einen fertig gewundenen Kranz kaufen. Nehmen Sie sich jedoch die Zeit, ihn selbst zu schmücken, denn damit schaffen Sie einen Bezug zu dem Kranz und geben sich die Möglichkeit, ein Stück Schönheit kreativ zu gestalten. Ihrer Fantasie sind dabei keine Grenzen gesetzt. Ob Sie Nüsse und Früchte, Goldlametta und Engelchen verwenden oder einen ganz schlichten Kranz aufstellen, das entscheiden Sie ganz nach Ihrem Geschmack. Auf jeden Fall sollten vier Kerzen auf dem Kranz angebracht werden, die die vier Jahreszeiten, die vier Adventssonntage, die vier Elemente und die vier Himmelsrichtungen symbolisieren, die den großen Kreis des Lebens bestimmen. Sie können vier gleich- oder verschiedenfarbige Kerzen verwenden. Verwenden Sie gleichfarbige Kerzen, dann ritzen Sie ein Symbol der Jahreszeit oder des Elementes in die jeweilige Kerze. Nun sollte der Lebenskranz einen schönen Platz in Ihrem Raum und Ihrem Leben im Dezember bekommen. Während Sie ihn aufstellen oder -hängen, sprechen Sie dazu: „Mit diesem Kranz aus immerwährendem Grün ehre ich den großen Kreislauf, von dem ich selbst ein Teil bin. Ich stelle diesen Kranz auf als Zeichen der Hoffnung, dass auch in dunkelsten Zeiten das Leben neu geboren wird und Licht und Dunkel eine Einheit sind."

Meditation mit dem Jahreskranz

Nun können Sie den Kranz dazu nutzen, um sich Orte der Ruhe und der Nachdenklichkeit zu schaffen. Jeden Sonntag, wenn eine Kerze entzündet wird, reservieren Sie ein wenig Zeit für sich. Sie setzen nun die Elemente zu Ihrem Leben in Verbindung. Legen Sie Stift und Papier bereit und machen Sie es sich gemütlich. Entzünden Sie die erste Kerze, die den Winter, die Erde und damit die materielle Welt symbolisiert. Nehmen Sie sich nun eine halbe Stunde Zeit und überlegen Sie, wie es um Ihre eigene materielle Welt bestellt ist. Wie steht es um Ihr finanzielles Wohlergehen? Haben Sie genug von dem, was Sie brauchen? Wie verlief das letzte Jahr in materieller Hinsicht? Was tun Sie für Ihre Gesundheit, Ihren Körper? Notieren

Sie, was Ihnen dazu einfällt und was Sie sich für die Zukunft wünschen. Legen Sie den Zettel unter Ihren Kranz.

Am darauffolgenden Sonntag entzünden Sie die zweite Kerze, die für den Frühling, das Element Luft und den Verstand steht. Was verbinden Sie mit den Stichworten „Verstand", „Vernunft", „geistige Entwicklung" und „Inspiration"? Bilden Sie sich, lesen Sie interessante Bücher – oder hat Ihr Verstand womöglich eine zu große Bedeutung in Ihrem Leben? Sind Sie zufrieden mit sich oder wollen Sie etwas verändern? Schreiben Sie wieder auf, was Ihnen dazu einfällt.

Die dritte Kerze steht für den Sommer, das Element Feuer und damit für Kraft, Liebe, und Leidenschaft. Erleben Sie sich als kraftvoll und stark? Wie können Sie Licht, Liebe und Freude in Ihrem Leben verstärken? Wieder notieren Sie alle Gedanken zum Thema Feuer.

Die letzte Kerze steht für den Herbst, das Element Wasser und für Ihre Gefühlswelt. Wie fühlen Sie sich gerade jetzt? Nehmen Sie Ihre Gefühle ernst genug? Oder entscheiden Sie immer alles mit dem Kopf? Lassen Sie alle Ihre Gefühle zu, Liebe und Freundschaft ebenso wie Trauer und Schmerz? Was können Sie tun, um etwas stärker auf Ihren „Bauch" zu hören? Schreiben Sie es wieder auf.

Wenn alle vier Kerzen brennen – entweder am Weihnachts-Lichterfest oder Sie bewahren Ihre Zettel bis Sylvester auf –, dann ist es Zeit, die Ideen und Gedanken loszulassen und damit auf den Weg zu schicken. Nehmen Sie eine feuerfeste Schale zur Hand und verbrennen Sie alle Ihre Zettel, nachdem Sie sie noch einmal durchgelesen haben. Danken Sie den Elementen für ihr Wirken und sprechen Sie: „Ich danke für das vergangene Jahr und wünsche mir von der Luft Klarheit im Denken und gute Ideen, vom Feuer erbitte ich Kraft und Energie, vom Wasser die tiefen und wahren Gefühle und von der Erde die stabile und sichere Existenz in dieser Wirklichkeit. Ich übergebe alle meine Ziele, Wünsche und Ideen dem Feuer zur Verwandlung und bitte um den Segen für das kommende Jahr." Sie haben sich angebunden an die großen Kräfte des Wandels, die nun in Ihnen weiterwirken.

Das Spiral-Ritual in die Dunkelheit

Das folgende, ausführliche Ritual dient dazu, Sie ein Stück in Ihre eigenen Schatten-Seiten zu führen, um dort Ihr inneres Licht zu finden. Es ist eher ein Ritual für Fortgeschrittene und bedarf einigen Mutes. Sie sollten sich innerlich stabil fühlen, bevor Sie dieses Ritual machen. Es ist für mehrere Personen konzipiert, doch um allen ausreichend Raum zu geben, sollten es nicht mehr als neun Teilnehmer sein. Sie können das Ritual zwar im Freien machen – das bietet den Vorteil, dass man hinterher ein schönes Jul-Feuer entzünden kann. Allerdings kann die Kälte von der nötigen Konzentration auch ablenken. Sie dürfen also gern auf einen großen, beheizten Raum ausweichen. Als Zeitpunkt für das Ritual eignen sich die Abende oder Nächte um den 21. Dezember, weil sie mit ihrer Dunkelheit die Energie des Rituals gut unterstützen. Bereiten Sie einen Altar der Dunkelheit vor, auf den Sie alles legen, was Dunkelheit für Sie bedeutet, dunkle Farben, Symbole für Nacht und Unterwelt und Symbole der vier Elemente. Kleiden Sie sich nach Möglichkeit dunkel.

Außerdem brauchen Sie ein Feuerzeug, für jede teilnehmende Person eine Kerze, ein Tuch, um die Augen zu verbinden und einen Gegenstand, der für Sie die Unterwelt symbolisiert, einen Stein, ein schwarzes Tuch oder die Statue einer Unterweltgottheit. Räucherwerk, Weihrauch oder einfache Räucherstäbchen entzünden Sie vor Beginn des Rituals.

Als Erstes errichten Sie einen Ritual-Raum, in dem Sie sich geschützt fühlen. Ein Schutzkreis bewahrt Ihre Energie während des Rituals. Legen Sie dazu einen großen Kreis aus Teelichten, aus Steinen oder Tüchern aus, in dem Sie alle gut sitzen können und der nach innen hin Platz lässt, um sich zu bewegen. Lassen Sie im Norden eine Öffnung frei, durch die Sie den Kreis betreten. Während Sie die Steine oder Lichter auslegen, sprechen Sie: „Ich ziehe einen Kreis zwischen den Welten, in dem wir völlig geschützt sind auf unserer Reise." Betreten Sie nun nacheinander den Kreis durch die Öffnung und suchen Sie sich einen Platz am Rand des Kreises. Der oder die Letzte löscht vor dem Betreten des Kreises alle Lichter im Zimmer und schließt hinter sich den Kreis. Der Raum sollte jetzt dunkel sein. Jeder hat eine Kerze dabei und die anderen Utensilien liegen im Kreis.

Stellen Sie nun das Symbol für die Unterwelt in die Kreismitte. Wenden Sie sich einmal in jede Himmelrichtung, beginnend im Osten. Dann laden Sie die Kräfte der Dunkelheit ein und bitten Sie um Unterstützung für Ihren Weg. Sie können zu Gott beten oder die Göttinnen und Götter der Unterwelt anrufen. „Große Göttin, großer Gott der Unterwelt, in dieser Zeit der Finsternis bin ich bereit, mich meiner eigenen inneren Dunkelheit zu stellen. Nimm mich als Gast auf und zeige mir, was ich jetzt und in meiner Situation wissen muss. Führe mich und schütze mich, ich vertraue mich dir an."

Atmen Sie nun einige Male tief in den Bauch und kommen Sie innerlich zur Ruhe. Lassen Sie alle Gedanken und alle Alltagssorgen los und kommen Sie ganz hier im Kreis an. Konzentrieren Sie sich auf die Nacht, die sich über das Land gelegt hat. Es gibt nichts, das Sie fürchten müssten. Die Dunkelheit um Sie ist Ihre Freundin, die Sie lehren will, ganz und heil zu werden. Stellen Sie sich vor, dass alles um Sie herum schwarz wird, Ihre Umgebung und Sie selbst. Jede Ihrer Zellen nimmt die Dunkelheit auf und mit jedem Atemzug atmen Sie die Nacht ein und wieder aus. Lassen Sie sich ganz von der Dunkelheit erfüllen und vertrauen Sie ihr.

Wenn Sie sich ganz mit der Dunkelheit verbunden haben, dann beginnt Ihr Gang in die Unterwelt. Beginnen Sie selbst als erste Person mit der Reise. Sie erheben sich und mit Ihnen ihr Kreisnachbar oder Ihre Kreisnachbarin, der oder die Sie begleitet und nach „unten" führt. Zuerst werden Ihnen mit dem Tuch die Augen verbunden und Sie werden im Kreis gedreht, bis Sie die räumliche Orientierung verloren haben. Lassen Sie es zu, keine Kontrolle mehr zu haben. Richten Sie Ihre Aufmerksamkeit ganz nach innen und auf die Dunkelheit. Machen Sie sich bereit, über die Schwelle zur Unterwelt zu schreiten. Lassen Sie vor Ihrem inneren Auge das Bild eines Weges entstehen, der in die völlige Finsternis führt. Dann nimmt Ihr Nachbar Sie am Arm und geht mit Ihnen dreimal im Kreis, spiralförmig nach innen. Lassen Sie sich viel Zeit dabei, gehen Sie langsam. Während Sie gehen, stellen Sie sich vor, wie Sie sich dem Innersten der Unterwelt nähern. Was fühlen Sie? Was sehen Sie? Wie sieht Ihre Unterwelt aus? Nach der dritten Runde sind Sie in der Mitte des Kreises angelangt und setzen sich. Sie sind in der Unterwelt angekommen. Hören Sie hin, vernehmen Sie eine Stimme? Vielleicht ruft aus dem Dunkel eine uralte Frau Ihren Namen, die Sie bereits aus der Holle-Meditation des November kennen. Vielleicht erscheint Sie vor Ihnen und heißt Sie mit listigen und weisen Augen willkommen. Sie winkt Ihnen zu, ihr zu folgen und Sie gehen im Geiste mit ihr. Sie wird Ihnen genau das zeigen, was Sie wissen müssen. Gefühle werden in Ihnen aufsteigen, die Sie vielleicht erschrecken. Angst kann sich zeigen, Trauer oder Panik. Doch Sie bleiben ruhig, denn Sie sind geborgen im Schoß der Dunkelheit. Nehmen Sie alles in Liebe an, was immer sich Ihnen zeigt. Es ist ein Teil von Ihnen. Weinen Sie oder schreien Sie, wenn Ihnen danach ist. Schämen Sie sich nicht für sich selbst, sondern erlauben Sie sich, Ihre Gefühle zu leben. Irgendwann werden Sie sich bereit fühlen, die Unterwelt wieder zu verlassen. Fragen Sie die Alte, welches Licht Sie zurückbringen sollen. Hören Sie genau hin, Sie wird es Ihnen sagen. Gehen Sie erst, wenn Sie das Licht haben.

Dann stehen Sie auf. Ihr Kreisnachbar führt Sie nun in entgegengesetzte Richtung die drei Spiralen aus der „Unterwelt" zurück. Bedanken Sie sich beim Verlassen der Unterwelt für alles, was Ihnen begegnet ist. „Oben" angekommen, nehmen Sie das Tuch ab und geben es an die nächste Person weiter. Der Weg in die Unterwelt kann von den anderen durch langsame tiefe Trommeltöne oder durch Summen unterstützt werden.

Wenn alle in der Unterwelt waren und zurück im Kreis sind, teilen Sie Ihre Erfahrungen einander mit. Jede Person entzündet reihum die Kerze als Symbol der Rückkehr ans Licht und erzählt, was sie erlebt und welches Licht sie mitgebracht hat. Die inneren Bilder werden durch die Erzählung nicht nur realer, sie werden oft erst durch das Aussprechen in ihrer Bedeutung verständlich.

Beschließen Sie das Ritual, indem Sie sich noch einmal für den Schutz und die Führung bedanken und sich den Himmelsrichtungen zuwenden, beginnend im Norden. Verlassen Sie den Kreis durch die Öffnung und sammeln Sie die Steine oder Tücher wieder ein. Sprechen Sie dabei: „Der Kreis ist nun offen, aber ungebrochen."

Die Kerze, Ihr Licht aus der Unterwelt, können Sie nun immer wieder entzünden und sich daran erinnern, wie mutig Sie waren, sich Ihrer eigenen Dunkelheit zu stellen.

Ideen für ein Lichterfest der Liebe und der Hoffnung

Weihnachten, das christliche Fest der Liebe und der Besinnlichkeit, trifft häufig auf sehr hohe Erwartungen. Konsumwünsche und die Sehnsucht nach Glück im Schoß der Familie überfordern häufig die Beteiligten und bringen Kaufstress und Konflikte in Familien und oft Einsamkeit für Alleinstehende mit sich. Hier kann es sehr helfen, sich von ideologischen Vorgaben zu trennen und sich vor Augen zu führen, dass der Inhalt und die Ausrichtung des Festes von uns selbst so gestaltet werden kann, wie wir es uns wünschen. Gestalten Sie doch einfach ein Fest, das den Sinn dessen spiegelt, was Ihnen wirklich wichtig ist. Vielleicht feiern Sie ein Fest der Liebe und der Hoffnung, nicht nur mit der Familie, sondern auch mit guten Freunden. Vielleicht brauchen Sie auch ein Fest der Ruhe und Besinnlichkeit für sich allein. Die „Wiedergeburt" des Lichtes, die Zeitenwende zur hellen Jahreshälfte ist ein guter Anlass, um auch in das eigene Leben Licht, Liebe, Hoffnung und Freude hereinzubitten.

Ein kleines Weihnachts-Lichter-Ritual zum Fest könnte so ausschauen: Erst räuchern Sie die Wohnung oder den Raum mit einem Räucherstäbchen oder den typischen Räuchermännchen, die es an Weihnachten zu kaufen gibt. Löschen Sie alle Lichter in der Wohnung und stellen Sie eine große, schön geschmückte Kerze auf den Tisch. Schweigen Sie dann einen Augenblick bewusst und erleben Sie allein oder mit anderen die Dunkelheit. Dann sprechen Sie den Sinn des Festes laut aus. „In dieser Nacht lehrt uns die Natur, dass auch in der größten Dunkelheit das Licht nicht weit ist und wir die

Hoffnung auch in schwierigen Zeiten nie aufgeben sollen. Wir ehren das Dunkel, aber wir freuen uns, dass von nun an das Licht zu uns zurückkehrt und die Tage wieder länger werden." Dann kann die jüngste Person im Raum – falls es ein Kind ist, mit Unterstützung durch Erwachsene – die Kerze anzünden. Eine sehr schöne Geste ist es dann auch, wenn jeder nun ein Geschenk erhält und dazu für jemand anderen einen Licht-Wunsch für das kommende Sonnenjahr wünschen kann. „Bei der Sonne, die nun jeden Tag ein Stück mehr Licht in unser Leben bringt, wünsche ich dir, dass du immer spürst, dass deine Freunde für dich da sind."

Nach dem Wünschen kann man es sich bei einem schönen Essen gemeinsam gemütlich machen.

Die Wende zum Neuen Jahr begleiten

1582, mit der Einführung des gregorianischen Kalenders, wurde bei uns der Tag des heiligen Sylvester zum letzten Tag des Jahres. Die Nacht des 31. Dezember gilt als besondere Nacht, weil sie wieder einen Übergang markiert. Man schenkt sich Marzipanschweinchen, die der Freya heilig sind und vierblättrige Kleeblätter, weil der Klee sehr fruchtbar ist und die seltenen vier Blätter das Glück versprechen. Mit Lärm werden die bösen Geister vertrieben, um unbehelligt ins Neue Jahr zu wechseln.

Besonders beliebt ist das Orakeln an Sylvester. Wenn Sie sich mit Tarot oder Runen auskennen, dann eignet sich die Sylvesternacht sehr für eine Legung, die Auskunft zum kommenden Jahr gibt. Das Bleigießen, bei dem heißes Blei in kaltes Wasser geschüttet wird, ist ebenfalls sehr beliebt. Die dabei entstehenden Figuren zu interpretieren, ist jedoch oft unbefriedigend und lässt mehr Fragen offen als es beantwortet. Eine Variante des Bleigießens ist das Eiweißgießen, bei dem Eiweiß in heißes Wasser geschüttet wird und die entstehenden Formen gedeutet werden.

Eine andere Methode des Orakelns geht folgendermaßen: Nehmen Sie ein Buch zur Hand – früher verwendete man eine Bibel – oder suchen Sie einen anderen Text, der Ihnen gut gefällt. Sprechen Sie laut aus: „Ich erkenne dieses Buch / diesen Text jetzt und hier als mein Orakel an." Dann stellen Sie Ihre Frage, schließen die Augen, schlagen eine Seite auf und deuten mit dem Finger auf eine Stelle. Dort finden Sie Ihre Antwort. Als Variante können Sie auch mit einer Nadel hineinstechen und den Abschnitt oder das Wort als Orakel nehmen, in dem die Nadel endet.

Kräuterkraft und Pflanzenschönheit

Eine erwähnenswerte Pflanze im Dezember ist die Mistel (Viscum album). Sie war den Kelten heilig und wurde unter Verwendung von vielerlei Vorsichtsmaßnahmen zwischen Oktober und Dezember, vor allem aber an den Sonnwenden am 21. Juni oder 21. Dezember von den Druiden mit einer goldenen Sichel geschnitten, da man meinte, Eisen neutralisiere die magischen Kräfte der Pflanze. Auch den Boden durfte sie nicht berühren, da dieser ihre Kräfte sonst aufnehmen würde. Misteln sind Parasiten und bevorzugen Orte mit hoher Erdstrahlung. Als Wesen zwischen Himmel und Erde, nicht Baum und doch baumähnlich, galten sie als Zwischenwesen an der Nahtstelle zwischen Tod und Leben. Der germanische Lichtgott Baldur wurde von einem Mistelzweig getötet. In der Volksmedizin wurde die Mistel zur Förderung der Fruchtbarkeit eingesetzt. An Haustür und Ställen aufgehängt, sollte sie Mensch und Vieh vor negativen Energien schützen. Ein Kuss unter dem Mistelzweig entführte die Küssenden in die Zwischenwelt, wo ihre Liebe für sieben Jahre als besiegelt galt. Ein Mistelzweig an der Haustüre im Dezember soll Glück ins Haus bringen.[lxxi]

Gebildbäckerei

Die Weihnachtsbäckerei erfreut sich einer sehr alten Tradition. Früchtebrote, Lebkuchen, Stollen oder Pfefferkuchen werden seit

Jahrhunderten gebacken und manches Brauchtum rankt sich darum. Vom Lebkuchen hieß es beispielsweise, dass die backende Bäuerin noch im selben Jahr sterben würde, wenn er misslang, und in den Christstollen backte man Zettel mit Wünschen für das kommende Jahr ein. Die Vorläufer des Weihnachtsgebäcks sind die Gebildbrote, freihändig aus Teig geformte Figuren und Symbole, denen magische Bedeutung zukam. Im Mittelalter hatten sie Tiergestalt, vor allem der Eber, die Gans und das Schwein wurden gebacken und geopfert. Ebenso beliebt waren Sonnenräder und allerlei andere Gebilde, die Fruchtbarkeit, Liebe und Schutz bringen sollten.

Schönheit mit einer Leinsamen-Maske

Wenn bei kaltem Wetter die Haut spröde und angegriffen ist, dann ist es Zeit für eine Leinsamen-Maske. Sie beugt bei regelmäßiger Anwendung vorzeitiger Hautalterung vor und ist ein altes Mittel gegen Falten. 3 Esslöffel Leinsamen, den es in der Apotheke, in Biomärkten und oft auch in Lebensmittelmärkten gibt, werden mit 2 Tassen Wasser zu einem Brei verkocht. Die Paste wird so heiß wie möglich auf die Haut aufgetragen und sollte mindestens 20 Minuten einwirken. Mit warmem Wasser abspülen und danach die Haut noch mit kaltem Wasser nachspülen. Wirkt nährend und glättend.

Anmerkungen

i Vgl. dazu folgende Bücher:
Erni Kutter: Der Kult der drei Jungfrauen, München 1997,
Sophie Lange: Wo Göttinnen das Land beschützten, Bad Münstereifel 1995,
Ursula Walser-Biffiger: Wild und weise. Weibsbilder aus dem Land der Berge, Aarau 1998

ii Kutter, S. 83

iii ebenda

iv Walser-Biffiger, S. 64

v An einer Hauswand in Meransen in Südtirol kommt diese Verehrung deutlich zum Ausdruck.
„Meransens Schutzfraun, Hohe, Hehre,
Ihr Aubet, Cubet und Ihr Guerre,
In Haus und Feld,
In Stall und Scheuer,
Wenn Wetter toben, Mur und Feuer,
Wenn Pest und Hunger, Kriegeslohen,
Wenn Not und Tod der Heimat drohen,
Gedenket unserer hilfsbereit,
wie Ihr getan in alter Zeit."
Aus: Kutter, S. 29

vi Diese Sätze lehnen sich an eine Übung des tibetischen Mönches Thich Nhat Hanh an, in: „Lächle deinem eigenen Herzen zu", Freiburg i. Br. 1995

vii vgl. Storl: Pflanzen der Kelten, S. 276 ff

viii Jürgens, S. 267

ix Feilhauer, S. 31

x Über die Tiergestalt der Seele und entsprechende Mythen, vgl. Golther, S. 76 ff

xi Vgl. Storl: Pflanzen der Kelten, S. 227

xii Aschenbrenner, S. 23

xiii Fischer-Rizzi, S. 131 ff

xiv Die Anrede „Frau" leitet sich ab vom Wort „Frouwe" und bedeutete ursprünglich „Herrin". „Frau" war also in früheren Zeiten die Anrede für eine „Hohe Frau", eine Königin oder Göttin gleichermaßen. Daher hat auch Maria die Anrede „unsere liebe Frau" erhalten, was eigentlich „unsere geliebte Herrin" bedeutet und eine Anrede der germanischen Göttin „Freya" war, die ebenfalls eine sprachliche Form der „Frouwe" ist.

xv Golther, S. 372

xvi ebenda, S. 362

xvii Wahrscheinlich bedurfte es mehr als eines Kusses dazu, wissen wir doch heute, dass auch Dornröschen im Märchen nicht durch einen Kuss geweckt wurde, sondern durch handfesten Sex, der jedoch den Gebrüdern Grimm als zu unmoralisch erschien, um in einer Märchensammlung aufgenommen zu werden.

xviii Diese Meditation hat ihren Ursprung in der „Reclaiming"- Bewegung, einer naturreligiösen Gruppe aus den USA, vgl. Starhawk/Valantine, H.: Die zwölf Schwäne. Freiburg i. Br. 2001

xix Sollten Sie sich genauer mit dem Aufbau von Ritualen befassen wollen, dann finden Sie Informationen unter Kaiser, Martina: Rituale. Quellen der Kraft. Drömer-Knauer Verlag. München 2005

xx Beispiele für spirituelle Lieder finden Sie im Anhang.

xxi Dies sind die traditionellen Worte der Kreisauflösung in vielen naturreligiösen Gruppen. Gemeint wird damit, dass der besondere Ritual-Raum nun zwar aufgelöst wird, die Verbindung zur spirituellen Ebene jedoch weiter wirkt.

xxii Storl: Heilkräuter und Zauberpflanzen. S. 22 ff

xxiii Vgl. Simek, S. 325

xxiv Damböck S. 24

xxv ebenda, S. 826

xxvi ebenda, S. 73

xxvii Fehrle, S. 249

xxviii „Jungfrau" wurde ursprünglich nicht als Bezeichnung für sexuelle Enthaltsamkeit, sondern wörtlich als „junge, ungebundene Frau" verstanden, die oft auch als freie und wilde Jägerin die Wälder durchstreifte. Die griechische Artemis ist ebenso ein Beispiel dafür wie die germanische Skadi. Der Begriff „Jungfrau" bezeichnete in vorchristlicher Zeit buchstäblich eine junge Frau, die noch an keinen

Mann gebunden war. Mit der Ehe änderte sich in den früheren Sippengesellschaften die Rolle der Frau beträchtlich. Sie brachte zahlreiche Verpflichtungen mit sich, die aus ihrer neuen Rolle als Hausherrin und Mutter resultierten. Die Jung-Frau war frei von diesen Verpflichtungen. Sexuelle Unberührtheit war mit dem Begriff nicht verbunden.

xxix Setzen Sie die betreffende Person unbedingt davon in Kenntnis, dass Sie ein Ritual für sie machen wollen und holen Sie deren Erlaubnis ein.

xxx Storl: Heilkräuter und Zauberpflanzen, S. 160

xxxi Aschenbrenner, S. 18

xxxii Storl: Heilkräuter und Zauberpflanzen, S. 138-149

xxxiii Storl: Heilkräuter und Zauberpflanzen, S. 16, S. 147

xxxiv Allgemeines dazu vgl. Dietz

xxxv Ihre Attribute sind neben einem Ölfläschchen (welches das von der Kirche verkaufte Walpurgis-Öl enthält) drei Ähren und eine Spindel. Diese weisen Walpurga als Ernte-Heilige aus und damit als direkte Nachfolgerin der alten vorchristlichen Fruchtbarkeitsgöttinnen. Die Spule bringt sie in Verbindung mit den Spinnerinnen des Schicksals, den germanischen Nornen und zahlreichen anderen Göttinnen (s. u.).

xxxvi vgl. Hoffmann-Krayer, Bächtold-Stäubli

xxxvii Ebeling/Rätsch/Storl, S. 52/53

xxxviii Aphrodisische Pflanzen vgl. Rätsch

xxxix Vgl. Ranke-Graves, Robert von: Die weiße Göttin. Sprache als Mythos. 7. Aufl. Reinbek bei Hamburg 2002

xl Johannesevangelium 3, 30

xli Damböck, S. 43

xlii Zur entstrahlenden Wirkung der Hasel vgl. Sill-Fuchs, S. 52 ff

xliii E Fehrle, S. 175

xliv Walser-Biffiger, S. 166 ff

xlv Vgl. Feilnhauer, S.143

xlvi Fischer-Rizzi, S. 122

xlvii Aschenbrenner, S. 29

xlviii Nach dem Liedtext von Arunga Heiden auf ihrer CD „VerWandlungen“, die auch sonst empfehlenswerte Musik für Rituale zu allen Anlässen bietet, arunga-heiden@web.de

xlix Fischer-Rizzi, S. 27
l Fischer-Rizzi, S. 141
li Le Roux, S. 122
lii Kräuter wurden als eigene Wesenheiten wahrgenommen, die den Menschen ihre Hilfe gewährten, wenn diese sie mit Respekt behandelten. Nicht nur ihre Inhaltsstoffe riefen eine gewünschte Wirkung hervor, sondern die Anwesenheit der ganzen Pflanze und ihrer „Energie“ trug zur Heilung bei. Kräuter konnten daher auch negative Energien vertreiben und Menschen, Tiere und Orte beschützen.
liii Reinsberg-Düringsfeld, S. 312
liv Vgl. Feilnbacher, S. 178, vgl. Dietz zum Thema „Erntebräuche“
lv Reinsberg-Düringsfeld, S. 331
lvi Es gibt zahlreiche Bücher zu heiligen Stätten in Deutschland, z. B. das von Gisela Graichen: Das Kultplatzbuch. Hamburg 1988
lvii Schneider, S. 95
lviii Schneider, S. 136/137
lix Rätsch, S. 55
lx Vgl. die Ansätze in der Familientherapie und insbesondere die allerdings umstrittenen Vorgehensweisen von Bert Hellinger. Vgl. Ulsamer, Bertold.
lxi Beispiele dafür finden sich im Alten Testament der Bibel ebenso wie in der griechischen Mythologie, wie zum Beispiel der Theseus-Sage.
lxii Damböck, S. 60
lxiii Vgl. Gardenstone: Göttin Holle
lxiv Vgl. Storl: Pflanzen der Kelten, S. 274ff
lxv ebenda, S. 200
lxvi ebenda, S. 205
lxvii Gesund und fit durch Kräuter, S. 133
lxviii Dietz, S. 39
lxix Vgl. Dietz, S. 59
lxx Göttin Holle, S. 304
lxxi Vgl. Storl: Pflanzen der Kelten, S. 247 ff

Anhang

Rezept für ein Sauerteigbrot

Sauerteig wurde schon im alten Ägypten zur Lockerung und besseren Verträglichkeit von Broten verwendet. Sauerteig gehört zur traditionellen Weise, Roggenbrot zu backen.

Zuerst benötigt man einen Sauerteig. Man kann ihn selbst herstellen, was jedoch eine sehr aufwändige Prozedur ist, oder man kauft eine Sauerteigkultur im Bioladen oder beim Bäcker, das so genannte Anstellgut. Die Sauerteigkultur aktiviert man nun in einem Vorteig, der dann im Hauptteig verarbeitet wird.

Der Vorteig

Zur Herstellung des Vorteiges braucht es einen bis drei Tage, je nachdem, wie stabil die verwendete Milchbakterienkultur ist. Man nehme 200 g Roggenmehl und vermische es mit 20 g Anstellgut vom Bäcker und 280 ml warmem Wasser. Diese Mischung deckt man ab und lässt sie bei zimmerwarmer Temperatur, optimal zwischen 25 und 30 Grad Celsius, 15 bis 18 Stunden „gehen", notfalls auch etwas länger. Der Vorteig ist fertig, wenn er den typischen säuerlichen Geschmack hat und Blasen wirft. Sollten Sie häufiger backen wollen, dann entnehmen Sie dem fertigen Vorteig wieder 20 g, rollen ihn zu einer Kugel und bewahren ihn im Kühlschrank für den nächsten Teig auf.

Der Hauptteig

Zu Ihrem Vorteig fügen Sie nun noch 400 g Weizenmehl und 300 g Roggenmehl hinzu, wobei Sie nicht zu helles Mehl verwenden sollten. Hinzu fügen Sie 20 g Frischhefe vom Kühlregal, 20 g Salz und ca. 400 ml lauwarmes Wasser, je nach Bedarf. Nun kneten sie alles mit dem Knethaken durch, bis Sie einen festeren Teig haben, der geformt werden kann. Formen Sie ihn zu einer Kugel oder geben Sie ihn in eine gefettete Kastenform. Nun muss er abermals an einem warmen Ort abgedeckt ruhen, bis er um mindestens ein Drittel seiner ursprünglichen Größe gewachsen ist. Das kann zwischen 30 Minuten und 2 Stunden dauern. Nun heizen Sie Ihren Ofen auf 200 Grad vor und backen das Brot ca. 60 Minuten darin. Eine leckere Kruste erhalten Sie, wenn Sie die Oberseite des Teiges mit Wasser befeuchten, bevor Sie ihn in den Ofen schieben. Das Brot ist fertig, wenn Sie darauf klopfen und es hohl klingt oder wenn an einem Stäbchen, das Sie in das Brot gesteckt haben, kein Teig mehr klebt. Guten Appetit.

Ritualmusik

Die folgenden CDs geben Anregungen für Lieder und Chants, die in Ritualen gesungen werden können.

Arunga Heiden: 2 CDs: „Lebensfluss“ und „Verwandlungen“.

Sehr schöne deutschsprachige Rituallieder zum Jahreskreis, den Elementen und vielen Ritual-Themen. Zu beziehen unter: Arunga-Heiden@web.de.

Gila Antara: „Fly like an Eagle“ und andere CDs mit klassischen, englischsprachigen Ritualliedern.

Simone Rosenmarie und die Frauentöne: „Steige ein in die Barke der Mondin. Heilkraftlieder für die Schattenreiche“. Rituallieder von und für Frauen.

Barbara Baum und Ensemble: „Wir sind Teil ... Lieder im Jahreskreis.“ Deutschsprachige Chants in Eigenproduktion zu verschiedenen Themen.

„When two or more are gathered ...“ (mit Notentexten) **Spirituelle Lieder der Findhorn Community Singers**, die sich teilweise gut für Rituale eignen.

Zu beziehen sind die CDs, die nicht überall vertrieben werden, auf jeden Fall unter: Barbara Besser, Nienberger Kirchplatz 1, 48161 Münster-Nienberge, Tel.: 02533/2404

Literaturliste

Amstadt, Jakob: *Germanische Religion seit der Völkerwanderungszeit.* Stuttgart/Berlin/Köln 1991

Brandl, Karin: *Die magische Mitte. Kreative Rituale im Zentrum der Macht.* Augsburg 2002

Clarus, Ingeborg: *Keltische Mythen.* Augsburg 1997

Gardenstone: *Göttin Holle.* Engerda 2002

Ders.: *Germanischer Götterglaube.* Engerda 2003

Gibran, Khalil: *Der Prophet.* 36. Aufl. Düsseldorf, Zürich 2000

Golther, Wolfgang: *Germanische Mythologie.* Überarbeitete Auflage. Essen 2000, Originalausgabe 1895

Guyonvarc'h, Christian-J. / Le Roux, Françoise: *Die Hohen Feste der Kelten.* Engerda 1997

Hoffmann-Krayer E., Bächtold-Stäubli, H.: *Handwörterbuch des deutschen Aberglaubens,* Berlin und Leipzig 1932

Ingerman, Sandra: *Heilung für Mutter Erde.* München 2002

Kaiser, Martina: *Rituale. Quellen der Kraft.* München, 2005

Kutter, Erni: *Der Kult der drei Jungfrauen.* München 1997

Lange, Sophie: *Wo Göttinnen das Land beschützen. Matronen und ihre Kultplätze zwischen Eifel und Rhein.* Fulda 1995

Ranke-Graves, Robert von: *Die weiße Göttin. Sprache des Mythos.* 7. Aufl. Reinbek bei Hamburg 2002

Sills-Fuchs, Martha: *Der Mittagshirsch: Die Wiederentdeckung des keltischen Kalenders.* Wien, 1990

Simek, Rudolf: *Lexikon der germanischen Mythologie.* Stuttgart 1995

Starhawk/Valantine, H.: *Die zwölf Schwäne.* Freiburg i. Br. 2001

Ulsamer, Bertold: *Ohne Wurzeln keine Flügel.* München 1999

Walker, Barbara G.: *Das geheime Wissen der Frauen.* Frankfurt/M 1983

Walser-Biffiger, Ursula: *Wild und weise. Weibsbilder aus dem Land der Berge.* Aarau 1998

Zingsem, Vera: *Der Himmel ist mein – die Erde ist mein. Göttinnen großer Kulturen im Wandel der Zeiten.* Tübingen 1995

Brauchtum

Damböck, Michael: *Das Deutsche Jahr in Brauchtum, Sage und Mythologie. Feste und Feiern im Jahreslauf.* Ardagger (Ö), 1990. Amerkung: Der Autor ist in seiner Anschauung durch rechtslastiges Gedankengut geprägt.

Dietz, Erich: *Von Korinthenmännchen und Himmelsbriefen. Oberhessisches Volkstum im Jahreslauf.* Gießen 1994

Fehrle, Eugen: *Sagen aus Deutschland.* Wien, Heidelberg 1953

Feilhauer, Angelika: *Feste feiern in Deutschland. Ein Führer zu alten und neuen Volksfesten und Bräuchen.* Zürich 2000

Mala, Matthias/Gardein, Uwe: *Walpurgisnacht und Zungenreden. Ursprung und Belebung neuer Feste und Bräuche.* München 1994

Pöllath, J.K./Weidinger, G. und N.: *Feste und Bräuche. Anregungen für Familien und Bräuche rund ums Jahr.* Augsburg 1993

Reinsberg-Düringsfeld, Otto Freiherr von: *Aberglaube-Sitten-Feste germanischer Völker.* Reprint Leipzig o.J. Originalausgabe 1898

Wolf, Helga Maria: *Das Brauchbuch. Alte Bräuche, neue Bräuche, Antibräuche.* Wien 1992

Kräuterkunde

Aschenbrenner, Eva: *Der Wildkräutergang mit Eva Aschenbrenner durchs Jahr.* Wessobrunn 1999

Fischer-Rizzi, Susanne: *Medizin der Erde.* München 1997

Gesund und fit durch Kräuter. Pabel-Moewig o.J.

Jürgens, Dr., Bernd: *Hausrezepte der Naturheilkunde.* Bern 1982 und 2. Aufl. 1984

Müller-Ebeling, Claudia/Rätsch, Christian/Storl, Wolf-Dieter: *Hexenmedizin.* Bern 1990

Rätsch, Christian: *Pflanzen der Liebe.* Bern 1990

Schneider, Dr., Ernst: *Nutze die heilkräftigen Pflanzen.* Hamburg 1963

Storl, Wolf-Dieter: *Kräuterkunde.* Aurum 2001

Ders.: *Pflanzen der Kelten.* Aurum 2001

Inhaltsverzeichnis